해커스변호사

상법

핵심상법의 맥

해커스변호사

서문

본서는 2024년 핵심 상법의 맥 출간 이후 실시된 2023년도 법전협 모의고사의 출제 쟁점과 제13회 변호사시험 기출문제 및 최신 판례를 반영하여 개정판으로 출간하게 되었습니다. 최신 판례는 2024년 3월 31일까지 선고된 중요 판례가 반영되었습니다.

본서는 2024년 핵심 상법의 맥의 기본 체계와 내용을 유지하면서도 출제가능성이 상대적으로 높지 않은 부분은 과감히 삭제하여 상법 학습 분량을 더욱 줄였습니다. 그 결과 2023년도 법전협 모의고사 출제 쟁점과 제13회 변호사시험 기출문제 및 최신 판례를 반영하였음에도 교재의 분량은 2024년 핵심상법의 맥에 비하여 20페이지 이상 줄어들었습니다.

아무쪼록 본서를 통하여 수험생들이 변호사시험 상법을 보다 효과적으로 준비하여 모두가 소원하는 결과를 얻을 수 있기 바랍니다.

앞으로도 본서가 수험생들에게 더욱 도움이 되도록 부족한 부분들을 꾸준히 보완해 나가도록 하겠습니다. 본서에 관한 의문이나 질문이 있으신 분은 namulaw@gmail.com으로 의견을 보내주시기 바랍니다.

2024년 5월

공 태 용

차례

합격을 꿈꾼다면, 해커스변호사
law.Hackers.com

제1편

상법총칙

제1장 │ 상인

1. 상인의 의의

- 자기명의(권리의무의 귀속주체)로 상행위를 하는 자를 상인이라 한다(제4조).
- 점포 기타 유사한 설비에 의하여 상인적 방법으로 영업을 하는 자는 상행위를 하지 아니하더라도 상인으로 본다(제5조 제1항). (변호 14)
- 회사는 상행위를 하지 아니하더라도 상인으로 본다(제5조 제2항).

> **관련판례**
> ① 행정관청에 대한 인·허가 명의나 사업자등록상의 명의와 실제 영업상 주체가 다를 경우 **실제 영업상의 주체가 상인**이 된다(대판 2008.12.11. 2007다66590). (변호 14, 모의 20)[모의 22]
> ② 계주가 낙찰계 운영 수입으로 가계를 꾸려 왔더라도 상인적 방법에 의한 영업으로 계를 운영한 것이 아니라면 계주가 의제상인이나 기타 금융거래를 영업으로 운영한 것으로 볼 수 없으므로 계불입금채권을 상사채권으로 볼 수 없다(대판 1993.9.10. 93다21705).

2. 전문직은 상인이 아님

> **관련판례**
> ① 변호사의 영리추구 활동을 엄격히 제한하고 직무에 관하여 공공성과 윤리성을 강조하는 변호사법과 제반 사정을 참작하여 볼 때, **변호사를 상법 제5조 제1항에 규정된 상인적 방법에 의하여 영업을 하는 자로 볼 수 없으므로, 변호사는 의제상인에 해당하지 않는다**(대결 2007.7.26. 2006마334).
> ② 의사의 의료기관에 대한 급여채권은 **상사채권이 아니다**(대판 2022.5.26. 2022다200249).
> ③ 민법 제163조 제5호에 따라 '변호사, 변리사, 공증인, 공인회계사 및 법무사의 직무에 관한 채권'에만 3년의 단기 소멸시효가 적용된다. 세무사의 직무에 관한 채권이 상사채권에 해당한다고 볼 수 없으므로, 민법 제162조 제1항에 따라 10년의 소멸시효가 적용된다(대판 2022.8.25. 2021다311111).
> ④ 변호사의 소속 법무법인에 대한 급여채권은 상사채권이 아니다(대판 2023.7.27. 2023다227418).

3. 공법인은 상인이 아님

> **관련판례**
> ① 대한광업진흥공사(대판 1994.4.29. 93다54842),   ② 새마을금고(대판 1998.7.10. 98다10793),
> ③ 농업협동조합(대판 2000.2.11. 99다53292), (모의 22) ④ 수산업협동조합(대판 2006.2.10. 2004다70475),
> ⑤ 택지개발사업을 위한 한국토지공사(대판 2020.5.28. 2017다265389).

4. 소상인

- 자본금 1천만 원 미만의 상인으로 회사가 아닌 자를 말한다(제9조, 시행령 제2조).
- 지배인, 상호, 상업장부와 상업등기에 관한 규정은 적용되지 않는다(제9조). (변호 12, 19)

5. 자연인의 상인자격 취득 시점

- 학설 : 영업개시설(통설: 영업준비행위도 영업개시에 해당) 및 기업조직설

관련판례

① 기본적 상행위의 개시 전에 영업을 위한 준비행위를 하는 자는 영업으로 상행위를 할 의사를 실현하는 것이므로 준비행위를 한 때 상인자격을 취득하고 개업준비행위는 영업을 위한 행위로서 최초의 보조적 상행위가 된다. 개업준비행위는 상호등기, 개업광고, 간판부착 등에 의해 영업의사를 일반적 · 대외적으로 표시할 필요는 없으나, **점포구입, 영업양수, 상업사용인의 고용 등** 준비행위의 성질로 보아 영업의사를 상대방이 객관적으로 인식할 수 있으면 당해 준비행위는 보조적 상행위로서 상행위에 관한 **상법 규정이 적용** 된다(대판 1999.1.29, 98다1584).(변호 14, 19, 모의 20)[모의 22]

② 영업자금 차입 행위는 행위 자체의 성질로 보아서는 영업의 목적인 상행위를 준비하는 행위라고 할 수 없지만, 행위자의 주관적 의사가 영업을 위한 준비행위이었고 상대방도 행위자의 설명 등에 의하여 그 행위가 영업을 위한 준비행위라는 점을 인식하였던 경우에는 상행위에 관한 상법 규정이 적용 된다(대판 2012.4.13, 2011다104246).(변호 14, 19, 모의 22)[모의 22]

③ 영업준비행위가 보조적 상행위로서 상법의 적용을 받기 위해서는 행위를 하는 자 스스로 상인자격을 취득하는 것을 당연한 전제로 한다. 따라서 어떠한 자가 다른 상인의 영업을 위한 준비행위를 하는 경우, 그 행위는 행위를 한 자의 보조적 상행위가 될 수 없다. 회사 설립을 위하여 개인이 한 행위는 그것이 설립 중 회사의 행위로 인정되어 장래 설립될 회사에 효력이 미쳐 회사의 보조적 상행위가 될 수 있는지는 별론으로 하고, 장래 설립될 회사가 상인이라는 이유만으로 당연히 개인의 상행위가 되어 상법 규정이 적용된다고 볼 수는 없다(대판 2012.7.26, 2011다43594).(변호 15, 18)

제2장 | 상업사용인

I 지배인

1. 지배인의 권한

- 지배인은 영업주에 갈음하여 그 영업에 관한 재판상 또는 재판외의 모든 행위를 할 수 있다 (제11조 제1항).

> **관련판례**
> ① 지배인의 행위가 영업에 관한 것인지는 개인적 목적이나 의도와 상관없이 행위의 객관적 성질에 따라 추상적으로 판단한다. 표현지배인의 경우도 동일하다(대판 1998.8.21. 97다6704).(모의 18)
> ② 지배인이 영업주 명의로 한 어음행위는 객관적으로 영업에 관한 행위로서 지배인의 대리권범위에 속하므로 지배인이 개인목적으로 어음행위를 한 경우에도 효력은 영업주에게 미치고, 표현지배인의 경우에도 동일하다(대판 1998.8.21. 97다6704).(변호 15)
> ③ 상업사용인은 상인의 영업 범위 내에 속하는 일에 관하여 그 상인을 대리할 수 있고 영업과 관계없는 일에 관하여는 특별한 수권이 없는 한 대리권이 없으므로 상업사용인이 영업과 관계없는 일에 관하여 상인의 행위를 대행한 경우 특별한 수권이 있다고 믿을 만한 사정이 없는 한 상업사용인이라는 이유만으로 대리권이 있는 것으로 믿을 만한 정당한 이유가 있다고 보기 어렵다(대판 1984.7.10. 84다카424,425).(모의 17)

2. 지배인 권한의 내부적 제한의 효력 [변호 17]

- 지배인의 대리권에 대한 제한은 선의의 제3자에게 대항하지 못한다(제11조 제3항).

> **관련판례**
> ① 지배인이 대리권 제한 규정에 위반한 행위에 대하여는 제3자가 대리권의 제한 사실을 알고 있었던 경우뿐만 아니라 알지 못한 데에 중과실이 있는 경우에도 영업주는 상대방에게 대항할 수 있다.(모의 21)
> ② 제3자의 악의 또는 중과실 주장·입증책임은 영업주가 부담한다.(모의 21)
> ③ 제3자의 범위에는 지배인으로부터 직접 어음을 취득한 상대방뿐 아니라 그로부터 어음을 다시 배서 양도받은 제3취득자도 포함된다(대판 1997.8.26. 96다36753).(모의 22)

3. 공동지배인

- 상인은 수인의 지배인에게 공동으로 대리권을 행사하게 할 수 있다(제12조 제1항).
- 공동지배인 중 1인에 대한 의사표시는 영업주에 대하여 그 효력이 있다(제12조 제2항).(모의 17)
- 공동지배인을 등기하지 않았다면 선의의 제3자에게 대항할 수 없다(제37조 제1항).

4. 지배권남용

- 지배권남용이란 지배인이 자신이나 제3자의 이익을 위하여 권한을 행사한 경우를 말한다.
- 학설 : ① 권리남용설, ② 심리유보설(민법 제107조 제1항 단서 유추적용).(모의 19, 20)

지배인의 행위가 영업에 관한 것으로서 대리권한 범위 내이더라도 영업주 본인의 이익이나 의사에 반하여 자기 또는 제3자의 이익을 도모할 목적으로 권한을 행사한 경우 상대방이 지배인의 진의를 알았거나 알 수 있었을 때에는 민법 제107조 제1항 단서의 유추해석상 그 지배인의 행위에 대하여 영업주 본인은 아무런 책임을 지지 않는다.(모의 19, 20) 이 경우 영업주 본인의 사용자책임도 성립되지 않는다(대판 1999.3.9. 97다7721,7738).

5. 표현지배인

(1) 의의 및 효과

- 본점 또는 지점의 본부장, 지점장, 그 밖에 지배인으로 인정될 만한 명칭을 사용하는 자는 본점 또는 지점의 지배인과 동일한 권한이 있는 것으로 본다. 다만, 재판상 행위에 관하여는 그러하지 아니하다(제14조 제1항). 상대방이 악의인 경우에는 적용하지 아니한다(제14조 제2항).
- 표현지배인은 진정한 지배인과 동일한 권한이 있는 것으로 의제되므로 표현지배인의 행위에 대하여 영업주가 책임을 부담한다.(모의 13, 18)

(2) 요건

1) 지배인으로 인정될 만한 명칭의 사용

- 본점 또는 지점의 본부장, 지점장 등 지배인으로 인정될 만한 명칭의 사용(지점차장,(모의 13, 18) 지점장대리,(모의 13) 건설회사 현장소장, 보험회사 영업소장 ×).
- 영업소로서의 실질을 갖추어야 하는지에 대하여 학설은 실질설과 형식설이 존재한다.

표현지배인 조항을 적용하려면 근무 장소가 상법상 영업소인 본점 또는 지점의 실체를 가지고 어느 정도 독립적으로 영업활동을 할 수 있어야 한다. 단순히 본·지점의 지휘 감독 아래 기계적으로 제한된 보조적 사무만을 처리하는 경우, 상법상 영업소인 본점·지점에 준하는 영업장소로 볼 수 없어 표현지배인으로 볼 수 없다(대판 1978.12.13. 78다1567).(모의 13, 18)[모의 22]

2) 영업주의 명시적·묵시적 허락

표현대표자의 행위에 대하여 회사가 책임을 지는 것은 회사가 표현대표자의 명칭 사용을 명시적으로나 묵시적으로 승인할 경우에 한하고, 회사의 명칭 사용 승인 없이 임의로 명칭을 참칭한 자의 행위에 대하여는 비록 그 명칭 사용을 알지 못하고 제지하지 못한 점에 있어 회사에게 과실이 있다고 할지라도 회사는 선의의 제3자에 대해서도 책임을 지지 않는다(대판 1995.11.21. 94다50908).(모의 13, 18)
☞ 표현대표이사 관련판례

3) 상대방의 선의, 무중과실

Ⅱ 기타 상업사용인

1. 부분적 포괄대리권을 가진 상업사용인

- 영업의 특정한 종류 또는 특정한 사항에 대한 위임을 받은 사용인은 이에 관한 재판 외의 모든 행위를 할 수 있다(제15조 제1항).(모의 21)
- 부포상의 대리권에 대한 제한은 선의의 제3자에게 대항하지 못한다(제15조 제2항).(모의 20)
- 영업의 특정한 종류 또는 사항에 대하여 포괄적, 획일적, 정형적 대리권이 부여된다. 따라서 개개의 행위에 대하여 별도의 수권이 요구되지 않는다.(모의 17)

> **관련판례**
> ① 주식회사 상무이사도 부분적 포괄대리권을 가지는 상업사용인을 겸임할 수 있다(대판 1996.8.23. 95다39472).(모의 17, 21)
> ② 부분적 포괄대리권을 가진 사용인의 업무 내용에 영업주를 대리하여 법률행위를 하는 것이 당연히 포함되어 있어야 한다(대판 2007.8.23. 2007다23425).(변호 18, 모의 17)
> ③ 전산개발장비 구매 실무를 총괄하는 상업사용인의 지위에 있는 자가 회사에 채무부담을 발생시키는 지급보증행위를 하는 것은 부분적 포괄대리권을 가진 상업사용인의 권한에 속하지 아니한다(대판 2006.6.15. 2006다13117).(변호 22)
> ④ 건설회사 현장소장은 부분적 포괄대리권을 가진 사용인이다. 건설회사 현장소장은 공사자재, 노무관리, 하도급계약 체결, 하도급공사대금 지급, 공사 중기 임대차계약 체결과 임대료 지급에 관해 대리권이 있으나 새로운 수주활동과 같은 영업활동은 업무범위에 속하지 아니한다. 건설회사 현장소장에게 회사 부담으로 될 채무보증 또는 채무인수 등의 행위를 할 권한이 회사로부터 위임되어 있다고 볼 수 없으나, 중기임대료에 대한 보증행위를 할 권한은 위임하였다고 볼 수 있고, 거래상대방이 이를 신뢰하는데 정당한 이유가 있다고 보아야 한다(대판 1994.9.30. 94다20884).(변호 22, 모의 17)
> ⑤ 경리부장에게는 자금차용에 관한 부분적 포괄대리권이 없다(대판 1990.1.23. 88다카3250).
> ⑥ 부포상이 권한 범위 내에서 한 행위는 자기 또는 제3자의 이익을 위하여 권한을 남용한 경우에도 영업주 본인을 위한 행위로 유효하나 상대방이 진의를 알았거나 알 수 있었을 경우에는 민법 제107조 단서의 유추해석상 영업주 본인에 대하여 무효이다(대판 2008.7.10. 2006다43767).(변호 22, 모의 21)
> ⑦ 부포상이 아닌 사용인이 그와 유사한 명칭을 사용하여 법률행위를 한 경우 거래상대방은 민법 제125조의 표현대리나 민법 제756조의 사용자책임으로 보호될 수 있으므로, 표현지배인에 관한 규정이 유추적용 되어야 한다고 할 수 없다(대판 2007.8.23. 2007다23425).(변호 15, 모의 11, 13, 21)
> ⑧ 부포상이 특정된 영업이나 특정된 사항에 속하지 아니하는 행위를 한 경우 영업주가 책임을 지기 위하여는 민법상 표현대리 법리에 의해 거래상대방이 상업사용인에게 그 권한이 있다고 믿을 만한 정당한 이유가 있어야 한다(대판 2012.12.13. 2011다69770).(변호 22, 모의 17, 21)

2. 물건판매점포사용인

- 물건 판매 점포의 사용인은 그 판매에 관한 모든 권한이 있는 것으로 본다(제16조 제1항). 상대방이 악의인 경우에는 적용하지 아니한다(제16조 제2항).
- 점포 내에서 물건을 판매할 권한이 있는 것 같은 외관이 존재하면 된다.(모의 18, 20)
- 점포 밖에서의 대금 수령과 같이 점포 밖에서 이루어진 행위에는 적용되지 않는다.(모의 18)

Ⅲ 상업사용인의 경업금지의무 및 겸직금지의무

> **관련 조문**
>
> **제17조(상업사용인의 의무)** ① 상업사용인은 영업주의 허락 없이 자기 또는 제3자의 계산으로 영업주의 영업부류에 속한 거래를 하거나 회사의 무한책임사원, 이사 또는 다른 상인의 사용인이 되지 못한다.(모의 16, 20, 22)
> ② 상업사용인이 이에 위반한 경우에 그 거래가 자기의 계산으로 한 것인 때에는 영업주는 이를 영업주의 계산으로 한 것으로 볼 수 있고 제3자의 계산으로 한 것인 때에는 영업주는 사용인에 대하여 이로 인한 이득의 양도를 청구할 수 있다.(모의 17, 19, 20)
> ③ 개입권과 이득상환청구권은 영업주의 사용인에 대한 계약의 해지 또는 손해배상의 청구에 영향을 미치지 아니한다.(모의 16, 17, 20)
> ④ 개입권은 영업주가 거래를 안 날로부터 2주간, 거래가 있은 날로부터 1년 경과하면 소멸한다.
> (모의 16)

- 상업사용인의 경업금지의무 위반의 경우에도 영업주가 직접 거래 당사자가 되는 것은 아니다. 따라서 영업주는 상업사용인에게 거래로 인한 경제적 이익을 영업주에게 이전할 것을 요구할 수 있을 뿐 상대방에 대해서 직접 이익의 양도를 청구할 수 없다. 또한 상업사용인과 상대방 사이의 거래는 유효하다.(모의 22)
- 상업사용인이 익명조합의 조합원, 합자조합의 유한책임조합원, 주식회사 주주, 합자회사의 유한책임사원, 유한회사와 유한책임회사의 사원이 되는 것은 겸직금지에 위배되지 않는다.

제3장 | 상호

I 상호의 선정, 가등기, 양도 및 폐지

1. 상호의 선정과 사용
- 상인은 그 성명 기타의 명칭으로 상호를 정할 수 있다(제18조).
- 회사가 아니면 상호에 회사임을 표시하는 문자를 사용하지 못하며, 회사의 영업을 양수한 경우에도 같다(제20조). 회사는 여러 영업을 하더라도 하나의 상호만 사용해야 한다.(변호 12, 17)
- 동일한 영업에는 단일상호를 사용하여야 한다(제21조 제1항).

2. 상호가등기
- 상호가등기는 자연인에게는 허용되지 않는다.(변호 17)
- 유한책임회사, 주식회사 또는 유한회사를 설립하고자 할 때에는 본점의 소재지를 관할하는 등기소에 상호의 가등기를 신청할 수 있다(제22조의2 제1항).(변호 13, 24, 모의 17, 18, 23)
- 회사는 상호나 목적 또는 상호와 목적을 변경하고자 할 때에는 본점의 소재지를 관할하는 등기소에 상호의 가등기를 신청할 수 있다(제22조의2 제2항).(변호 17, 23, 모의 17, 18)
- 회사는 본점을 이전하고자 할 때에는 이전할 곳을 관할하는 등기소에 상호의 가등기를 신청할 수 있다(제22조의2 제3항).
- 상호의 가등기는 제22조의 적용에 있어서는 상호의 등기로 본다(제22조의2 제4항). 즉 등기배척권은 인정되나 상호폐지청구권과 관련된 제23조 제4항의 부정목적 추정은 인정되지 않는다.

3. 상호의 양도와 폐지
- 상호는 영업을 폐지하거나 영업과 함께 하는 경우에 한하여 양도 가능하다(제25조 제1항).(변호 17, 모의 17, 18, 20) 사실상의 폐업도 영업의 폐지에 해당한다(대판 1988.1.19. 87다카1295).(변호 23)
- 상호 양도는 등기하지 아니하면 제3자(선악 불문)에게 대항하지 못한다(제25조 제2항).(모의 18)
- 상호를 등기한 자가 정당한 사유 없이 2년간 상호를 사용하지 않는 경우 이를 폐지한 것으로 본다(제26조).(모의 17, 18)

II 상호권

1. 상호폐지청구권 [변호 20]

(1) 의의
- 부정한 목적으로 타인의 영업으로 오인할 수 있는 상호를 사용하는 자가 있는 경우 이로 인하여 손해를 받을 염려가 있는 자 또는 상호를 등기한 자는 폐지를 청구할 수 있다(제23조 제1항, 제2항).(모의 18, 20, 22)
- 손해배상청구권도 인정된다(제23조 제3항).(모의 22)
- 상호폐지청구권은 ① 등기상호가 아닌 경우에도 인정될 수 있고, ② 지역 제한이 없으며,

③ 두 영업주체의 오인 가능성이 있으면 되고 영업 동일성까지 요구되지는 않고,(변호 23)
④ 상호의 유사성이 요구될 뿐 상호의 동일성까지 요구되지 않는다.

(2) 요건

1) 상호권자의 상호 선정 및 선사용

2) 부정한 목적

- 부정한 목적이란 어느 명칭을 자기 상호로 사용하여 일반인으로 하여금 자신의 영업을 상호권자의 영업으로 오인시키려는 의도를 말한다(대판 2004.3.26. 2001다72081).
- 동일한 특·광·시·군에서 동종영업으로 타인이 등기한 상호를 사용하는 자는 부정한 목적으로 사용하는 것으로 추정한다(제23조 제4항).(모의 18, 20)
- 判例는 상호의 요부가 동일한 경우 상호의 동일성을 인정하면서 부정한 목적을 추정하되, 구체적 사실관계를 바탕으로 부정한 목적이 존재하는 것으로 볼 수 없는 경우 이러한 추정을 부정한다 (대판 1993.7.13. 92다49492, 대판 1995.9.29. 94다31365).

3) 오인가능성

- '상호의 유사성'은 중요부분에서 동일하면 인정되고, 동종영업일 것을 요건으로 하지 않는다.
- '오인가능성'은 일반인의 입장에서 영업주체를 혼동할 우려가 있는지를 기준으로 판단한다.

4) 손해를 받을 염려 또는 등기상호

- 미등기상호의 경우 상호권자가 손해를 받을 염려를 입증해야 하나, 등기상호권자는 손해를 받을 염려를 입증할 필요 없이 유사상호폐지청구가 가능하다(제23조 제2항).(모의 22)

2. 선등기자의 등기배척권 [변호 20]

- 타인이 등기한 상호는 동일한 특·광·시·군에서 동종영업의 상호로 등기하지 못한다(제22조).
- 등기배척권은 ① 상호등기를 한 자에게만 인정, ② 특·광·시·군의 지역적 제한, ③ 동일상호에만 적용, ④ 동종영업이어야 한다는 점에서 상호폐지청구권과 구별된다.
- 후등기에 대한 말소청구가 인정되는지에 대해 학설은 실체법설은 말소 청구가 가능하다고 보나 등기법설은 등기소의 의무일 뿐 말소청구권을 인정한 것은 아니라는 이유로 부정한다.

> **관련판례**
>
> 상법 제22조는 동일한 특별시·광역시·시 또는 군 내에서 동일 영업을 위하여 타인이 등기한 상호 또는 확연히 구별할 수 없는 상호등기를 금지하는 효력과 함께 선등기자가 후등기자를 상대로 그러한 등기의 말소를 소로써 청구할 수 있는 효력도 인정한 규정이다(대판 2004.3.26. 2001다72081).(변호 23)[모의 22]

3. 상호역혼동

> **관련판례**
>
> 선사용자의 상호와 동일·유사 상호를 사용하는 후사용자의 영업규모가 선사용자보다 크고 그 상호가 주지성을 획득한 경우, 마치 선사용자가 후사용자의 명성이나 소비자 신용에 편승하여 선사용자의 상품 출처가 후사용자인 것처럼 소비자를 기망한다는 오해를 받아 선사용자의 신용이 훼손된 경우 역혼동에 의한 피해로 보아 후사용자의 선사용자에 대한 손해배상책임을 인정할 여지가 전혀 없지는 않다. 그러나 선사용자의 영업이 후사용자의 영업과 종류가 다르거나 밀접한 관련이 없는 경우 이러한 피해를 인정할 수 없다(대판 2002.2.26. 2001다73879).(모의 18, 20, 22)

Ⅲ 명의대여자의 책임 [모의 17, 18, 22]

1. 의의

- 타인에게 자기의 성명 또는 상호를 사용하여 영업을 할 것을 허락한 자는 자기를 영업주로 오인하여 거래한 제3자에 대하여 그 타인과 연대하여 변제할 책임이 있다(제24조).(모의 17)

> **관련판례**
> ① 명의대여자가 상인이 아니거나 명의차용자의 영업이 상행위가 아니더라도 명의대여자 책임이 적용된다(대판 1987.3.24. 85다카2219).(변호 14, 18, 20, 모의 14, 17)
> ② 농약판매업자의 명의대여를 금지하는 법률에 위반하여 명의대여를 한 경우에도 명의대여자책임이 적용 된다(대판 1988.2.9. 87다카1304).(변호 14, 23, 모의 14, 16, 22)

2. 요건

(1) 명칭 사용의 존재

- 명의대여자 상호에 대리점 명칭을 부가한 경우 명의 동일성이 인정되지 않는다(대판 1989.10.10. 88다카8354).(모의 22)
- 명의대여자가 영업을 하고 있는 경우 영업외관이 동일해야 하는지에 대하여 학설은 필요설과 불요설이 존재한다.

> **관련판례**
> 호텔 운영자가 자기 명의 나이트클럽을 다른 사람에게 임대하여 다른 사람에게 자신의 영업허가 명의를 사용하여 영업을 하도록 허락한 이상 명의대여자 책임을 부담한다(대판 1978.6.13. 78다236).(변호 16)

(2) 명의사용 허락

- 명의사용의 허락은 명시적, 묵시적 허락을 포함한다.

> **관련판례**
> 명의자가 타인과 동업계약을 체결하고 공동명의로 타인이 사업을 하도록 허락하였고, 거래상대방도 명의자를 공동사업주로 오인하여 거래를 한 경우, 그 후 명의자가 동업관계에서 탈퇴하였더라도 이를 거래상대방에게 알리지 않은 경우 명의자는 탈퇴 이후 타인과 상대방 사이의 거래에 대해 명의대여자로서의 책임을 진다(대판 2008.1.24. 2006다21330).(변호 16)

(3) 상대방의 선의, 무중과실

> **관련판례**
> 명의대여자의 책임은 명의자를 영업주로 오인하여 거래한 제3자를 보호하기 위한 것이므로 거래상대방이 명의대여사실을 알았거나 중과실이 있는 때에는 책임을 지지 않는다. 상대방의 악의와 중과실은 명의대여자가 입증책임을 부담한다(대판 2001.4.13. 2000다10512).(변호 14, 20, 모의 14, 16, 17)

3. 명의대여자 책임의 효과

- 명의대여자와 명의차용자는 부진정연대책임을 부담한다.(변호 14, 모의 16, 22)
- 1인의 변제, 대물변제, 공탁, 상계는 다른 채무자에게 효력이 있다.(변호 20)
- 이행청구 등 소멸시효 중단이나 시효이익의 포기 및 항소로 인한 확정차단의 효력은 다른 채무자에게 효력이 없다.(변호 16, 18, 20, 모의 14)

4. 적용범위

> **관련판례**
> ① 명의대여자의 책임규정은 거래상의 외관보호와 금반언의 원칙을 표현한 것이므로 명의대여자의 책임은 명의사용을 허락받은 자의 행위에 한하고 명의차용자의 피용자의 행위에 대해서까지 미칠 수 없다(대판 1989.9.12. 88다카26390).(변호 18, 모의 14, 16, 17)
> ② 불법행위의 경우에는 피해자가 명의대여자를 영업주로 오인하고 있었더라도 그와 같은 오인과 피해의 발생 사이에 아무런 인과관계가 없으므로,(모의 17) 신뢰관계를 이유로 명의대여자에게 책임을 지워야 할 이유가 없다(대판 1998.3.24. 97다55621).(변호 18, 모의 13, 16)

제4장 | 상업등기

I 의의

- 본점 소재지에서 등기할 사항은 다른 규정이 없으면 지점 소재지에서도 등기해야 한다(제35조).
- 등기한 사항에 변경이 있거나 소멸한 경우 지체 없이 변경 또는 소멸등기를 해야 한다(제40조).

II 상업등기의 효력

1. 소극적 효력

- 등기할 사항을 등기하지 않으면 선의의 제3자에게 대항하지 못한다(제37조 제1항).(모의 21)
- 지점의 소재지에서 등기할 사항을 등기하지 아니한 때에는 그 등기할 사항은 그 지점의 거래에 관하여 선의의 제3자에게 대항하지 못한다(제38조, 제37조).(모의 19)
- 제3자의 선의란 등기 대상인 사항에 대해 알지 못하는 것이며 등기 여부를 알지 못했다는 것이 아니다. 상대방은 선의, 무중과실이어야 한다.

2. 적극적 효력

- 등기한 후라도 제3자가 정당한 사유로 인하여 이를 알지 못한 때에는 선의의 제3자에게 대항하지 못한다(제37조).(모의 21)

3. 적용범위

> **관련판례**
> 등기의 일반적 효력과 관련된 선의의 제3자란 대등한 지위에서 하는 보통의 거래관계의 상대방을 말하므로 조세권에 기하여 조세의 부과처분을 하는 경우의 국가는 동조 소정의 제3자라 할 수 없다(대판 1978.12.26, 78누167).(모의 19)

III 부실등기 [모의 16]

1. 의의

- 고의 또는 과실로 인하여 사실과 상위한 사항을 등기한 자는 그 상위를 선의의 제3자에게 대항하지 못한다(제39조).(변호 18, 모의 21)

> **관련판례**
> ① 회사등기에는 공신력이 인정되지 않으므로, 부실등기인 합자회사의 사원 지분등기를 믿고 사원의 지분을 양수하였다 하여 그 지분을 양수한 것으로는 될 수 없다(대판 1996.10.29, 96다19321).
> ② 법인등기부에 이사 또는 감사로 등재되어 있는 경우에는 특단의 사정이 없는 한 정당한 절차에 의하여 선임된 적법한 이사 또는 감사로 추정된다(대판 1991.12.27, 91다4409,4416).(변호 15)

2. 요건

(1) 사실과 다른 등기의 존재

> **관련판례**
>
> 이사선임 주주총회결의 취소판결이 확정되어 결의가 소급무효가 되더라도 선임결의가 취소되는 대표이사와 거래한 상대방은 상법 제39조의 적용 내지 유추적용에 의해 보호될 수 있고, 법인등기의 등기신청권자는 회사이므로 취소되는 주주총회결의에 의해 이사로 선임된 대표이사가 한 이사선임등기는 상법 제39조 부실등기에 해당한다(대판 2004.2.27. 2002다19797).(변호 15, 20, 24)

(2) 등기신청인의 고의 또는 과실에 의한 등기

> **관련판례**
>
> ① 합명회사에 있어서 부실등기에 대한 고의 과실의 유무는 대표사원을 기준으로 판정하여야 하고 대표사원의 유고로 회사정관에 따라 업무를 집행하는 사원이 있다고 하더라도 그 사원을 기준으로 판정하여서는 아니 된다(대판 1981.1.27. 79다1618,1619).(변호 15, 18, 24)
>
> ② ㉠ 등기신청권자 아닌 자가 주주총회의사록 등을 허위로 작성하여 대표이사 선임등기를 마친 경우, 주주총회 개최와 결의가 존재하나 무효 또는 취소사유가 있는 경우와 달리, 대표이사 선임에 관한 회사 내부 의사결정은 존재하지 않아 등기신청권자인 회사가 그 등기에 관여할 수 없었을 것이므로, ㉡ 회사의 적법한 대표이사가 부실등기에 협조·묵인하는 등의 방법으로 관여했거나 회사가 부실등기의 존재를 알고 있음에도 시정하지 않고 방치하는 등 회사의 고의 또는 과실로 부실등기를 한 것과 동일시할 수 있는 특별한 사정이 없는 한, 회사에게 상법 제39조에 의한 부실등기 책임을 물을 수 없고, ㉢ 이 경우 허위 주주총회결의 등의 외관을 만들어 부실등기를 마친 사람이 회사의 상당한 지분을 가진 주주이더라도 회사의 고의 또는 과실로 부실등기를 한 것과 동일시할 수는 없다(대판 2008.7.24. 2006다24100).(변호 15, 18, 모의 18, 19)
>
> ③ 상법 제39조는 제3자의 문서위조 등의 방법으로 이루어진 부실등기에 있어서 등기신청권자에게 그 부실등기의 경료 및 존속에 있어서 그 정도가 어떠하건 과실이 있다는 사유만으로 회사가 선의의 제3자에게 대항할 수 없음을 규정한 취지가 아니다(대판 1975.5.27. 74다1366).(모의 19)
>
> ④ 소송에서 주식회사의 대표이사의 이사 자격이 부정되었음에도 불구하고 해당 회사가 이사 말소등기를 하지 않은 상태에서 그를 정당한 대표이사로 믿고 거래한 제3자에 대해서는 회사가 대표이사의 무자격을 주장하지 못한다(대판 1974.2.12. 73다1070).(모의 19)

(3) 제3자의 선의, 무중과실

- 제3자는 등기가 사실과 다르다는 것에 대하여 선의, 무중과실이어야 한다.

3. 효과

- 회사는 등기가 사실과 다르다는 것을 주장할 수 없고, 등기를 신뢰한 제3자에게 책임을 진다.

제5장 │ 영업양도

I 영업양도의 의의

1. 영업양도의 개념

- 영업양도는 조직적 · 기능적 재산으로서의 영업재산 일체를 영업의 동일성을 유지하면서 이전하는 채권계약을 말한다.
- 채권채무 승계가 없더라도 영업목적을 위해 조직화된 유기적 일체로서 기능적 재산이 그대로 이전되면 영업양도에 해당한다.(모의 20)
- 물적 시설 전부를 양수하면서 종업원의 일부만을 신규채용하거나(대판 1995.7.25. 95다7987), 종업원 상당수를 해고한 경우(대판 1995.7.14. 94다20198) 영업양도가 아니다.(모의 14, 15, 22)
- 양수인은 반드시 상인이어야 하는 것은 아니며, 영업양수로 인하여 상인자격을 취득한다.

> **관련판례**
> ① 영업양도란 일정한 영업목적에 의하여 조직화된 총체 즉 물적 · 인적 조직을 그 동일성을 유지하면서 일체로서 이전하는 것으로서, 영업양도 당사자 사이의 명시적 또는 묵시적 계약이 있어야 한다(대판 1997.6.24. 96다2644).(모의 16, 19)
> ② 영업양도는 양수인이 유기적으로 조직된 수익의 원천으로서의 기능적 재산을 이전받아 양도인과 같은 영업적 활동을 계속하고 있는지에 따라 판단한다(대판 2005.7.22. 2005다602).
> ③ 영업재산 일부를 유보하고 영업시설을 양도했어도 양도 부분만으로 종래 조직이 유지된다면 영업양도이나,(모의 22) 영업전부가 매각되었더라도 조직을 해체하여 양도하였다면 영업양도가 아니다(대판 2007.6.1. 2005다5812,5829,5836).(변호 13, 모의 14, 16, 19)

2. 개별적 이전행위

> **관련판례**
> ① 영업양도는 채권계약이므로 양도인이 재산이전의무를 이행함에 있어서는 상속이나 회사의 합병과 같이 포괄적 승계가 인정되지 않고 특정 승계에 의하여 재산의 종류에 따라 개별적으로 이전행위를 하여야 한다(대판 1991.10.8. 91다22018,22025).
> ② 영업양도의 경우 영업양도인은 영업재산이 영업양도 전후에 동일성이 유지되도록 포괄적으로 영업양수인에게 이전해야 하는데, 이 경우에는 등기나 인도 등 영업재산을 이루는 개개의 구성부분을 이전하는 이행행위(물권행위)도 함께 행해져야 한다(대판 1991.10.8. 91다22018,22025).(모의 19)

3. 채권자취소의 대상

> **관련판례**
> ① 채무자의 영업양도로써 채무초과상태에 이르거나 이미 채무초과상태에 있는 것을 심화시킨 경우, 영업양도는 채권자취소권 행사의 대상이 된다(대판 2015.12.10. 2013다84162).(모의 16)

② 채무자가 자기의 유일한 재산인 부동산을 매각하여 소비하기 쉬운 금전으로 바꾸는 경우, 매각 목적이 채무를 변제하거나 변제자력을 얻기 위한 것이고 대금이 부당한 염가가 아니며 실제 이를 채권자에 대한 변제에 사용하거나 변제자력을 유지하고 있는 때에는 채무자가 일부 채권자와 통모하여 다른 채권자를 해칠 의사를 가지고 변제를 하는 등의 특별한 사정이 없는 한, 사해행위에 해당한다고 볼 수 없다. 이는 유일한 재산으로서 영업을 양도하는 경우에도 마찬가지로 적용된다(대판 2021.10.28. 2018다223023).

③ 양도인이 양수인에게 영업권을 양도하면서 양수인의 요청에 따라 영업재산인 상가 임차인 명의 등을 피고 명의로 하자, 양도인의 채권자가 명의대여자를 상대로 원고와 피고 사이의 영업권양도계약에 대한 사해행위취소를 청구한 경우 양도인과 명의대여자 사이에 영업양도계약이 체결된 바 없고 피고는 명의대여자에 불과하므로 명의대여자에 대한 사해행위취소청구는 인정될 수 없다(대판 2022.10.27. 2017다278330).

4. 근로관계의 승계

• 근로관계 등 인적 조직은 반대의 특약이 없는 한 동일성을 유지하며 승계된다.(변호 24)

> **관련판례**
>
> ① 영업양도 당사자 사이에 근로관계 일부를 승계대상에서 제외하기로 한 특약이 있는 경우 근로관계 승계가 이루어지지 않을 수 있으나, 그러한 특약은 실질적으로 해고와 다름이 없으므로 근로기준법 제27조 제1항의 정당한 이유가 있어야 유효하다(대판 1995.9.9. 94다54245).
>
> ② 영업양도에 의해 승계되는 근로관계는 계약체결일 현재 실제로 근무하고 있는 근로자와의 근로관계만을 의미하고, 계약체결일 이전에 해고된 근로자로서 해고 효력을 다투는 근로자와의 근로관계까지 승계되는 것은 아니다(대판 1996.5.31. 95다33238).(변호 21, 모의 14)
>
> ③ 근로자가 영업양도 이전에 정당한 이유 없이 해고된 경우 양도인과 근로자 사이의 근로관계는 여전히 유효하므로, 영업양수인은 영업양도인으로부터 정당한 이유 없이 해고된 근로자와의 근로관계를 원칙적으로 승계한다. 영업 전부의 양도가 이루어진 경우 영업양도 당사자 사이에 정당한 이유 없이 해고된 근로자를 승계대상에서 제외하는 특약이 있는 경우에는 근로관계의 승계가 이루어지지 않을 수 있으나, 그러한 특약은 실질적으로 해고나 다름없으므로, 근로기준법상 정당한 이유가 있어야 유효하고, 영업양도 자체만으로 정당한 이유를 인정할 수 없다(대판 2020.11.5. 2018두54705).
>
> ④ 영업양도의 경우에 근로관계의 승계를 거부하는 근로자의 근로관계는 양수하는 기업에 승계되지 아니하고 여전히 양도하는 기업과 사이에 존속되며, 원래 사용자는 영업 일부의 양도로 인한 경영상 필요에 따라 감원이 불가피하게 되는 사정이 있어 정리해고로서의 정당한 요건이 존재한다면 승계를 거부한 근로자를 해고할 수 있다(대판 2010.9.30. 2010다41089).(변호 13)

Ⅱ 영업양도인의 경업금지의무 [모의 18]

1. 의의

• 영업양도의 경우 다른 약정이 없으면 양도인은 10년간 동일 특·광·시·군과 인접 특·광·시·군에서 동종영업을 하지 못한다(제41조 제1항).(변호 12, 13, 20)

• 양도인이 동종영업을 하지 않을 것을 약정한 때에는 동일 특·광·시·군과 인접 특·광·시·군에 한하여 20년을 초과하지 않는 범위 내에서 그 효력이 있다(제41조 제2항).(모의 15)

① 당사자 간의 특약으로 상법 제41조 제1항에서 정한 영업양도인의 경업금지의무를 완화 또는 강화할 수 있다(서울북부지법 2023.10.26. 2023가단132791).

② 영업양도계약에서 경업금지청구권의 양도를 제한하는 등의 특별한 사정이 없다면 양도된 영업이 다시 동일성을 유지한 채 전전양도 될 때 영업양수인의 경업금지청구권은 영업재산의 일부로서 영업과 함께 그 뒤의 영업양수인에게 전전양도 되고, 그에 수반하여 지명채권인 경업금지청구권의 양도에 관한 통지권한도 전전이전 된다(대판 2022.11.30. 2021다227629).

2. 적용범위

① 경업금지지역으로서의 동일 지역 또는 인접 지역인지 여부는 양도된 물적 설비가 있던 지역이 아니라 영업양도인의 통상적인 영업활동 지역을 기준으로 한다(대판 2015.9.10. 2014다80440).

② 상법상 영업양도에 관한 규정은 양도인이 상인이 아닌 경우에는 적용할 수 없으므로 농업협동조합이 도정공장을 양도하였더라도 상법 41조에 의한 경업금지의무를 지지 않는다(대판 1969.3.25. 68다1560). (모의 16)

3. 경업금지의무 위반의 효과

- 상법은 경업금지의무 위반의 효과에 대해서는 규정하고 있지 않다. 따라서 민법에 따라 양도인에 대한 영업폐지청구, 손해배상청구, 영업양도계약의 해제가 가능하다. 개입권은 불인정.

영업양도인의 경업금지의무 위반상태를 해소하기 위해서는 영업을 폐지할 것이 요구되므로 그 이행강제의 방법으로 영업양도인 본인의 영업 금지 외에 제3자에 대한 영업의 임대, 양도 기타 처분을 금지하는 것도 가능하다(대판 1996.12.23. 96다37985). (모의 19)

Ⅲ 영업양수인의 책임 [변호 14, 18, 모의 13, 17]

1. 의의

- 영업양수인이 양도인의 상호를 속용하거나 양도인의 영업채무 인수를 광고한 경우 제3자에 대한 양도인의 영업상 채무를 변제할 책임을 진다(제42조 제1항, 제44조). (모의 15, 20)
- 당사자의 의사나 인식과 관계없이 발생하는 법정 책임으로서, 상호속용 영업양수인은 상법 제42조 제1항에 의하여 영업양도인의 채권자에 대한 영업상 채무를 중첩적으로 인수하게 된다 (대판 2023.12.7. 2020다225138).

2. 요건

(1) 영업양도의 존재

(2) 양도인의 영업으로 인한 제3자의 채권

- 영업활동과 관련성이 인정되면 채무불이행, 불법행위, 부당이득으로 인한 채권과 어음·수표와 같은 증권채권도 적용대상이 된다. (모의 14, 19, 22)

① 상호를 속용하는 영업양수인이 변제책임을 지는 양도인의 제3자에 대한 채무는 양도인의 영업으로 인한 채무로서 영업양도 전에 발생한 것이면 족하고, 영업양도 당시의 상호를 사용하는 동안 발생한 채무에 한하는 것은 아니다(대판 2010.9.30. 2010다35138).
② 영업양수인이 책임지는 제3자의 채권은 영업양도 당시 변제기가 도래할 필요는 없더라도 그 당시까지 발생한 것이어야 하고, 영업양도 당시로 보아 가까운 장래에 발생될 것이 확실한 채권은 양수인이 책임지지 않아도 된다(대판 2020.2.6. 2019다270217). (변호 21)
③ 영업양도인이 주식회사인 경우 주식회사 명의로 한 행위는 회사의 영업을 위하여 하는 행위로 추정되며, 그로 인해 회사가 부담하는 채무도 영업으로 인한 채무로 추정된다(대판 2002.6.28. 2000다5862).

(3) 양수인의 채무인수 부존재

(4) 상호속용 또는 채무인수 광고

- 영업양수인이 양도인의 상호를 계속 사용하거나, 상호를 사용하지 않더라도 양도인의 영업으로 인한 채무를 인수할 것을 광고하는 외관이 존재하면 된다. (변호 21)
- 상호양도합의 무효, 취소 및 상호무단사용의 경우도 포함된다(대판 2009.1.15. 2007다17123,17130).
- 상호속용은 상호가 주요 부분에서 공통되면 인정된다(대판 1989.12.26. 88다카10128).

양수인에 의하여 속용 되는 명칭이 상호 자체가 아닌 옥호 또는 영업표지인 때에도 그것이 영업주체를 나타내는 것으로 사용되는 경우에는 영업상의 채권자가 영업주체의 교체나 채무승계 여부 등을 용이하게 알 수 없다는 점에서 일반적인 상호속용의 경우와 다를 바 없으므로, 양수인은 특별한 사정이 없는 한 상법 제42조 제1항의 유추적용에 의하여 채무를 부담한다(대판 2010.9.30. 2010다35138). (변호 20, 24)

(5) 채권자의 선의

- 영업양도 사실을 알았더라도 채무인수가 없었다는 사실을 몰랐다면 선의의 제3자에 해당한다. (모의 21)
- 채권자의 악의에 대한 주장 입증책임은 영업양수인이 부담한다. (변호 24)

채권자가 영업양도 당시 채무인수 사실이 없음을 알고 있었거나 그 무렵 알게 된 경우에는 영업양수인의 변제책임이 발생하지 않으나, 채권자가 영업양도 무렵 채무인수 사실이 없음을 알지 못한 경우에는 영업양수인의 변제책임이 발생하고, 이후 채권자가 채무인수 사실이 없음을 알게 되었더라도 이미 발생한 영업양수인의 변제책임이 소멸하는 것은 아니다(대판 2022.4.28. 2021다305659). (변호 24)

3. 효과

① 상호속용 영업양수인의 책임에 관한 규정에 의해 영업양수인이 양도인의 영업자금과 관련한 피보증인의 지위까지 승계하는 것으로 볼 수는 없다. 영업양도인의 영업상 채무에 대하여 보증한 제3자가 양도인의 채무를 변제하더라도 양수인에게 구상권을 행사할 수 없다(대판 2020.2.6. 2019다270217).
② 채권자가 영업양도인에 대한 채권을 타인에게 양도했다는 사정만으로 영업양수인에 대한 채권까지 당연히 함께 양도된 것이라고 단정할 수 없고, 함께 양도된 경우라도 채권양도의 대항요건은 채무자별로 갖추어야 한다(대판 2009.7.9. 2009다23696).

③ 채권자가 양수인의 재산에 강제집행을 하기 위해서는 양도인과 양수인 양자를 공동피고로 제소하여 각자에 대한 집행권원을 취득하여야 하고, 영업양도인에 대한 채무명의로써 바로 양수인의 소유재산에 대하여 강제집행을 할 수 없다(대판 1967.10.31. 67다1102).

④ 상법 제42조 제1항에 따른 채무는 부진정연대채무에 해당한다.(모의 15, 19, 20) 영업양도가 이루어진 이후에 이루어진 채권자의 영업양도인에 대한 소멸시효중단의 효과는 상호를 속용하는 영업양수인에게 미치지 않는다(대판 2023.12.7. 2020다225138).

4. 양도인 책임의 단기 제척기간

- 영업양도 또는 광고 후 2년 경과로 양도인의 책임은 소멸한다(제45조).(변호 13, 24, 모의 19, 22(2))

5. 면책 등기와 면책 통지

- 양수인이 영업양도를 받은 후 지체 없이 양도인의 채무에 대한 책임이 없음을 등기한 때에는 적용되지 않는다(제42조 제2항).(변호 12, 20) 면책등기는 모든 채권자에게 효력이 미친다.
- 양도인과 양수인이 지체 없이 제3자에 대하여 그 뜻을 통지한 경우에 통지를 받은 제3자에 대하여도 같다(제42조 제2항).(변호 13) 면책통지는 그 통지를 받은 채권자에게만 효력이 미친다.

6. 현물출자에의 유추적용 [모의 13]

> **관련판례**
>
> ① 영업을 출자하여 회사를 설립하고 그 상호를 계속 사용하는 경우, 출자의 목적이 된 영업의 개념이 동일하고, 법률행위에 의한 이전이라는 점에서 영업양도와 유사하며, 채권자의 입장에서 양도와 출자를 구분하기 어려우므로 새로 설립된 법인은 상법 제42조 제1항의 규정의 유추적용에 의해 출자자의 채무를 변제할 책임이 있다(대판 1996.7.9. 96다13767).(변호 21, 모의 14, 16)
>
> ② 영업을 출자하여 주식회사를 설립하고 그 상호를 계속 사용함으로써 상법 제42조 제1항이 유추적용 되는 경우 (양도인의 제3자에 대한 채무는 영업양도 후 2년이 경과하면 소멸한다는) 상법 제45조의 규정도 당연히 유추적용된다(대판 2009.9.10. 2009다38827).(변호 21)

7. 영업임대차에의 유추적용 여부

> **관련판례**
>
> 영업임대차의 경우 ㉠ 제42조 제1항과 같은 법률규정이 없고, ㉡ 영업재산의 소유권이 모두 임대인에게 유보되어 있고 임차인은 사용·수익권만을 가질 뿐이어서 임차인에게 임대인의 채무에 대한 변제책임을 부담시키면서까지 임대인의 채권자를 보호할 필요가 있다고 보기 어려우며, ㉢ 양수인이 부담하는 책임은 양수한 영업재산에 한정되지 아니하고 그의 전 재산에 미친다는 점 등을 더하여 보면, 영업임대차의 경우에 제42조 제1항이 유추적용 되지 않는다(대판 2016.8.24. 2014다9212).(변호 16, 20)

Ⅳ 영업상 채무자의 보호

- 영업양수인이 양도인의 상호를 계속 사용하는 경우 양도인의 영업으로 인한 채권에 대하여 채무자가 선의, 무중과실로 양수인에게 변제한 때에는 그 효력이 인정된다(제43조).(변호 21, 모의 15)

합격을 꿈꾼다면, 해커스변호사
law.Hackers.com

제2편

상행위

제2편

제1장 | 상행위 총칙

I 상행위의 분류

1. 기본적 상행위, 준상행위 및 보조적 상행위

- 기본적 상행위 : 영업으로 하는 제46조 각 호의 행위를 상행위라 한다. 그러나 오로지 임금을 받을 목적으로 물건을 제조하거나 노무에 종사하는 자의 행위는 그러하지 아니하다(제46조).
- 준상행위 : 점포 기타 유사한 설비에 의해 상인적 방법으로 영업을 하는 자 및 회사는 상행위를 하지 않더라도 상인으로 본다(제5조). 이러한 상인의 행위에 상행위 통칙이 준용된다(제66조).
- 보조적 상행위 : 상인이 영업을 위하여 하는 행위는 상행위로 본다(제47조 제1항). 상인의 행위는 영업을 위하여 하는 것으로 추정한다(제47조 제2항).

> **관련판례**
> ① 금전대여를 영업으로 하지 않는 상인이더라도 영업상 이익을 위하여 금전을 대여하거나 여유자금을 이자 취득을 목적으로 대여하는 경우가 있을 수 있으므로, 상인의 금전대여행위는 반증이 없는 한 영업을 위하여 하는 것으로 추정된다(대판 2008.12.11. 2006다54378).
> ② 상인이 그 영업과 상관없이 개인자격에서 돈을 투자하는 행위는 상인의 기존 영업을 위한 보조적 상행위로 볼 수 없다(대판 2018.4.24. 2017다205127).
> ③ 상인이 기본적 영업활동을 종료하거나 폐업신고를 하였더라도 청산사무나 잔무처리가 남아 있는 동안에는 청산사무나 잔무처리는 영업을 위한 행위로서 보조적 상행위로 볼 수 있다. 피고들이 폐업신고 이후 원고에게 대여금채권에 관하여 공정증서를 작성하여 준 행위는 유체동산 가압류에 대한 대응 및 폐업에 따른 청산사무 또는 잔무를 처리하는 보조적 상행위에 해당한다(대판 2021.12.10. 2020다295359).

2. 일방적 상행위와 쌍방적 상행위

- 당사자 중 그 1인의 행위가 상행위인 때에는 전원에 대하여 상법을 적용한다(제3조).[변호 24]
- 쌍방적 상행위 : 상사유치권(제58조) 및 상사매매 특칙(제67조 이하)

II 민법 총칙에 대한 특칙

1. 대리

- 상법상 대리의 경우, 대리인이 본인을 위한 것임을 표시하지 않아도 그 행위는 본인에 대하여 효력이 있다(제48조 본문).(변호 15, 18, 21, 모의 13) 상대방이 본인을 위한 것임을 알지 못한 경우 대리인에게도 이행을 청구할 수 있다(제48조 단서).(변호 15, 18, 21, 모의 13)

> **관련판례**
> 조합대리에 있어서도 그 법률행위가 조합에게 상행위가 되는 경우에는 조합을 위한 것임을 표시하지 않았더라도 법률행위의 효력은 본인인 조합원 전원에게 미친다(대판 2009.1.30. 2008다79340).

2. 본인의 사망과 대리권의 존속

- 상인이 영업에 관하여 수여한 대리권은 본인의 사망으로 소멸하지 않는다(제50조).(모의 13, 17)

3. 상사시효

(1) 5년의 상사시효

- 상행위로 인한 채권의 소멸시효는 상법에 다른 규정이 없는 때에는 5년으로 한다(제64조).
- 다른 법령에 상사시효보다 단기의 소멸시효가 있는 경우 그 소멸시효가 적용된다(제64조).
- ① 상행위인 계약무효로 인한 부당이득반환청구권은 민법에 따라 발생한 것으로서 10년 민사 소멸시효기간이 적용된다. ② 부당이득반환청구권이 상행위인 계약에 기초한 급부 자체의 반환을 구하는 것으로서 법률관계를 상거래 관계와 같은 정도로 신속하게 해결할 필요성이 있는 경우 상법 제64조가 유추적용되어 상사 소멸시효기간 적용된다(대판 2021.8.19. 2018다258074).

> **관련판례**
> ① 당사자가 민법에 따른 소멸시효기간을 주장한 경우에도 법원은 직권으로 상법에 따른 소멸시효기간을 적용할 수 있다(대판 2017.3.22. 2016다258124).(변호 20)
> ② 이사회결의부존재에 따른 제3자의 부당이득반환청구권처럼 회사의 내부적인 법률관계가 개입되어 있어 청구권자가 권리의 발생 여부를 객관적으로 알기 어려운 상황에 있고 청구권자가 과실 없이 이를 알지 못한 경우에는 이사회결의부존재확인 판결의 확정과 같이 객관적으로 청구권의 발생을 알 수 있게 된 때로부터 소멸시효가 진행한다(대판 2003.4.8. 2002다64957,64964).(변호 18)
> ③ 상행위인 계약이 정한 주식매수청구권의 법적 성질은 형성권이고, 계약에서 행사기간을 정하지 않은 경우 상사시효에 관한 상법 제64조가 유추적용되며, 그 제척기간의 기산점은 계약이 정한 바에 따라 주식매수청구권을 행사할 수 있는 날이다(대판 2022.7.14. 2019다271661).
> ④ 원본채권이 상행위로 인한 채권일 경우 그 지연손해금도 상행위로 인한 채권이고, 판결에 의해 권리의 실체적인 내용이 바뀌는 것은 아니며 이행판결이 확정된 지연손해금에 대해서도 채권자의 이행청구에 의해 지체책임이 생긴다. 따라서 상행위로 인한 원본채권 및 그에 대한 지연손해금 지급을 명하는 이행판결이 확정된 경우 그 지연손해금도 상행위로 인한 채권이므로, 지연손해금에 대한 채권자의 이행청구에 의해 채무자가 지체책임을 지는 경우 그 지연손해금에 대하여는 상사법정이율이 적용된다(대판 2022.12.1. 2022다258248).

(2) 상사시효가 적용되는 경우

- 쌍방적, 일방적, 보조적 상행위를 불문. 채권자나 채무자 중 일방이 상인이면 상사시효 적용(대판 2014.4.10. 2013다68207).(변호 23, 모의 13, 16, 19, 20)[모의 18, 19]
- 상사시효가 적용되는 채권은 상행위로 인하여 생긴 채무의 불이행에 기하여 성립한 손해배상채권도 포함(대판 1997.8.26. 97다9260).(변호 23, 모의 13, 21)[변호 24]
- 한국토지주택공사가 회사로부터 토지보상법에 따른 협의취득절차로서 매수한 토지에 하자가 있다고 주장하면서 제기한 손해배상청구에 상사소멸시효 적용(대판 2022.7.14. 2017다242232).
- 근저당권설정비용 부과약관 무효에 따른 부당이득반환채권(대판 2014.7.24. 2013다214871).(변호 18, 22)
- 상행위 계약의 해제로 인한 원상회복청구권(대판 1993.9.14. 93다21569).(변호 13, 모의 13)
- 상사시효가 적용되던 채무가 면책적 채무인수가 된 경우(대판 1999.7.9. 99다12376).(모의 21)
- 은행 대출금에 대한 변제기 이후의 지연손해금(대판 1979.11.13. 79다1453).(변호 15, 모의 13, 14, 16)
- 보험계약 급부의 부당산정에 따른 부당이득반환청구권(대판 2007.5.31. 2006다63150).(모의 13, 16)

- 가맹본부를 상대로 한 가맹점사업자의 Administration Fee 부당이득반환청구(대판 2018.6.15. 2017다248803,248810).(변호 22, 모의 20)
- 단체협약에 따른 유족의 위로금채권(대판 2006.4.27. 2006다1381).(모의 21)
- 위탁자의 위탁매매인에 대한 이득상환청구권, 이행담보책임청구권(대판 1996.1.23. 95다39854).(모의 21, 22)
- 임대사업자에 대한 수분양자의 납부분양대금과 정당한 분양가격의 차액에 대한 부당이득반환청구권(대판 2015.9.15. 2015다210811).(변호 22)
- 상행위인 건설공사에 관한 도급계약에 기한 수급인의 하자담보책임(대판 2011.12.8. 2009다25111).
- 사업장 마련을 위해 전대차계약을 체결하고자 권리금과 보증금을 지급하였으나 끝내 계약이 성립되지 않은 경우의 권리금과 보증금 반환채권(대판 2021.9.9. 2020다299122).
- 보험계약자가 다수의 계약을 통하여 보험금을 부정 취득할 목적으로 보험계약을 체결하여 그것이 민법 제103조에 따라 선량한 풍속 기타 사회질서에 반하여 무효인 경우 보험자의 보험금에 대한 부당이득반환청구권(대판 2021.7.22. 2019다277812 전합).(변호 23)
- 발생하지 않은 보험사고 발생을 가장하여 청구·수령된 보험금 상당 부당이득반환청구권(대판 2021.8.19. 2018다258074).
- 보험회사의 보험수익자인 피고를 상대로 한 보험계약자 겸 피보험자인 A의 과잉입원을 원인으로 수령한 보험금에 대한 부당이득반환청구(대판 2021.8.19. 2019다269354).
- 기부자가 상인인 경우 지방자치단체와 그 기부자 사이에 체결된 기부채납 약정은 다른 사정이 없는 한 상인이 영업을 위하여 한 보조적 상행위에 해당하므로, 그러한 기부채납 약정에 근거한 채권에는 5년의 상사 소멸시효기간 적용(대판 2022.4.28. 2019다272053).(변호 23)

(3) 상사시효가 적용되지 않는 경우
- 물상보증인의 채무자에 대한 구상권(대판 2001.4.24. 2001다6237).(모의 16)
- 불법행위로 인한 손해배상채권(대판 1985.5.28. 84다카966).(변호 14, 15, 21, 23, 모의 14)[변호 24]
- 근로자의 근로계약상 주의의무 위반에 따른 사용자의 손배청(대판 2005.11.10. 2004다222742).
- 사용자의 근로계약상 보호의무 위반에 따른 근로자의 손배청(대판 2021.8.19. 2018다270876).
- 임대차계약 종료 후 무단점유에 대한 부당이득 반환청구(대판 2012.5.10. 2012다4633).
- 대표이사 개인의 차용금 채무(대판 2012.7.26. 2011다43594).(변호 18, 모의 21)
- 이사, 감사의 회사에 대한 임무해태로 인한 손해배상책임(대판 1985.6.25. 84다카1954).(변호 13)
- 보험사업자의 피해자에 대한 부당이득청구권(대판 2010.10.14. 2010다32276).(모의 13)
- 보험자대위에 의한 구상권(대판 1999.6.11. 99다3143).(모의 16)
- 법률의 규정에 의한 법정채무(대판 2009.9.10. 2009다41786).
- 부당이득반환청구권의 내용이 급부 자체의 반환을 구하는 것이 아니거나, 신속한 해결 필요성이 인정되지 아니하는 경우 10년의 민사소멸시효 적용(대판 2019.9.10. 2016다271257).
- 주식회사인 매수인의 의료법인인 매도인에 대한 부동산매매계약의 무효를 이유로 한 부당이득반환청구권(대판 2003.4.8. 2002다64957,64964).(변호 22)
- 甲주식회사가 채무자 재산에 관한 경매사건 배당절차에서 자신의 권리를 乙이 침해하였다고 주장하며 부당이득반환을 청구하는 경우(대판 2019.9.10. 2016다271257).
- 위법배당에 따른 부당이득반환청구권(대판 2021.6.24. 2020다208621).[1](변호 22, 23, 모의 22(2))

---

1) 주식회사 주주총회 또는 이사회가 이익배당결의를 한 경우, 주주의 배당금 지급청구권 소멸시효기간은 5년(제464조의2 제2항).

(4) 보증채무

Ⅲ 민법 물권에 대한 특칙

1. 일반상사유치권 [모의 21]

(1) 의의

- 상인간의 상행위로 인한 채권이 변제기에 있는 때에는 채권자는 변제를 받을 때까지 그 채무자에 대한 상행위로 인하여 자기가 점유하고 있는 채무자 소유 물건 또는 유가증권을 유치할 수 있다(제58조 본문). 그러나 당사자 간에 다른 약정이 있으면 그러하지 아니하다(제58조 단서).

(2) 요건

- 채권자와 채무자 쌍방이 모두 상인.(모의 21)
- 피담보채권 성립시점과 유치물 점유 개시시점에 상인.(모의 21)
- 채권자와 채무자 쌍방에 상행위가 되는 행위 및 변제기 도래.(변호 14, 모의 14, 16, 17, 21)
- 채권자가 제3자로부터 양수한 채권인 경우 상사유치권이 성립 ×.
- 목적물은 채무자 소유여야 함.(변호 14, 모의 14, 16, 17, 19, 21, 22)
- 유치권 성립 후 목적물의 소유권을 양도하더라도 유치권 행사가능.(모의 22)
- 상사유치권의 대상이 되는 물건에는 부동산도 포함(대판 2013.5.24. 2012다39769,39776).(모의 17, 21)
- 개별적 견련성은 요구되지 않음.(변호 13, 14, 모의 14, 16, 19(2), 21, 22)
- 배제 특약 가능(묵시적 특약 포함(대판 2012.9.27. 2012다37176)).(변호 14, 모의 16, 17, 21)[모의 21]

(3) 효력 - 민법 적용

(4) 특별상사유치권 (변호 13, 14, 모의 14, 16, 17)

	일반 상사유치권	민사유치권	운송인 운송주선인	대리상	위탁매매인
채무자소유	○	×	×	×	×
견련성	×	○	○	×	×

2. 유질계약 [변호 21]

• 상행위로 인한 채권을 담보하는 질권에는 유질계약이 가능하다(제59조).(모의 13, 19)

> **관련판례**
> ① 유질약정이 유효하기 위해서는 피담보채권이 상행위로 인해 생긴 채권이면 충분하고, 질권설정자가 상인이어야 하는 것은 아니다. 또한 일방적 상행위로 생긴 채권을 담보하기 위한 질권에도 유질약정을 허용한 상법 제59조가 적용된다(대판 2017.7.18. 2017다207499).(변호 20, 모의 20)
> ② 상사질권설정계약에 있어서 유질계약의 성립이 인정되려면 그에 관하여 별도의 명시적 또는 묵시적인 약정이 성립되어야 한다(대판 2008.3.14. 2007다11996).(변호 20, 모의 20)
> ③ 유질약정이 포함된 질권실행 방법이나 절차는 질권설정계약에서 정한 바에 의한다. 채권자가 일반적인 비상장주식 가격 산정방식 중 하나를 채택하여 처분가액을 산정한 이상, 나중에 합리적인 가격이 아니었다고 인정되더라도, 다른 특별한 사정이 없는 한 채권자와 채무자 사이에서 피담보채무의 소멸범위나 초과액 반환 여부, 손해배상 등이 문제 될 뿐 채권자와 처분 상대방 사이에서 채권자의 처분행위 자체는 유효하다(대판 2021.11.25. 2018다304007).

Ⅳ 민법 채권에 대한 특칙

1. 상사법정이율 (연 6%) [변호 24]

2. 법정이자청구권

• 상인이 영업에 관하여 금전을 대여한 경우 법정이자를 청구할 수 있다(제55조 제1항).(모의 13)

> **관련판례**
> 상인 간에서 금전소비대차에 따른 약정이자를 구하는 청구에는 상법 소정의 법정이자의 지급을 구하는 취지가 포함되어 있다고 보아야 한다(대판 2007.3.15. 2006다73072).(변호 21)

3. 다수당사자의 연대책임 [모의 18]

• 수인이 그 1인 또는 전원에게 상행위가 되는 행위로 인하여 채무를 부담하게 되는 경우 연대하여 변제할 책임이 있다(제57조 제1항).(변호 19, 21, 모의 14)

> **관련판례**
> 조합채무가 조합원 전원을 위하여 상행위가 되는 행위로 인하여 부담하게 된 것이라면 상법 제57조 제1항을 적용하여 조합원들의 연대책임이 인정된다(대판 2018.4.12. 2016다39897).(변호 19)

4. 보증인의 연대책임

- 보증인의 보증이 상행위이거나 주채무가 상행위로 인한 경우 주채무자와 보증인은 연대하여 변제할 책임이 있다(제57조 제2항).

5. 상사임치

- 상인이 그 영업범위 내에서 물건의 임치를 받은 경우 보수를 받지 않는 경우에도 선량한 관리자의 주의를 하여야 한다(제62조).(변호 21)

6. 청약에 대한 낙부통지의무

- 상인이 상시 거래관계에 있는 자로부터 영업부류에 속한 계약의 청약을 받고 지체없이 낙부통지를 발송하지 않으면 이를 승낙한 것으로 본다(제53조).(변호 16, 18) 보조적 상행위 포함 ×.

7. 청약 및 물건 수령자의 물건보관의무

- 상인이 그 영업부류에 속한 계약의 청약을 받고 견품 기타의 물건을 받은 때에는 그 청약을 거절한 때에도 청약자의 비용으로 그 물건을 보관하여야 한다(제60조).(변호 16)

V 상사매매

1. 의의

- 상사매매 특칙은 당사자 쌍방에게 매매계약이 모두 상행위인 경우에 적용된다.(모의 20)

2. 매도인의 목적물 공탁, 경매권

- 상인간의 매매에서 매수인이 목적물의 수령을 거부하거나 수령할 수 없는 경우 매도인은 그 물건을 공탁하거나 상당한 기간을 정하여 최고한 후 경매할 수 있다(제67조 제1항).(변호 18)

3. 확정기매매

- 확정기매매란 매매의 성질 또는 당사자의 의사표시에 의하여 일정한 일시 또는 일정한 기간 내에 이행하지 아니하면 계약의 목적을 달성할 수 없는 매매를 말한다.
- 상인간의 확정기매매의 경우 당사자의 일방이 이행시기를 경과한 때에는 상대방은 즉시 이행을 청구하지 아니하면 계약을 해제한 것으로 본다(제68조).(변호 16, 18, 모의 13, 14, 19, 22)[모의 23]

4. 매수인의 검사통지의무 [변호 17, 21, 22]

- 상인간의 매매에 있어서 매수인이 목적물을 수령한 때에는 지체 없이 이를 검사하여야 하며 하자 또는 수량의 부족을 발견한 경우 즉시 매도인에게 그 통지를 발송하지 아니하면 이로 인한 계약해제, 대금감액 또는 손해배상을 청구할 수 없다(제69조 제1항 제1문).
- 즉시 발견할 수 없는 하자는 6월 이내에 매도인에게 통지하여야 한다(제69조 제1항 제2문).
- 요건 : ① 당사자 모두 상인, ② 매매, ③ 매수인의 목적물 현실 수령, ④ 목적물의 수량 부족 또는 하자, ⑤ 매도인의 선의, 무중과실,(변호 14) ⑥ 배제특약 부존재.(변호 15, 모의 19)[변호 22]

> **관련판례**
> ① 매수인에게 즉시 목적물의 검사와 하자통지를 할 의무를 지우고 있는 상법 제69조의 규정은 상인간의 매매에 적용되는 것이며, 매수인이 상인인 한 매도인이 상인인지 여부를 불문하고 위 규정이 적용되어야 하는 것은 아니다(대판 1993.6.11. 93다7174,7181(반소)).(변호 23, 모의 20)

② 대체물인 경우에는 매매에 관한 규정이 적용되나, 부대체물인 경우에는 물건의 공급과 함께 그 제작이 계약의 주목적이 되어 도급의 성질을 강하게 띠므로 이 경우에는 매매 관련 규정이 당연히 적용된다고 할 수 없다(대판 1987.7.21. 86다카2446).(변호 18, 모의 19)

③ 상인간의 수량을 지정한 임대차계약에 준용되지 않는다(대판 1995.7.14. 94다38342).

④ 甲회사가 乙회사와 승강기 제작·설치공사계약을 체결한 경우, 계약의 대상인 승강기가 乙회사의 신축건물에 맞추어 일정한 사양으로 특정되어 있으므로, 그 계약은 대체가 어렵거나 불가능한 제작물의 공급을 목적으로 하는 계약으로서 도급의 성질을 가진다(대판 2010.11.25. 2010다56685).

⑤ 제69조는 상거래의 신속한 처리와 매도인의 보호를 위한 규정이므로, 설령 매매목적물에 상인에게 통상 요구되는 객관적인 주의의무를 다해도 즉시 발견할 수 없는 하자가 있는 경우에도 매수인이 6월 내에 그 하자를 발견하여 지체 없이 통지하지 아니하면 매수인은 과실 유무를 불문하고 매도인에게 하자담보책임을 물을 수 없다(대판 1999.1.29. 98다1584).(변호 14, 18, 23, 모의 19, 20)[변호 17, 21]

⑥ 상법 제69조 제1항은 민법상 매도인 담보책임에 대한 특칙으로, 채무불이행에 해당하는 불완전이행으로 인한 손해배상책임을 묻는 청구에는 적용되지 않는다(대판 2015.6.24. 2013다522).(변호 23, 모의 19)

Ⅵ 상호계산

1. 의의

- 상인간 또는 상인과 비상인간에 상시 거래관계가 있는 경우 일정기간의 거래로 인한 채권채무의 총액에 관하여 상계하고 그 잔액을 지급할 것을 내용으로 하는 계약이다(제72조).(변호 12, 17, 19)

2. 요건

- 일방 당사자는 상인이어야 하고,(변호 12, 19) 상시 거래관계가 존재해야 한다.
- 당사자가 상호계산기간을 정하지 않은 경우 상호계산기간은 6월로 한다(제74조).(변호 12)
- 어음·수표는 상호계산 대상이 되지 않으나, 어음·수표 수수에 따른 대가채권은 대상이 된다.
- 불법행위채권, 제3자로부터 양수한 채권 및 금전채권이 아닌 특정물의 인도를 목적으로 하는 채권은 상호계산 대상이 되지 않는다.(변호 19)

3. 효력

- 어음 기타의 상업증권으로 인한 채권채무를 상호계산에 포함시킨 경우 그 증권채무자가 변제하지 아니한 때에는 그 채무의 항목을 상호계산에서 제거할 수 있다(제73조).(변호 19)
- 상호계산기간이 만료되면 쌍방의 채권채무는 총액에서 상계된 후 잔액 채권이 성립한다.
- 각 당사자가 계산서를 승인하면 잔액채권이 확정되어 각 항목에 대해 이의할 수 없다(제75조).
- 어느 항목에 착오나 탈루가 있는 경우 다툴 수 있다(제75조 단서).(변호 17)
- 상계 후 잔액에 대하여 채권자는 계산폐쇄일 이후의 법정이자를 청구할 수 있다(제76조 제1항).
- 당사자는 각 항목의 상호계산 계입일로부터 이자를 붙일 것을 약정할 수 있다(제76조 제2항).

4. 상호계산의 해지

- 각 당사자는 언제든지 상호계산을 해지할 수 있다. 이 경우에는 각 당사자는 즉시 계산을 폐쇄하고 잔액의 지급을 청구할 수 있다(제77조).(변호 17)

Ⅶ 익명조합 [변호 23]

1. 의의
- 익명조합원이 출자하고, 영업자는 영업이익을 분배하기로 하는 계약이다(제78조).
- 영업자는 상인이어야 하나, 익명조합원은 상인이 아니어도 된다.(모의 16, 21)
- 익명조합원의 출자 목적물은 금전 또는 현물에 한정된다(제86조, 제272조).
- 익명조합원이 출자한 금전 기타의 재산은 영업자의 재산으로 본다(제79조).(변호 17)

> **관련판례**
> 익명조합의 익명조합원이 출자한 금전 기타의 재산은 영업자의 재산이 되므로 영업자는 타인의 재물을 보관하는 자의 지위에 있지 않고, 따라서 **영업자가 영업이익금 등을 임의로 소비하였더라도 횡령죄가 성립할 수는 없다**(대판 2011.11.24. 2010도5014).(모의 16, 17, 21)

2. 이익분배약정
- 익명조합은 이익분배를 본질적 요소로 하므로 이익분배를 하지 않는 경우 익명조합이 아니다.
- 영업이익 여부와 상관없이 익명조합원이 일정 금원을 지급받는 경우 익명조합이 아니다.(모의 16)
- 익명조합원의 출자가 손실로 감소된 때에는 손실을 전보한 후가 아니면 이익배당을 청구하지 못한다.(변호 12, 22) 손실이 출자액을 초과하더라도 익명조합원은 받은 이익을 반환하거나 증자할 의무가 없다.

3. 외부관계
- 익명조합원은 영업자의 행위에 관하여 제3자에 대하여 권리의무가 없다(제80조).(변호 12, 17)
- 익명조합원이 자기 성명이나 상호를 영업자 상호에 사용하게 하거나 사용할 것을 허락한 경우 그 사용 이후 채무에 대해 영업자와 연대하여 변제할 책임이 있다(제81조).(변호 22, 모의 16)

Ⅷ 합자조합

- 조합의 업무집행자로서 조합 채무에 대하여 무한책임을 지는 조합원과 출자가액을 한도로 유한책임을 지는 조합원이 상호 출자하여 공동사업을 경영할 것을 내용으로 하는 계약(제86조의2).
- 둘 이상의 업무집행조합원이 있는 경우 조합계약에 다른 정함이 없으면 각 업무집행조합원의 업무집행에 관한 행위에 대하여 다른 업무집행조합원의 이의가 있는 경우 행위를 중지하고 업무집행조합원 과반수 결의에 따라야 한다(제86조의5 제3항).(변호 22)
- 업무집행조합원은 다른 모든 조합원의 동의가 없으면 자기 또는 제3자의 계산으로 합자조합의 영업부류에 속하는 거래를 하지 못하며 동종영업을 목적으로 하는 다른 회사의 무한책임사원 또는 이사가 되지 못한다(제86조의8 제2항, 제198조).(변호 17)
- 유한책임조합원의 출자목적물은 금전 또는 현물로 한정되고, 신용, 노무 출자는 허용되지 않는다.
- 유한책임조합원은 조합계약에서 정한 출자가액에서 이미 이행한 부분을 뺀 가액을 한도로 하여 조합채무를 변제할 책임이 있다(제86조의6 제1항).(변호 17, 22)
- 합자조합에 이익이 없음에도 배당을 받은 금액은 유한책임조합원의 변제책임 한도액에 더한다(제86조의6 제2항).(변호 22)

제2장 │ 상행위 각칙

I 대리상

1. 의의

- 일정한 상인을 위하여 상업사용인이 아니면서 상시 그 영업부류에 속하는 거래의 대리 또는 중개를 영업으로 하는 자를 대리상이라 한다(제87조).
- 대리상은 일정한 상인의 영업만을 보조하고 상법상 경업금지의무를 부담하나, 중개인은 일정한 상인임을 요하지 아니하며, 경업금지의무 규정이 없다.(변호 12, 모의 13, 14, 15)
- 거래의 효과는 본인에게 귀속되고, 대리상은 원칙적으로 거래상의 책임을 부담하지 않는다.

2. 대리상의 의무

- 대리상은 본인의 허락 없이 자기나 제3자의 계산으로 본인의 영업부류에 속한 거래를 하거나 동종영업을 목적으로 하는 회사의 무한책임사원 또는 이사가 되지 못한다(제89조 제1항).(모의 20)
- 경업금지의무 위반 → 개입권, 해지권, 손해배상청구권 인정(제89조 제2항).(모의 22, 23)
- 대리상은 계약 종료 후에도 계약과 관련하여 알게 된 본인의 영업비밀을 준수해야 한다(제92조의3).(모의 14)

3. 대리상의 권리

- 특별상사유치권(제91조) : 대리상은 거래의 대리 또는 중개로 인한 채권이 변제기에 있는 경우 변제를 받을 때까지 본인을 위하여 점유하는 물건 또는 유가증권에 대해 유치권을 행사할 수 있다.(변호 12, 21, 모의 14, 21)
- 보상청구권(제92조의2) : ① 대리상의 활동으로 본인이 새로운 고객을 획득하거나 영업상 거래가 현저히 증가하고 계약 종료 후에도 본인이 이익을 얻고 있는 경우 본인에 대하여 보상을 청구할 수 있다.(모의 14) ② 다만, 계약의 종료가 대리상의 책임있는 사유로 인한 경우에는 그러하지 아니하다. ③ 보상금액은 계약 종료 전 5년간 평균 연보수액 및 5년 미만 기간 평균 연보수액을 한도로 한다. ④ 보상청구권은 계약 종료일부터 6개월이 지나면 소멸한다.(모의 22)

II 중개업

- 타인 간의 상행위의 중개를 영업으로 하는 자를 중개인이라 한다(제93조).(모의 14)
- 중개의 대상이 상행위이므로 일방은 상인이어야 하고, 중개인은 불특정 다수를 중개한다.
- 중개인은 결약서 작성 및 교부 절차를 종료하지 아니하면 보수를 청구할 수 없다(제100조 제1항).(모의 13, 16) 중개인 보수는 당사자 쌍방이 균분하여 부담한다(제100조 제2항).(모의 13, 16)
- 중개인이 견품을 받은 경우 그 행위가 완료될 때까지 보관해야 한다.
- 당사자가 성명 또는 상호의 묵비를 중개인에게 요구한 경우 중개인은 상대방에게 교부할 결약서와 일기장 등본(일기장에는 가능)에 이를 기재할 수 없다.
- 중개인이 임의로 또는 어느 당사자의 요구에 의하여 당사자의 일방의 성명 또는 상호를 상대방에게 표시하지 아니한 경우 상대방은 중개인에게 이행을 청구할 수 있다.(모의 15, 16, 22)

Ⅲ 위탁매매업

1. 의의

- 자기명의와 타인 계산으로 물건 또는 유가증권의 매매를 영업으로 하는 자를 위탁매매인이라 한다(제101조).(모의 14, 16, 21, 22) 위탁자는 불특정다수인이며, 상인이 아니어도 된다.
- 어떤 계약이 일반 매매계약인지 위탁매매계약인지는 계약의 명칭 또는 형식적인 문언을 떠나 실질에 따라 판단한다(대판 2011.7.14. 2011다31645).(모의 21)

2. 위탁매매인의 의무

- 지정가격준수의무(제106조) : ① 위탁자가 지정한 가액보다 염가로 매도하거나 고가로 매수한 경우에도 위탁매매인이 그 차액을 부담한 때에는 그 매매는 위탁자에 대하여 효력이 있다.(모의 21) ② 위탁자가 지정한 가액보다 고가로 매도하거나 염가로 매수한 경우에는 그 차액은 다른 약정이 없으면 위탁자의 이익으로 한다.(변호 13, 16, 모의 13, 18, 21)
- 이행담보책임(제105조 본문) : 위탁매매인은 위탁자를 위한 매매에 관하여 상대방이 채무를 이행하지 아니하는 경우 위탁자에 대하여 이를 이행할 책임이 있다.(변호 13, 16, 모의 18, 21, 22)

3. 위탁매매인의 권리

- 위탁매매인이 거래소의 시세가 있는 물건 또는 유가증권의 매매를 위탁받은 경우 직접 매도인이나 매수인이 될 수 있다.(변호 21, 모의 15, 20, 21) 이 경우 위탁매매인은 위탁자에게 보수를 청구할 수 있다.(모의 16, 21)
- 위탁매매인의 보수채권 등 위탁매매로 인한 채권이 변제기에 있는 경우, 위탁매매인은 변제를 받을 때까지 위탁자를 위하여 점유하는 물건 또는 유가증권을 유치할 수 있다.(모의 18)

4. 위탁매매의 법률관계

- 위탁매매인은 위탁자를 위한 매매로 인하여 상대방에 대하여 직접 권리를 취득하고 의무를 부담한다.(모의 16, 18, 21, 22) 매매계약의 무효, 취소는 위탁매매인을 기준으로 판단한다.(변호 13)
- 위탁자와 상대방 사이에는 권리와 의무가 존재하지 않는다.

5. 위탁물의 귀속 (모의 13, 14, 15, 17, 18, 21)

- 위탁매매인이 위탁자로부터 받은 물건, 유가증권이나 위탁매매로 인해 취득한 물건, 유가증권 또는 채권은 위탁자와 위탁매매인 또는 위탁매매인의 채권자 간에서는 위탁자의 소유로 본다.

> **관련판례**
> ① 위탁매매인이 대금채권을 제3자에게 양도한 경우 위탁자에 대해서는 무권리자가 양도한 것이므로 제3자가 선의라도 그 채권양도는 위탁자에 대해 효력이 없다.(모의 21) 위탁매매인이 제3자에 대하여 부담하는 채무를 담보하기 위하여 그 채권자에게 위탁매매로 취득한 채권을 양도한 경우 양수인이 그 채권을 선의취득하였다는 등의 특별한 사정이 없는 한 위탁자에 대하여 효력이 없다. 이는 채권양수인이 양도된 채권의 귀속에 대하여 선의였다거나 진정한 귀속을 알지 못하는데 과실이 없다는 것으로 달라지지 않는다(대판 2011.7.14. 2011다31645).(변호 16, 21)
> ② 위탁매매인이 위탁물 판매대금을 임의로 사용한 경우 **횡령죄**가 성립한다(대판 1982.2.23. 81도2619).(변호 15, 16, 모의 16, 17, 21)

6. 준위탁매매

> **관련판례**
>
> 자기명의로써 타인의 계산으로 매매 아닌 행위를 영업으로 하는 자를 준위탁매매인이라 한다.(모의 16) 甲이 독점판권을 가지고 있는 영화에 대해 乙과 국내배급대행계약을 체결하고 乙이 각 극장들과 상영계약을 체결한 경우, 乙이 甲의 계산으로 자신의 명의로 극장들과 상영계약을 체결하였다고 보아야 하므로, 乙은 준위탁매매인의 지위에 있다(대판 2011.7.14. 2011다31645).

Ⅳ 운송주선업

1. 의의

- 자기 명의로 물건운송의 주선을 영업으로 하는 자를 운송주선인이라 한다(제114조).
- 운송주선인의 의무에 대해서는 위탁매매규정이 준용된다(제123조).[모의 19]
- 운임확정 주선계약, 개입권 행사, 화물상환증 발행의 경우 운송주선인이 운송인 지위를 취득한다.

> **관련판례**
>
> ① 운송주선인은 자기의 이름으로 주선행위를 하는 것이 원칙이지만, 실제로 주선행위를 하였다면 하주나 운송인의 대리인, 위탁자의 이름으로 운송계약을 체결하는 경우에도 운송주선인으로서의 지위를 상실하지 않는다(대판 2007.4.26. 2005다5058).(모의 14, 17)
> ② 위탁자의 청구에 의하여 화물상환증을 작성하거나 운송주선계약에서 운임의 액을 정한 경우에는 운송인의 지위도 취득할 수 있지만,(모의 14) 운송주선인이 위에 따라 운송인의 지위를 취득하지 않는 한, 운송인의 대리인으로서 운송계약을 체결하였더라도 운송의뢰인에 대한 관계에서는 여전히 운송주선인의 지위에 있다(대판 2007.4.27. 2007다4943).(모의 14)
> ③ 확정운임 운송주선계약에 해당하기 위해서는 ㉠ 주선인에게 운송인의 기능을 수행할 수 있는 재산적 바탕이 있어야 하고, ㉡ 운임액이 운송 부분의 대가만이 아니고 운송품이 위탁자로부터 수하인에게 도달되기까지의 액수가 정해진 경우라야 한다(대판 1987.10.13. 85다카1080).

2. 운송주선인의 권리

- 개입권 : 운송주선인은 다른 약정이 없으면 직접 운송할 수 있다. 이 경우 운송주선인은 운송인과 동일한 권리의무가 있다.(모의 14, 20, 22) 운송물이 거래소 시세가 있을 것을 요하지 않는다.
- 보수청구권 [모의 19] : 운송주선인은 운송물을 운송인에게 인도한 때(운송계약 체결시, 운송완료시 ×)에는 즉시 보수를 청구할 수 있다. 운송주선계약으로 운임액을 정한 경우에는 다른 약정이 없으면 보수를 청구하지 못한다.(모의 14)
- 특별상사유치권 : 운송주선인은 운송물에 관하여 받을 보수, 운임, 기타 위탁자를 위한 체당금이나 선대금에 관해서만 운송물을 유치할 수 있다.(변호 21, 모의 21)
- 운송주선인의 위탁자 또는 수하인에 대한 채권의 소멸시효는 1년.(모의 14)

3. 운송주선인의 손해배상책임

- 운송주선인은 자기나 그 사용인이 운송물의 수령, 인도, 보관, 운송인이나 다른 운송주선인의 선택 기타 운송에 관하여 주의를 해태하지 아니하였음을 증명하지 아니하면 운송물의 멸실, 훼손 또는 연착으로 인한 손해를 배상할 책임을 면하지 못한다(제115조).(모의 14)

- 수인이 순차로 운송주선을 하는 경우 후자는 전자에 갈음하여 권리행사 의무 부담하고, 후자가 전자에게 변제한 때 전자의 권리를 취득한다(제117조).(모의 14)
- ① 운송주선인의 책임은 수하인(운송인이 아님)이 운송물을 수령한 날로부터 1년의 소멸시효가 적용된다. ② 운송물이 전부 멸실한 경우 운송물을 인도할 날로부터 기산한다. ③ 운송주선인이나 그 사용인이 악의인 경우 5년의 상사소멸시효가 적용된다.

Ⅴ 운송업

1. 운송인의 권리
- 육상, 호천, 항만에서 물건 또는 여객 운송을 영업으로 하는 자를 운송인이라 한다(제125조).
- 운임 등 청구권 [모의 22] : ① 운송인이 운송을 완료한 경우 송하인에게 운임을 청구할 수 있다. ② 수하인이 운송물을 수령한 때에는 운송인에 대하여 운임 기타 운송에 관한 비용과 체당금을 지급할 의무를 부담한다(제141조).

> **관련판례**
> 운임은 원칙적으로 운송을 완료함으로써 청구할 수 있고, 운송의 완료란 운송물을 현실적으로 인도할 필요는 없으나 운송물을 인도할 수 있는 상태를 갖추면 충분하다(대판 1993.3.12. 92다32906).

- 특별상사유치권 : 운송인은 운송물에 관하여 받을 운임, 기타 송하인을 위한 체당금이나 선대금에 관하여서만 그 운송물을 유치할 수 있다.(변호 21, 모의 21)[모의 22]

2. 운송인의 손해배상책임

(1) 손해배상책임의 내용
- 운송인은 자기 또는 운송주선인이나 사용인, 그 밖에 운송을 위하여 사용한 자가 운송물의 수령, 인도, 보관 및 운송에 관하여 주의를 게을리하지 아니하였음을 증명하지 아니하면 운송물의 멸실, 훼손 또는 연착으로 인한 손해를 배상할 책임을 부담한다(제135조).(변호 24, 모의 19)

(2) 손해배상액의 정형화(제137조) (변호 14, 19, 24, 모의 13, 17, 18, 19, 22)
- 운송물 전부 멸실·연착의 경우 손해배상액은 인도할 날의 도착지의 가격에 따른다.
- 운송물 일부 멸실·훼손의 경우 손해배상액은 인도한 날의 도착지의 가격에 따른다.
- 운송물의 멸실·훼손·연착이 운송인의 고의나 중대한 과실로 인한 때에는 운송인은 모든 손해를 배상하여야 한다.

(3) 고가물책임
- 화폐, 유가증권 기타 고가물의 경우 송하인이 운송을 위탁할 때에 그 종류와 가액을 명시한 경우에 한하여 운송인이 손해를 배상할 책임이 있다(제136조).

> **관련판례**
> 고가물 명시의 상대방은 운송인 또는 그 대리인에 대하여 명시하면 족하고 그 운송인을 위해 운송행위를 하는 자 또는 그 운송인의 하도급을 받아 운송하는 자에게까지 명시할 필요는 없다(대판 1991.1.11. 90다8947).(변호 14, 모의 13, 19)

(4) 단기소멸시효(제147조, 제121조)

- 운송인의 책임은 수하인이 운송물을 수령한 날로부터 1년의 소멸시효가 적용된다. 운송물이 전부 멸실한 경우 운송물을 인도할 날로부터 기산한다. 운송인이나 그 사용인이 악의인 경우 5년의 상사소멸시효가 적용된다.

> **관련판례**
> ① 육상운송인의 책임은 수하인의 운송물 수령일로부터 1년을 경과하면 소멸시효가 완성하고 이는 당사자 합의에 의해 연장, 단축 가능하다(대판 2009.8.20. 2008다58978).(변호 14, 모의 19)
> ② '운송물을 인도할 날'이란 통상 운송계약이 그 내용에 좇아 이행되었으면 인도가 행하여져야 했던 날을 말한다. 운송물이 물리적으로 멸실되는 경우뿐만 아니라 운송인이 운송물의 인도를 거절하거나 운송인의 사정으로 운송이 중단되는 등의 사유로 운송물이 인도되지 않은 경우에도 '운송물을 인도할 날'을 기준으로 하여 제소기간 도과를 판단하여야 한다(대판 2019.7.10. 2019다213009).

(5) 불법행위책임과의 관계

> **관련판례**
> ① 운송약관상의 채무불이행 책임과 불법행위로 인한 책임이 병존하는 경우에 상법상 소정의 단기소멸시효나 고가물 불고지에 따른 면책 등의 규정 또는 운송약관규정은 운송계약상의 채무불이행으로 인한 청구에만 적용되고 불법행위로 인한 손해배상청구에는 그 적용이 없다(대판 1977.12.13. 75다107).(변호 14, 모의 13, 18, 19)
> ② 운송물의 멸실, 훼손, 연착으로 인한 운송계약 당사자의 손해에 대해서는 운송계약상 채무불이행 책임과 불법행위로 인한 손해배상책임이 병존한다(대판 1983.3.22. 82다카1533).

3. 수하인의 법적 지위(제140조)

- 운송물이 도착지에 도착한 때에는 수하인은 송하인과 동일한 권리를 취득한다.(변호 19, 모의 22)
- 운송물이 도착지에 도착한 후 수하인이 그 인도를 청구한 때에는 수하인의 권리가 송하인의 권리에 우선한다.(모의 17)
- 화물상환증이 발행된 경우, 화물상환증 소지인만이 배타적으로 운송물에 대한 권리를 행사한다.

4. 화물상환증

- 운송인은 송하인의 청구에 의하여 화물상환증을 교부하여야 한다(제128조 제1항).
- 화물상환증을 작성한 경우 운송물의 처분은 화물상환증으로써 하여야 한다(제132조).(모의 19)
- 송하인 또는 화물상환증이 발행된 때에는 그 소지인이 운송인에 대하여 운송의 중지, 운송물의 반환 기타의 처분을 청구할 수 있다(제139조 제1항 전문).(변호 19, 모의 13, 17)
- 화물상환증이 발행된 경우, 운송인과 송하인 사이에 화물상환증에 적힌 대로 운송계약이 체결되고 운송물을 수령한 것으로 추정한다(제131조 제1항).(변호 24)
- 화물상환증을 선의취득 한 소지인에게 운송인은 화물상환증에 적힌 대로 운송물을 수령한 것으로 보고 화물상환증에 따라 운송인으로서 책임을 부담한다(제131조 제2항).(변호 19, 모의 19)
- 화물상환증의 교부는 운송물 위에 행사하는 권리의 취득에 관하여 운송물을 인도한 것과 동일한 효력이 있다(제133조).(모의 19)

5. 순차운송(제138조)

- 순차운송의 각 운송인은 운송물의 멸실·훼손·연착으로 인한 손해를 연대하여 배상하여야 한다.(변호 19, 모의 13, 19)
- 운송인 중 1인이 손해를 배상한 때에는 손해의 원인이 된 행위를 한 운송인에게 구상할 수 있다.
- 손해의 원인이 된 행위를 한 운송인을 알 수 없는 경우 각 운송인은 그 운임액의 비율로 손해를 분담한다. 다만 그 손해가 자기의 운송구간 내에서 발생하지 아니하였음을 증명한 때에는 손해를 분담할 책임이 없다.(변호 19, 모의 13, 19)

Ⅵ 공중접객업

- 임치물건 : 공중접객업자는 자기 또는 그 사용인이 고객으로부터 임치 받은 물건의 보관에 관하여 주의를 게을리하지 아니하였음을 증명하지 못하면 그 물건의 멸실 또는 훼손으로 인한 손해를 배상하여야 한다(제152조 제1항).(변호 17, 모의 17, 23)

> **관련판례**
> 공중접객업자가 주차장에 차량출입통제시설이나 인원을 따로 두지 않았다면, 투숙객이 공중접객업자에게 주차사실을 고지하거나(대판 1992.2.11. 91다21800) 차량열쇠를 보관시키는 등 명시적·묵시적인 방법으로 주차차량 관리를 맡겼다는 사정이 없는 한, 공중접객업자에게 선관주의로 주차차량을 관리할 책임이 있다고 할 수 없다(대판 1998.12.8. 98다37507).(변호 24)[모의 21]

- 시설 내 휴대물건 : 공중접객업자는 고객으로부터 임치받지 않은 경우에도 고객의 시설 내 휴대물건이 공중접객업자 또는 사용인의 과실로 멸실, 훼손된 경우 손해배상책임을 부담한다(제152조 제2항).(변호 17, 19, 24) 고객이 공중접객업자의 과실을 입증하여야 한다.
- 고객휴대물에 대하여 책임이 없음을 알린 것만으로는 공중접객업자의 책임이 면제되지 않는다(제152조 제3항).(변호 17, 19)
- 고객이 화폐, 유가증권, 그 밖의 고가물의 종류와 가액을 명시하여 임치하지 않은 경우 공중접객업자는 그 물건의 멸실 또는 훼손으로 인한 손해를 배상할 책임이 없다(제153조).
- 공중접객업자책임과 고가물책임은 공중접객업자가 임치물을 반환하거나 고객이 휴대물을 가져간 후 6개월이 지나면 소멸시효가 완성한다. 물건이 전부 멸실된 경우 고객이 시설에서 퇴거한 날부터 기산한다. 공중접객업자나 그 사용인이 악의인 경우, 5년의 상사소멸시효가 적용된다.

> **관련판례**
> ① 공중접객업인 숙박업을 경영하는 자가 투숙객과 체결하는 숙박계약은 숙박업자가 고객에게 숙박을 할 수 있는 객실을 제공하여 고객으로 하여금 이를 사용할 수 있도록 하고 고객으로부터 그 대가를 받는 일종의 일시사용을 위한 임대차계약이다.(변호 24) 숙박업자는 고객의 안전을 배려하여야 할 보호의무를 지며 이러한 의무는 숙박계약의 특수성을 고려하여 신의칙상 인정되는 부수적인 의무로서 숙박업자가 이를 위반하여 고객의 생명, 신체를 침해하여 손해를 입힌 경우 불완전이행으로 인한 채무불이행책임을 부담한다(대판 1994.1.28. 93다43590).(변호 17, 24)
> ② 임차인이 임대차기간 중 목적물을 직접 지배함을 전제로 한 임대차 목적물 반환의무 이행불능에 관한 법리는 숙박계약에 그대로 적용될 수 없다. 고객이 숙박계약에 따라 객실을 사용·수익하던 중 발생 원인이 밝혀지지 않은 화재로 인하여 객실에 발생한 손해는 특별한 사정이 없는 한 숙박업자의 부담으로 귀속된다고 보아야 한다(대판 2023.11.2. 2023다244895).

Ⅶ 창고업

1. 의의

- 타인을 위해 창고에 물건을 보관하는 것을 영업으로 하는 자를 창고업자라 한다(제155조).
- 창고업자는 임치인의 청구에 의하여 창고증권을 교부해야 한다(제156조 제1항).(모의 17)
- 창고증권 소지인은 창고업자에게 창고증권을 반환하고 임치물을 분할하여 각 부분에 대한 창고 증권을 교부할 것을 청구할 수 있다(제158조 제1항).(모의 17)

> **관련판례**
>
> 창고증권이 발행되면 발행일자 이후에는 창고증권 명의인이 물건 소유권을 취득하고 그 이후의 창고료, 화재보험료와 감량 등에 대한 책임도 명의인이 부담한다(대판 1963.5.30. 63다188).

2. 창고업자의 손해배상책임

- 창고업자는 자기 또는 사용인이 임치물의 보관에 주의를 해태하지 아니하였음을 증명하지 못하면 임치물의 멸실 또는 훼손에 대하여 손해를 배상하여야 한다(제160조).
- ① 임치물의 멸실, 훼손으로 인한 창고업자의 책임은 물건의 출고일로부터 1년의 소멸시효가 적용된다. ② 임치물이 전부 멸실한 경우 임치인과 알고 있는 창고증권소지인에게 멸실 통지를 발송한 날부터 소멸시효기간이 기산한다.(모의 17) ③ 1년의 소멸시효는 창고업자 또는 사용인이 악의인 경우에는 적용되지 않는다.
- 창고업자 책임의 단기소멸시효는 임치인의 청구에만 적용되고, 임치물이 타인 소유인 경우 소유권자인 타인의 청구에는 적용되지 않는다.

> **관련판례**
>
> 상법 제166조의 멸실이라 함은 임치물을 반환받을 정당한 권리자가 아닌 자에게 인도하여 정당한 권리자가 그의 반환을 받지 못하게 된 경우도 해당하고 이 경우에 악의라고 함은 인도받은 자가 그 임치물을 반환받을 정당한 권리자가 아님을 알면서 그 자에게 출고한 경우를 말한다. 이 경우에도 1년의 경과로 창고업자의 책임은 시효소멸 하지만 창고업자가 자신 또는 그 사용인이 악의가 아니었다는 점을 입증하지 못하면 책임을 면할 수 없다(대판 1978.9.26. 78다1376).

Ⅷ 금융리스업

1. 의의

- 이용자가 선정한 리스물건을 공급자로부터 취득하거나 대여 받아 이용자에게 이용하게 하는 것을 영업으로 하는 자를 금융리스업자라 한다(제168조의2).(모의 18, 21)
- 금융리스업자가 리스물건에 대하여 하자담보책임을 지지 않는다는 특약은 유효하다.(모의 18)

> **관련판례**
>
> 시설대여는 형식은 임대차계약과 유사하나, 실질은 취득자금에 관한 금융편의를 제공하는 것을 본질적인 내용으로 하는 물적 금융이므로 이에 대하여는 민법 임대차 관련 규정이 바로 적용되지 아니한다(대판 1996.8.23. 95다51915).(모의 16, 18, 21)

2. 금융리스업자의 권리의무

- 금융리스업자는 금융리스이용자가 금융리스계약에서 정한 시기에 적합한 금융리스물건을 수령할 수 있도록 하여야 한다(제168조의3 제1항).(모의 16, 21)

> **관련판례**
>
> 금융리스계약 당사자 사이에 특별한 약정이 없는 한, 금융리스업자는 금융리스이용자가 공급자로부터 적합한 금융리스물건을 수령할 수 있도록 협력할 의무를 부담할 뿐 독자적인 금융리스물건 인도의무 또는 검사·확인의무를 부담하지 않는다(대판 2019.2.14. 2016다245418,245425,245432).(모의 21, 23)

3. 금융리스 이용자의 권리의무(제168조의3)

- 금융리스이용자는 금융리스물건 수령과 동시에 금융리스료를 지급해야 한다
- 금융리스이용자가 금융리스물건 수령증을 발급한 경우 적합한 금융리스물건이 수령된 것으로 추정된다.(모의 21) 금융리스이용자는 금융리스물건을 수령한 이후 선량한 관리자의 주의로 금융리스물건을 유지 및 관리하여야 한다.(모의 16)

> **관련판례**
>
> 금융리스업자는 공급자의 이행보조자가 아니므로 공급자의 고의 과실로 리스물건의 인도가 현저히 지연되거나 리스물건에 중대한 하자가 존재한다는 이유로 리스이용자가 금융리스업자와의 리스계약을 해제하거나 리스료 지급을 거절할 수 없다(대판 2019.2.14. 2016다245418,245425,245432).

4. 공급자의 물건 인도의무(제168조의4)

- 공급자는 공급계약에서 정한 시기에 물건을 이용자에게 인도하여야 한다.
- 리스물건이 공급계약에 따라 공급되지 않은 경우, 이용자는 공급자에게 직접 손해배상을 청구하거나 공급계약 내용에 적합한 리스물건의 인도를 청구할 수 있다.(모의 16, 21)

5. 금융리스계약의 해지(제168조의5)

- 이용자의 책임 있는 사유로 금융리스계약을 해지하는 경우 리스업자는 잔존 리스료 상당액의 일시 지급 또는 리스물건의 반환을 청구할 수 있다.(모의 17)
- 이용자는 중대한 사정변경으로 리스물건을 계속 사용할 수 없는 경우 3개월 전에 예고하고 계약을 해지할 수 있다. 이용자는 계약해지로 인한 리스업자의 손해를 배상해야 한다.(모의 16, 18)

Ⅸ 가맹업

1. 의의

- 가맹업자 : 자신의 상호·상표 등을 제공하는 것을 영업으로 하는 자이다(제168조의6).
- 가맹상 : 가맹업자로부터 그의 상호 등을 사용할 것을 허락받아 가맹업자가 지정하는 품질기준 이나 영업방식에 따라 영업을 하는 자이다(제168조의6).

> **관련판례**
>
> 가맹점사업자의 계약갱신요구권 행사기간이 경과하여 가맹점사업자에게 계약갱신요구권이 인정되지 않는 경우라고 하더라도 가맹본부의 갱신거절이 가맹점계약의 체결 경위·목적이나 내용, 계약관계의 전개 양상, 당사자의 이익 상황 및 가맹점계약 일반의 고유한 특성 등에 비추어 신의칙에 반하여 허용되지 않을 수 있으므로, 가맹점사업자에게 계약갱신요구권이 인정되지 않는다는 이유만으로 가맹본부의 갱신거절이 가맹사업법상 '불이익을 주는 행위'에 해당하지 않는다고 볼 수 없다(대판 2021.9.30. 2020두48857).

2. 가맹업자의 권리의무(제168조의7)

- 가맹업자는 다른 약정이 없으면 가맹상의 영업지역 내에서 동일 또는 유사한 업종의 영업을 하거나, 동일 또는 유사한 업종의 가맹계약을 체결할 수 없다.(변호 21, 모의 14, 19)

> **관련판례**
>
> 가맹본부가 예상최저매출액을 과다 산정한 '예상매출액 산정서'를 제공한 행위로 인하여 가맹점주들이 잘못된 정보를 바탕으로 가맹계약을 체결한 경우 가맹본부는 그로 인한 가맹점주들의 손해를 배상할 책임이 있다. 가맹점주들의 손해에는 가맹점주들이 가맹점을 운영하면서 발생한 영업손실(매출로 충당되지 아니한 가맹점 운영 지출비용) 손해가 포함된다(대판 2022.5.26. 2021다300791).

3. 가맹상의 권리의무(제168조의8, 9)

- 가맹상은 가맹업자의 영업 권리가 침해되지 않도록 해야 한다.(모의 14, 19)
- 가맹상은 계약 종료 후에도 가맹업자의 영업비밀을 준수해야 한다.(모의 14, 19)
- 가맹상은 가맹업자의 동의를 받아 영업양도 가능하고, 가맹업자는 특별한 사유가 없으면 영업양도에 동의하여야 한다.(변호 21, 모의 19)

4. 가맹계약의 해지

- 가맹계약상 존속기간에 대한 약정의 유무와 관계없이 부득이한 사정이 있으면 각 당사자는 상당한 기간을 정하여 예고한 후 가맹계약을 해지할 수 있다(제168조의10).(모의 19)

제3편

회사법

제3편

합격을 꿈꾼다면, 해커스변호사

law.Hackers.com

제1장 │ 총칙

I 회사의 능력

1. 정관상 목적에 의한 권리능력 제한 [변호 15, 18, 모의 19]

> **관련판례**
>
> 회사의 권리능력은 회사 설립 근거 법률과 정관상 목적에 의하여 제한되나, 목적범위 내의 행위란 정관에 명시된 목적뿐 아니라, 목적수행에 직접, 간접으로 필요한 행위는 모두 포함되고, 목적수행에 필요한지 여부는 행위의 객관적 성질에 따라 판단하여야 한다(대판 1999.10.8. 98다2488).(변호 12)

2. 상장회사의 신용공여금지

- 상장회사는 주요주주 및 그의 특수관계인, 이사, 집행임원, 감사에 해당하는 자를 상대방으로 하거나 그를 위하여 신용공여(금전 등 경제적 가치가 있는 재산의 대여, 채무이행의 보증 등)을 하여서는 아니 된다(제542조의9 제1항).
- 제542조의9 제1항을 위반하여 신용공여를 한 자는 5년 이하의 징역 또는 2억 원 이하의 벌금에 처한다(제624조의2).(변호 24)

> **관련판례**
>
> 상장회사 신용공여금지 조항은 강행규정으로 이에 위반한 신용공여는 무효이고 누구나 무효 주장 가능하며, 이사회 사전승인이나 사후추인이 있어도 유효로 될 수 없다. 다만 선의, 무중과실인 제3자에게는 무효를 주장할 수 없다(대판 2021.4.29. 2017다261943).(변호 24)

3. 회사의 불법행위책임

- 회사를 대표하는 사원이 그 업무집행으로 인하여 타인에게 손해를 가한 때에는 회사는 그 사원과 연대하여 배상할 책임이 있다(제210조).(변호 19)

> **관련판례**
>
> ① 행위의 외형상 주식회사의 대표이사의 업무집행이라고 인정할 수 있는 것이라면 설령 그것이 대표이사의 개인적 이익을 도모하기 위한 것이거나 법령의 규정에 위배된 것이라고 하더라도 주식회사의 손해배상책임이 인정된다(대판 2017.9.26. 2014다27425). 다만, 그 행위가 외형상 업무집행행위에 속하더라도 그 업무 내지는 직무권한에 속하지 아니함을 상대방이 알았거나 중과실로 알지 못한 때에는 손해배상책임을 부담하지 않는다(대판 2015.11.12. 2013다44645).
> ② 상법 제210조는 법인의 불법행위능력에 관한 특칙이므로 법무법인의 대표변호사가 업무집행 중 불법행위를 한 경우에 한정된다. 소송위임계약상의 채무불이행으로 인한 손해배상책임에 대해서는 대표변호사에게 연대책임을 물을 수 없다(대판 2013.2.14. 2012다77969).

4. 법인격부인 [모의 13, 22]

(1) 의의

- 회사법인격이 남용되어 회사가 사원과 독립된 실체를 갖지 못하는 경우 회사와 제3자 사이의 법률관계에서 회사법인격을 인정하지 않고 회사의 책임을 사원에게 인정하는 것을 말한다.
- 判例는 법인격부인의 요건으로 ① 재산과 업무 및 대외적 거래활동이 혼용되는 등의 객관적 징표와 ② 배후자의 채무면탈을 위해 회사제도를 남용하는 주관적 의도를 요구한다.

> **관련판례**
> ① 회사가 외형상 법인형식을 갖추고 있으나 법인형태를 빌리고 있는 것에 지나지 아니하고 실질에 있어서 법인격 배후에 있는 타인의 개인기업에 불과하거나 배후자에 대한 법률적용 회피 수단인 경우, 회사와 배후자가 별개임을 내세워 회사에게만 법적 효과가 귀속됨을 주장하면서 배후자의 책임을 부정하는 것은 신의성실의 원칙에 위반되는 법인격남용으로서 심히 정의와 형평에 반해 허용될 수 없고, 회사는 물론 배후자에게도 회사 행위에 관한 책임을 물을 수 있다(대판 2001.1.19. 97다21604).
> ② 자회사 임·직원이 모회사 임·직원을 겸하거나 모회사가 자회사의 전 주식을 소유하여 자회사에 강한 지배력을 가진다거나 자회사 사업 규모가 확장되었으나 자본금이 그에 상응해 증가하지 않은 사정만으로는 모회사가 자회사의 독자적 법인격을 주장하는 것이 법인격남용에 해당한다고 보기 부족하다. 적어도 자회사가 독자적인 의사 또는 존재를 상실하고 모회사가 자기 사업의 일부로 자회사를 운영한다고 할 수 있을 정도로 완전한 지배력을 행사할 것이 요구되며, 구체적으로는 ㉠ 모회사와 자회사 간의 재산과 업무 및 대외적인 기업거래활동 등이 명확히 구분되지 않고 혼용되어 있다는 등의 객관적 징표와, ㉡ 자회사의 법인격이 모회사에 대한 법률 적용을 회피하기 위한 수단이거나 채무면탈이라는 위법한 목적 달성을 위해 회사제도를 남용하는 등의 주관적 의도 또는 목적이 인정되어야 한다(대판 2006.8.25. 2004다26119).
> ③ 회사에 대한 판결의 기판력 및 집행력이 주주에게 미치지 않고 주주에 대하여 별도의 집행권원을 확보해야 한다(대판 1995.5.12. 93다44531).

(2) 법인격부인의 역적용

- 법인격부인의 역적용은 주주가 지는 책임을 그 주주가 지배하는 회사에 부담시키는 것을 말한다.

> **관련판례**
> ① 기존회사가 채무면탈 목적으로 기업의 형태·내용이 실질적으로 동일한 신설회사를 설립하였다면, 기존회사의 채무면탈이라는 위법한 목적달성을 위해 회사제도를 남용한 것이므로, 두 회사가 별개의 법인격을 갖고 있음을 주장하는 것은 신의성실 원칙상 허용될 수 없고, 기존회사의 채권자는 두 회사 어느 쪽에 대해서도 채무 이행을 청구할 수 있다(대판 2004.11.12. 2002다66892).(모의 22)
> ② 법인격 남용의 법리는 이미 설립되어 있는 다른 회사 중 기업의 형태·내용이 실질적으로 동일한 회사를 채무면탈 의도로 이용한 경우에도 적용된다. 기존회사의 자산이 기업의 형태·내용이 실질적으로 동일한 다른 회사로 바로 이전되지 않고, 기존회사에 정당한 대가를 지급한 제3자에게 이전되었다가 다시 다른 회사로 이전되었더라도, 다른 회사가 제3자로부터 자산을 이전받는 대가로 기존회사의 다른 자산을 이용하고도 기존회사에 정당한 대가를 지급하지 않았다면, 기존회사에서 다른 회사로 직접 자산이 유용되거나 정당한 대가 없이 자산이 이전된 경우와 다르지 않다(대판 2019.12.13. 2017다271643).
> ③ 원고의 甲에 대한 채권 중 일부가 피고 회사 설립 이후에 발생했더라도 설립 당시 채무면탈 의도가 인정되는 경우 피고 회사가 甲과 별개의 법인격을 주장하는 것은 신의성실의 원칙상 허용될 수 없다(대판 2021.3.25. 2020다275942).
> ④ 회사와 개인이 별개의 인격체임을 내세워 회사 설립 전 개인의 채무 부담행위에 대한 회사의 책임을 부인하는 것이 심히 정의와 형평에 반한다고 인정되는 때에는 회사에 대하여 회사 설립 전에 개인이 부담한 채무의 이행을 청구하는 것도 가능하다(대판 2021.4.15. 2019다293449).

Ⅱ 회사의 종류

1. 모회사

- 모회사 : 다른 회사 발행주식 총수의 50%를 초과하는 주식을 가진 회사.
- 다른 회사의 발행주식 총수의 50%를 초과하는 주식을 모회사 및 자회사 또는 자회사가 가지고 있는 경우 그 다른 회사는 상법 적용에 있어 그 모회사의 자회사로 본다(제342조의2 제3항).

2. 소규모회사[소생/잔고/공증면제/서면/통렬/1~2/사공이/감사]

- 자본금 10억 원 미만의 주식회사.
- 발기설립시 정관 공증이 면제된다. 소규모회사 발기설립의 경우 각 발기인이 정관에 기명날인 또는 서명함으로써 효력이 발생한다(제292조).
- 발기설립시 금융기관 납입금보관증명서를 은행 그 밖의 금융기관의 잔고증명서로 대체 할 수 있다(제318조 제3항).(변호 14, 모의 17)
- 주주총회일의 10일 전에 각 주주에게 서면으로 통지를 발송하거나 각 주주의 동의를 받아 전자문서로 통지를 발송할 수 있다(제363조 제3항).(변호 17)
- 주주 전원 동의가 있을 경우 소집절차 없이 주주총회를 개최할 수 있고, 서면결의로써 주주총회결의를 갈음할 수 있다(제363조 제4항). 결의 목적사항에 대해 주주 전원이 서면동의 한 경우 서면에 의한 결의가 있는 것으로 본다(제363조 제4항).(변호 12, 15, 모의 14, 16, 20, 22)
- 이사를 1명 또는 2명으로 할 수 있다(제383조 제1항 단서).(변호 23)
- 감사를 선임하지 않을 수 있다(제409조 제4항).(변호 12, 14, 15, 23, 모의 17) 감사를 선임하지 않은 소규모회사가 이사에 대하여 또는 이사가 회사에 대하여 소를 제기하는 경우 회사, 이사 또는 이해관계인은 법원에 회사 대표자 선임을 신청하여야 한다(제409조 제5항).
- 감사의 직무와 보고요구 및 조사권한(제412조), 이사의 보고의무(제412조의2),(모의 22) 모회사 감사의 자회사 조사권(제412조의5)과 관련하여 감사는 주주총회로 본다(제409조 제6항).
- 무기명식 사채권자집회 공고기간이 3주에서 2주로 단축된다(제491조의2 제2항).
- 주주총회에 의한 이사회 권한 행사 : ① 주식양도의 승인, ② 주식매수선택권 부여의 취소, ③ 이사의 경업·겸직에 대한 승인, ④ 회사사업기회 이용에 대한 승인, ⑤ 이사 등의 자기거래 승인,(변호 17) ⑥ 주식발행사항 결정, ⑦ 무액면주식 발행의 경우 자본금으로 계상하는 금액의 결정, ⑧ 준비금의 자본금전입 결정, ⑨ 중간배당, ⑩ 사채발행 결의, 전환사채 발행사항 결정 및 신주인수권부사채 발행사항 결정의 경우 이사회를 주주총회로 본다(제383조 제4항).
- 이사에 의한 회사 대표 및 이사회 기능 담당 : 각 이사(정관에 따로 대표이사를 정한 경우에는 그 대표이사를 말함(모의 17))가 회사를 대표하고, ① 회사 보유 자기주식 소각, ② 주주총회 소집 결정, ③ 주주제안 사항 처리, ④ 소수주주 임시주주총회 소집청구의 상대방, ⑤ 전자적 방법에 의한 주주총회 의결권 행사방법 결정, ⑥ 중요한 자산의 처분 및 양도, 대규모 재산의 차입, 지배인 선임 또는 해임과 지점 설치·이전 또는 폐지 등 회사의 업무집행(제393조 제1항),(변호 17) ⑦ 감사의 임시주주총회 소집청구 상대방 및 ⑧ 중간배당일 결정의 기능 담당(제383조 제6항).

3. 1인 회사

- 1인 회사란 사원이 1인인 물적 회사(주식회사, 유한회사, 유한책임회사)를 말한다.
- 인적회사(합명회사와 합자회사)의 경우 사원이 1인이 되면 해산사유에 해당한다.

(1) 주주총회결의

① 주주총회 소집절차가 위법하더라도 1인 회사의 1인 주주가 참석하여 총회개최에 동의하고 이의 없이 결의 한 경우 결의가 위법하다고 할 수 없다(대판 1993.6.11. 93다8702).(변호 23, 모의 17, 18)

② 실질적으로 1인 회사인 주식회사의 주주총회는 그 절차상에 하자가 있다 하더라도 그 주주총회에서 어 떤 결의를 한 것으로 주주총회 의사록이 작성되어 있으면 특별한 사정이 없는 한 1인 주주에 의하여 그와 같은 결의가 있었던 것이라고 볼 수 있어 유효하다(대판 1992.6.23. 91다19500).(모의 17, 18, 19)

③ 실질적으로 1인 주주인 대표이사가 주주총회 특별결의 없이 회사의 유일한 영업재산인 부동산을 양도한 행 위의 효력은 유효하다(서울고등법원 1976.5.27. 75나616,617).(모의 17)

④ 임원퇴직금지급규정에 관해 주주총회결의가 있거나 주주총회의사록이 작성된 적은 없으나 위 규 정에 따른 퇴직금이 사실상 1인 회사의 실질적 1인 주주의 결재·승인을 거쳐 관행적으로 지급되었다면 위 규정에 대해 주주총회의 결의가 있었던 것으로 볼 수 있다(대판 2004.12.10. 2004다25123).(모의 17)

(2) 자기거래

회사의 채무부담행위가 이사의 자기거래에 해당할지라도, 위 규정의 취지가 회사 및 주주의 예기 치 못한 손해를 방지하는데 있으므로, 그 채무부담행위에 대하여 사전에 주주 전원의 동의가 있었다면 회사 는 이사회의 승인이 없었음을 이유로 그 책임을 회피할 수 없다(대판 2002.7.12. 2002다20544).

(3) 형사책임

① 사실상 1인 회사도 회사와 주주는 별개 인격이어서 1인 회사의 재산을 1인 주주의 소유로 볼 수 없으므로, 사실상 1인 주주가 회사 자금을 임의로 처분한 행위는 횡령죄를 구성한다(대판 2010.4.29. 2007 도6553).(모의 17, 18, 19)

② 1인 회사에서 1인 주주가 임원의 의사에 기하지 않고 임원사임서를 작성하거나 이에 기한 등기부기재 를 한 경우, 사문서위조죄 및 공정증서원본불실기재죄가 성립된다(대판 1992.9.14. 92도1564).(모의 19)

Ⅲ 회사의 조직변경, 해산, 청산 및 회사의 계속, 해산명령, 해산판결

1. 회사의 조직변경(제604조, 제607조, 제287조의44)

- 조직변경은 회사가 법인격을 그대로 유지하면서 다른 종류의 회사로 변경하는 것을 말한다.
- 조직변경 전후의 회사는 동일하므로 종전의 권리 의무는 같은 회사에 그대로 존속된다.
- 물적 회사 상호간, 인적 회사 상호간에만 조직변경이 인정된다.
- 주식회사는 총주주 동의에 의한 주주총회결의로 유한회사, 유한책임회사로 변경할 수 있다.
- 유한회사, 유한책임회사가 주식회사로 조직변경을 하려면 법원 인가를 받지 않으면 효력이 없다.
- 주식회사가 유한회사, 유한책임회사로 조직변경을 하려면 미상환 사채를 모두 상환해야 한다.
- 조직변경을 하려면 채권자보호절차를 거쳐야 한다(제608조, 제232조, 제287조의44).

상법상 유한회사가 주식회사로의 조직변경은 유한회사가 법인격의 동일성을 유지하면서 조직을 변경하여 주식회사로 되는 것이고, 조직변경으로는 소송절차가 중단되지 아니하므로 조직이 변경된 주식회사가 소송절차를 수계할 필요가 없다(대판 2021.12.10. 2021후10855). → 당사자표시정정사유

2. 회사의 해산과 청산

회사가 해산되고 청산이 종결된 것으로 보게 되더라도 어떤 권리관계가 남아 있으면 그 범위에서는 완전히 소멸하지 않고, 회사 해산 당시 이사는 정관에 다른 정함이 있거나 주주총회에서 청산인을 선임하지 않은 경우에 당연히 청산인이 되며, 그러한 청산인이 없는 때에 이해관계인의 청구에 따라 법원이 선임한 자가 청산인이 되어 회사의 청산사무를 집행하고 대표하는 유일한 기관이 된다(대판 2019.10.23. 2012다46170).

3. 회사의 계속

- 해산된 회사가 사원들의 자발적인 노력에 의하여 해산 전의 상태로 복귀하여 해산 전 회사의 동일성을 유지하면서 회사로서 존속하는 것을 말한다.
- 회사계속의 효력은 소급효가 없으므로 해산 후 계속까지 청산인이 한 행위는 그 효력이 있다.
- 합명회사가 존립기간 만료 기타 정관상 사유와 총사원의 동의로 해산한 경우, 사원의 전부 또는 일부의 동의로 회사를 계속할 수 있으며, 동의하지 않은 사원은 퇴사한 것으로 본다.(모의 17)
- 합자회사는 무한책임사원만 남는 경우 전원 동의로 유한책임사원을 가입시켜 회사를 계속할 수 있고, 유한책임사원만 남는 경우 전원 동의로 무한책임사원을 가입시켜 회사를 계속할 수 있다.(모의 17)

합자회사가 존립기간 만료로 해산한 후 사원의 일부만 회사계속에 동의하였다면 그 사원들의 동의로 정관의 규정을 변경하거나 폐지할 수 있다. 회사계속 동의 여부에 대한 사원 전부의 의사가 동시에 분명하게 표시되어야만 회사계속이 가능한 것은 아니므로, 일부 사원이 회사계속에 동의하였다면 나머지 사원들의 동의 여부가 불분명하더라도 회사계속의 효과는 발생한다(대판 2017.8.23. 2015다70341).

4. 회사의 해산명령

- 법원은 회사의 설립목적이 불법이거나 이사 또는 회사의 업무를 집행하는 사원이 법령 또는 정관에 위반하여 회사의 존속을 허용할 수 없는 행위를 한 경우(변호 23) 이해관계인이나 검사의 청구에 의하여 또는 직권으로 회사의 해산을 명할 수 있다(제176조).(변호 23)

5. 회사의 해산판결

- 주식회사 발행주식 총수의 10% 이상 주식을 가진 주주는 회사업무가 현저한 정돈상태(회사의 업무가 정체된 상태)를 계속하여 회복할 수 없는 손해가 생긴 때 또는 생길 염려가 있거나 회사 재산 관리 또는 처분의 현저한 실당(현저한 부당)으로 회사의 존립을 위태롭게 한 때에는 회사 해산을 법원에 청구할 수 있다(제520조). 유한회사도 같다(제613조 제1항).

제2장 | 주식회사 등

제1관 주식회사의 설립

Ⅰ 주식회사 설립절차

1. 원시정관의 작성

- 원시정관은 공증인의 인증을 받음으로써 효력이 발생한다(제292조 본문).
- 소규모회사를 발기설립 하는 경우 각 발기인이 정관에 기명날인 또는 서명함으로써 효력이 발생한다(제292조 단서).(변호 14, 15, 모의 17, 22)

> **관련판례**
>
> 주식회사의 원시정관은 공증인의 인증을 받음으로써 효력이 생기는 것이지만 일단 유효하게 작성된 정관을 변경할 경우에는 주주총회의 특별결의가 있으면 그때 유효하게 정관변경이 이루어지는 것이고, 서면인 정관이 고쳐지거나 변경 내용이 등기사항인 때의 등기 여부 내지는 공증인의 인증 여부는 정관변경의 효력발생에는 아무 영향이 없다(대판 2007.6.28. 2006다62362).(모의 14, 16)

2. 변태설립사항

(1) 의의

- 발기인이 권한을 남용하여 회사의 재산적 기초를 위태롭게 할 위험이 큰 사항으로, 발기인 특별이익, 현물출자, 재산인수, 설립비용, 발기인보수는 변태설립사항에 해당한다(제290조).(변호 17)
- 변태설립사항은 정관에 기재하여야 하고(제290조), 모집설립의 경우에는 주식청약서에 기재하여야 한다(제302조 제2항 제2호).

(2) 발기인의 특별이익

- 발기인이 회사 설립사무를 관장한 것에 대한 대가로 주어지는 보상을 뜻한다.(모의 20)
- 설비이용특혜, 회사와의 거래 약속 등은 발기인의 특별이익으로 인정된다.
- 주주총회 의결권 관련 특권, 우선적 이익배당, 납입의무 면제, 이사나 감사 지위의 약속 등은 발기인의 특별이익으로 인정되지 않는다.(모의 20)

(3) 현물출자 [모의 14]

- 현물출자 재산이 과대평가되는 경우, 자본충실원칙에 위배되므로 이를 방지하기 위하여 정관기재(변호 14, 17, 모의 17, 20) 및 검사인의 조사, 모집설립에서 주식청약서에의 기재가 요구된다.
- 동산, 부동산, 제3자에 대한 채권, 유가증권, 영업 자체, 해당 회사에 대한 채권은 현물출자의 목적물이 될 수 있다. 노무나 신용을 현물출자 하는 것은 허용되지 않는다.
- 제3자가 발행한 약속어음은 제3자에 대한 금전채권을 현물출자하는 것으로 현물출자의 목적물이 될 수 있으나, 은행이 지급보증한 수표는 현물출자의 목적물이 될 수 없다.(모의 20)

- 설립등기 이후 현물출자 부당평가의 경우, ㉠ 부당평가 정도가 경미하면 발기인, 이사, 감사는 연대하여 배상책임을 부담하고,(변호 19) ㉡ 부당평가 정도가 중대하면 현물출자는 무효이며, ㉢ 출자재산이 회사 목적수행에 필수불가결한 재산이면 설립무효사유에 해당한다.

(4) 재산인수 [모의 17, 21]

- 재산인수란 발기인이 설립될 회사를 위해서 회사 성립을 조건으로 특정인으로부터 일정한 재산을 양수하기로 약정하는 개인법상의 계약을 의미한다(제290조 제3호).(변호 17, 모의 22)
- 재산인수는 양수계약이 회사 설립 단계에서 발기인에 의해 이루어진다는 점에서 회사 설립 이후 대표이사에 의하여 이루어지는 사후설립과 구별된다.
- 사후설립 : 회사가 그 성립 후 2년 내에 그 성립 전부터 존재하는 재산으로서 영업을 위하여 계속하여 사용하여야 할 것을 자본금의 100분의 5 이상에 해당하는 대가로 취득하는 계약을 하는 경우에는 주주총회 특별결의가 있어야 한다(제375조).(변호 17)
- 현물출자는 재산 취득대가로 주식이 발행되나 재산인수와 사후설립은 금전이 지급된다.(모의 20)

> **관련판례**
> ① 현물출자의 번잡함을 피하기 위해 회사 성립 후 회사와 현물출자자 사이의 매매계약에 의해 현물출자를 완성하기로 하고 회사 설립 후 위 약정에 따른 현물출자가 된 경우, 이러한 약정은 재산인수에 해당하여 정관에 기재되지 않는 한 무효이다(대판 1994.5.13. 94다323).(변호 19, 모의 17, 18)
> ② ㉠ 원시정관 작성 전이어서 발기인 자격이 없는 자가 장래 성립할 회사를 위하여 회사 성립을 조건으로 다른 발기인이나 주식인수인 또는 제3자로부터 일정한 재산을 매매의 형식으로 양수할 것을 약정하는 계약을 체결하고 그 후 회사설립을 위한 발기인이 되었다면 위 계약은 재산인수에 해당한다.(모의 20) ㉡ 乙이 설립·운영할 丙주식회사에 甲이 토지를 현물출자하거나 매도하기로 약정하고 丙회사 설립 후 甲이 소유권이전등기를 마쳐 준 다음 회장 등 직함으로 장기간 丙회사 경영에 관여해 오다, 丙회사가 설립된 때부터 약 15년이 지난 후에 甲이 토지양도의 무효를 주장하면서 소유권이전등기의 말소를 구하는 경우, 위 약정은 재산인수로서 정관에 기재가 없어 무효이나, 甲의 무효 주장은 신의성실원칙에 반하여 허용될 수 없다(대판 2015.3.20. 2013다88829).(모의 18)
> ③ 甲과 乙이 축산업을 목적으로 하는 회사를 설립하기로 하고 甲은 부동산을 현물출자하고 乙은 현금을 출자하되, 현물출자에 따른 번잡함을 피하기 위하여 회사 성립 후 회사와 甲 간의 매매계약에 의한 소유권이전등기의 방법으로 현물출자를 완성하기로 하고 회사설립 후 현물출자가 된 것이라면, 현물출자 약정은 재산인수에 해당하므로 정관에 기재되지 아니하는 한 무효이나, 이러한 현물출자가 동시에 상법 제375조가 규정하는 사후설립에 해당하고 이에 대하여 주주총회 특별결의에 의한 추인이 있었다면 회사는 현물출자로 부동산의 소유권을 유효하게 취득한다(대판 1992.9.14. 91다33087).(모의 13, 17, 18)

(5) 설립비용

- 설립사무소의 임차료, 정관 등 인쇄비 등은 설립비용에 해당한다.
- 회사 설립 이후 영업에 필요한 공장, 건물, 재료의 구입비는 설립비용에 해당하지 않는다.
- 정관 기재가 없는 한 설립비용은 회사부담으로 할 수 없고 발기인이 부담해야 하고, 발기인은 부당이득 또는 사무관리에 의해서도 회사에 설립비용을 청구할 수 없다.(변호 19)

> **관련판례**
> 회사의 설립비용은 발기인이 설립 중의 회사의 기관으로서 회사설립을 위하여 지출한 비용으로서 원래 회사성립 후에는 회사가 부담하여야 한다(대결 1994.3.28. 93마1916).(모의 16, 19)

3. 발기설립의 인수와 납입 및 설립경과 조사 등

- 발기설립 : 설립시 발행하는 주식 전부를 발기인이 인수하는 형태의 설립.
- 발기인은 서면에 의하여 주식을 인수한다(제293조). 서면에 의하지 않은 주식인수는 무효이다.
- 발기인이 회사 설립 시에 발행하는 주식의 총수를 인수한 때에는 지체없이 각 주식에 대하여 인수가액의 전액을 납입해야 한다(제295조 제1항).(변호 12, 모의 14)

> **관련판례**
> 주금으로 납입한 당좌수표가 현실적으로 결제되어 현금화되기 전이라면 수표의 예입만으로 주금의 납입이 있었다고 할 수 없다(대판 1977.4.12. 76다943).(변호 12, 19)[모의 21]

- 납입과 현물출자의 이행이 완료되면 발기인은 지체 없이 의결권 과반수로 이사와 감사를 선임한다(제296조 제1항).(모의 14, 17)
- 이사와 감사는 취임 후 지체 없이 회사 설립에 관한 모든 사항이 법령 또는 정관의 규정에 위반되지 않는지 여부를 조사하여 발기인에게 보고해야 한다(제298조 제1항).(변호 14, 21, 모의 14, 17)
- 이사는 변태설립사항에 관한 조사를 하게 하기 위하여 검사인 선임을 법원에 청구하고(제298조 제4항), 검사인은 조사 결과를 법원에 보고하여야 한다(제299조 제1항).(모의 16, 17, 20)
- 법원은 변태설립사항이 부당하다고 인정하는 경우, 변경을 결정할 수 있다(제300조 제1항).
- 발기인의 특별이익과 설립비용은 공증인의 조사로, 현물출자와 재산인수는 감정인의 감정으로 검사인 조사에 갈음할 수 있다(제299조의2).
- 공증인 또는 감정인은 조사 또는 감정결과를 법원에 보고하여야 한다(제299조의2).

4. 모집설립의 인수와 납입 및 설립경과 조사

(1) 인수

- 모집설립 : 설립시 발행하는 주식 일부를 발기인이 인수하고, 나머지 잔여주식을 인수할 주주를 모집하는 형태의 설립.
- 모집설립 시 변태설립사항이 주식청약서에 기재되지 않은 경우 그러한 청약은 무효이다. 이 경우 창립총회에 출석하여 권리를 행사한 바 없는 주식인수인은 회사성립 시까지 인수의 무효를 주장하여야 한다.(모의 20)
- 주식인수 청약에 대하여 발기인이 주식인수인의 청약이 진의가 아님을 알았더라도 청약은 유효하다(제302조 제3항).(모의 21)[모의 21]
- 회사성립 후에는 모집주주는 주식청약서의 요건 흠결을 이유로 하여 인수의 무효를 주장하거나 사기, 강박 또는 착오를 이유로 그 인수를 취소하지 못한다(제320조 제1항).(변호 22, 모의 21)
- 회사성립 이전이라도 창립총회에서 권리를 행사한 이후에는 위 사유를 이유로 그 인수의 무효나 취소를 주장할 수 없다(제320조 제2항).(모의 14)

(2) 실권절차

- 주식인수인이 납입을 하지 아니한 때에는 발기인은 일정한 기일 내에 납입을 하지 아니하면 그 권리를 잃는다는 것을 2주간 전에 통지하여야 하고,(모의 15) 주식인수인이 그 기일 내에 납입을 하지 아니한 때에는 그 권리를 잃는다(제307조 제1항, 제2항).

- 실권절차에 의하지 아니하고는 인수인이 주금을 납입하지 않았다고 하더라도 주식인수인의 권리가 바로 상실되지 않는다.

(3) 설립경과 및 변태설립사항의 조사 (모의 16, 17, 20)
- 발기인은 회사 창립에 관한 사항을 서면에 의해 창립총회에 보고해야 한다.
- 이사와 감사는 취임 즉시 설립사항의 법령, 정관 위반을 조사하여 창립총회에 보고해야 한다.
- 발기인은 변태설립사항을 조사할 검사인 선임을 법원에 청구하여야 한다(제310조 제1항).
- 검사인의 변태설립사항의 보고 대상과 변경 주체는 창립총회이다(제310조 제2항).

> **관련판례**
> 주식회사의 현물출자에 있어 검사인 조사 절차를 거치지 아니한 신주발행 및 변경등기가 당연무효가 된다고 볼 수 없다(대판 1980.2.12. 79다509).

Ⅱ 기타 회사 설립 관련 쟁점

1. 가장납입 [변호 13, 16, 모의 14]

(1) 의의
- 발기인이 제3자로부터 차입한 자금으로 주금을 납입한 다음 회사가 성립하면 즉시 납입금을 인출하여 차입금을 상환하는 형태의 납입을 의미한다.

(2) 효력
- 무효설은 가장납입은 실질적 자금의 납입이 없어 회사의 자본충실을 저해하므로 무효로 본다. 무효설에 의하는 경우 가장납입의 정도가 중대하면 설립무효 사유가 되나, 가장납입의 정도가 경미하면 발기인의 납입담보책임이 문제되고 회사설립무효 사유에는 해당되지 않는다.

> **관련판례**
> ① 가장납입은 금원이동에 따른 현실불입이 있고, 주금납입의 가장수단으로 이용되더라도 발기인 또는 이사들의 주관적 의도에 불과하며, 내심적 사정에 의해 회사설립이나 증자와 같은 집단적 절차를 이루는 주금납입의 효력이 좌우될 수 없다(대판 1997.5.23. 95다5790). (변호 14, 22, 모의 16, 17)
> ② 회사 설립 당시 주주들이 주식을 인수하고 가장납입으로 주금을 납입한 이상 그들은 바로 회사의 주주이다. 이후 그들이 회사가 청구한 주금 상당액을 납입하지 않았더라도 회사 또는 대표이사에 대한 채무불이행에 불과할 뿐 그러한 사유만으로 주주 지위를 상실하지 않는다(대판 1998.12.23. 97다20649).
> ③ 회사가 제3자에게 주식인수대금을 대여하고 제3자는 그 대여금으로 주식인수대금을 납입한 경우, 회사가 처음부터 대여금을 회수할 의사가 없었고 제3자도 그러한 회사의 의사를 전제로 주식인수청약을 한 경우, 제3자가 인수한 주식 액면금액 상당의 회사 자본이 증가되었다고 할 수 없으므로 이러한 주식인수대금 납입은 납입을 가장한 것에 지나지 않아 **무효**이다(대판 2003.5.16. 2001다44109).

(3) 가장납입에 대한 책임 [모의 14]

1) 발기인의 자본충실책임
- 判例에 의하면 납입이 유효하므로 발기인의 자본충실책임이 문제되지 않는다.
- 납입무효설에 의하면, 발기인의 자본충실책임에 따른 납입담보책임이 문제된다.

2) 발기인의 손해배상책임

> **관련판례**
>
> 발기인인 甲, 乙이 주식인수대금을 가장납입하기로 공모하고, 회사설립과 동시에 주식인수대금을 인출하였다면 甲과 乙은 회사설립에 관하여 자본충실의무 등 선량한 관리자로서의 임무를 다하지 못한 발기인들로서 또는 회사의 소유재산인 주식인수납입금을 함부로 인출하여 회사에 손해를 입힌 공동불법행위자로서 회사에 대하여 손해를 연대하여 배상할 책임이 있다(대판 1989.9.12. 89누916).(변호 14)

3) 체당납입금 상환의무

> **관련판례**
>
> ① 가장납입의 경우 회사는 일시 차입금을 가지고 주주들의 주금을 체당 납입한 것과 같이 볼 수 있으므로 주금납입의 절차가 완료된 후에 회사는 주주에 대하여 체당 납입한 주금의 상환을 청구할 수 있다(대판 1985.1.29. 84다카1823,1824).(변호 14, 모의 13, 16)
> ② 명의대여자 및 명의차용자의 주금납입에 대한 연대책임은 주금납입의 효력이 발생한 주금의 가장납입에는 적용되지 않고, 가장납입에 따른 주금상환채무는 실질상 주주인 명의차용자가 부담하고 명의대여자는 부담하지 않는다. 주금납입이 종료된 후 주주가 회사에 대하여 체당 납입한 주금을 상환할 의무가 있더라도 이러한 주금상환채무는 실질상 주주인 명의차용자가 부담하는 것일 뿐 단지 명의대여자로서 주식회사의 주주가 될 수 없는 자가 부담하는 채무라고는 할 수 없다(대판 2004.3.26. 2002다29138).(모의 16)

4) 가장납입과 형사책임
- 납입가장죄, 공정증서원본불실기재죄, 불실기재공정증서원본행사죄 성립(대판 1997.2.14. 96도2904).
- 업무상횡령죄 불성립(대판 2004.6.17. 2003도7645).(변호 14, 모의 13)
- 신주발행부존재의 경우 납입가장죄 불성립(대판 2006.6.2. 2006도48).

2. 설립 중의 회사

(1) 의의
- 발기인이 회사설립을 위해 필요한 행위로 인하여 취득한 권리의무가 회사 설립과 동시에 설립된 회사에 귀속되는 관계를 설명하기 위한 강학상의 개념이다(대판 1970.8.31. 70다1357).(모의 18)

(2) 성립시기
- 학설 : ① 정관작성시설, ② 발기인인수시설(발기인이 1주 이상의 주식인수), ③ 총액인수시설

> **관련판례**
>
> 설립 중의 회사는 정관이 작성되고 발기인이 적어도 1주 이상의 주식을 인수하였을 때 성립한다.(변호 21, 모의 18) 설립 중의 회사로서의 실체가 갖추어지기 전에 발기인이 취득한 권리의무는 발기인 개인 또는 발기인조합에 귀속되고 이들에게 귀속된 권리의무를 설립 후 회사에 귀속시키기 위해서는 양수나 채무인수 등 특별한 이전행위가 있어야 한다(대판 1994.1.28. 93다50215).(변호 19, 모의 16, 17, 22)

(3) 발기인의 권한
- 발기인의 권한 외의 행위는 설립 후 회사로 귀속되지 않으므로, 발기인의 권한범위가 문제된다.
- 학설 : ① 최협의설, ② 협의설, ③ 광의설(개업준비행위 포함)

① 발기인 대표가 회사설립사무로 체결한 자동차조립계약에 따라 제작된 자동차를 설립 후 회사가 인수하여 운행한 경우 발기인이 체결한 계약의 효력이 설립 후 회사에 미친다(대판 1970.8.31. 70다1357).(모의 13)

② 발기인이 회사 설립 추진 중에 한 불법행위가 외형상 객관적으로 설립 후 회사의 대표이사의 직무와 밀접한 관련이 있는 경우 회사의 불법행위책임이 인정된다(대판 2000.1.28. 99다35737).(모의 16)

3. 발기인 등의 책임 [모의 14, 21]

(1) 인수 · 납입담보책임(제321조)

- 회사 설립 시 발행한 주식 중 회사성립 후에 아직 인수되지 아니한 주식이 있거나 주식인수의 청약이 취소된 때에는 발기인이 이를 공동으로 인수한 것으로 본다.(모의 17, 20)
- 인수담보책임의 경우 발기인들이 주주가 되고 인수가 의제된 주식을 공유하게 된다.
- 회사 성립 후 납입을 완료하지 아니한 주식이 있는 때에 발기인은 연대하여 납입하여야 한다. (모의 17, 20)
- 발기인들이 납입담보책임을 이행하더라도 주식인수인이 여전히 주주의 지위를 가진다.(모의 15)
- 발기인의 인수 · 납입담보책임은 법정책임인 무과실책임으로, 총주주 동의로 면제되지 않는다. (모의 22)

(2) 회사 및 제3자에 대한 손해배상책임

- 발기인이 회사의 설립에 관하여 그 임무를 해태한 때에는 그 발기인은 회사에 대하여 연대하여 손해배상 책임을 부담한다(제322조 제1항).(변호 22, 모의 21) 발기인의 회사에 대한 손해배상 책임은 총주주의 동의로 면제할 수 있다(제324조, 제400조).(모의 21)
- 대표소송에 의하여 발기인의 책임을 물을 수 있다(제324조, 제403조).(변호 22)
- 발기인이 악의 또는 중대한 과실로 인하여 그 임무를 해태한 때에는 그 발기인은 제3자에 대하여 연대하여 손해배상 책임을 부담한다(제322조 제2항).(모의 15, 17)
- 회사가 성립하지 못한 경우 발기인은 설립에 관한 행위에 대하여 연대하여 책임을 진다(제326조 제1항).(모의 22)

4. 회사 설립의 무효

- 주식회사 설립의 무효는 주주(1주 이상) · 이사 또는 감사에 한하여 회사성립의 날로부터 2년 내에 소만으로 주장 할 수 있다(제328조 제1항).(변호 21, 23)
- 주식회사는 설립취소가 인정되지 않고 설립무효만 인정된다.
- 설립무효의 원인은 객관적 사유(정관 절대적 기재사항 흠결, 발행주식 인수납입의 현저한 미달, 주식발행사항에 대한 발기인 전원 동의가 없었던 경우 등)로 한정된다.(변호 21)[모의 21]
- 발기인이나 주식인수인의 주관적 사유(무권대리, 제한능력, 의사표시의 무효 · 취소 등)는 설립무효사유에 해당하지 않는다.(변호 21, 22, 모의 21)
- 설립무효의 소 또는 설립취소의 소가 그 심리 중에 원인이 된 하자가 보완되고 회사의 현황과 제반사정을 참작하여 설립을 무효 또는 취소하는 것이 부적당하다고 인정한 때에는 법원은 그 청구를 기각할 수 있다(제328조 제2항, 제189조).(변호 23)
- 설립무효의 원고 승소판결은 제3자에도 효력이 있다(제190조 본문). 그러나 판결확정 전에 생긴 회사와 사원 및 제3자간 권리의무에 영향을 미치지 아니한다(제190조 단서).(모의 17)

제2관 주식과 주권

Ⅰ 주식과 주주

1. 주식의 공유(제333조)

- 수인이 공동으로 주식을 인수한 자는 연대하여 납입 책임을 부담한다.(모의 20)
- 주식이 공유인 경우 공유자는 주주권을 행사할 자 1인을 정해야 한다.(변호 22)

2. 주주의 유한책임

- 주주의 책임은 그가 가진 주식의 인수가액을 한도로 한다(제331조).
- 주주의 유한책임은 주식회사의 가장 본질적인 특성으로 정관이나 주주총회 결의로 책임을 가중하는 것은 허용되지 않는다.
- 주주들의 동의 아래 회사 채무를 주주들이 분담하는 것은 가능(대판 1983.12.13. 82도735).

3. 주주평등의 원칙 [모의 18]

- 주주평등원칙 관련 규정은 강행규정이며, 이에 반하는 정관, 주주총회 및 이사회 결의는 무효.

> **관련판례**
>
> ① ㉠ 주주평등의 원칙이란, 주주가 회사와의 법률관계에서 그가 가진 주식의 수에 따라 평등한 취급을 받아야 함을 의미한다. ㉡ 이를 위반하여 회사가 일부 주주에게만 우월한 권리나 이익을 부여하기로 하는 약정은 특별한 사정이 없는 한 무효이다. ㉢ 다만 법률이 허용하는 절차와 방식에 따르거나 차등적 취급을 정당화할 수 있는 특별한 사정이 있는 경우 이를 허용할 수 있다(대판 2023.7.27. 2022다290778).
>
> ② ㉠ 회사가 신주인수인에게 금전 지급을 약정한 경우, 그 약정이 실질적으로는 신주인수대금을 전액 보전해 주거나 법률 규정에 의한 배당 외에 다른 주주들에게는 지급되지 않는 수익을 지급하는 것이라면, 회사가 해당 주주에게만 투하자본회수를 절대적으로 보장함으로써 다른 주주들에게 인정되지 않는 우월한 권리를 부여하는 것으로서 주주평등원칙 위반으로 무효이다. ㉡ 회사가 주주평등원칙에 위반하여 일부 주주에게 우월한 권리나 이익을 부여하는 내용의 약정을 체결하면서 주주 전원으로부터 동의를 받은 경우 상법 등 강행법규에 위반하지 않고 법질서가 허용하는 범위 내라면 사안에 따라서 그 효력을 인정할 여지가 있다. ㉢ 그러나 주주에게 투하자본의 회수를 절대적으로 보장하는 취지의 금전지급 약정은 회사의 자본적 기초를 위태롭게 하고 주주의 본질적 책임에서조차 벗어나게 하여 특정 주주에게 상법이 허용하는 범위를 초과하는 권리를 부여하는 것으로서 강행법규 위반에 해당하므로, 주주 전원의 동의를 받았더라도 무효이다(대판 2023.7.27. 2022다290778).
>
> ③ 주주평등원칙은 주주와 회사의 법률관계에 적용되고, 주주와 다른 주주 내지 이사 개인의 법률관계에는 직접 적용되지 않는다. 주주는 회사와 계약을 체결하면서 사적자치의 원칙상 다른 주주 내지 이사 개인과도 회사와 관련한 계약을 체결할 수 있고, 그 계약의 효력은 주주와 회사가 체결한 계약의 효력과는 별개로 보아야 한다(대판 2023.7.27. 2022다290778).
>
> ④ ㉠ 회사가 신주인수계약을 체결하면서 신주인수인에게 회사 의사결정에 대한 사전동의를 받기로 한 약정은 회사가 일부 주주에게만 우월한 권리를 부여함으로써 주주들을 차등적으로 대우하는 것이지만, 회사에 반드시 필요한 자금이었고 투자유치를 위해 불가피하였으며 다른 주주가 실질적·직접적인 손해나 불이익을 입지 않고 오히려 경영활동에 대한 감시의 기회를 제공하여 다른 주주와 회사에 이익이 되는 등 차등적 취급을 정당화할 수 있는 특별한 사정이 있다면 이를 허용할 수 있다. ㉡ 회사와 주주가 사전동의 위반으로 인한 손해배상 약정을 한 경우 주주의 손해를 배상하고 의무 이행을 확보하기 위한 것이라면, 손해배상액예정으로 유효하고, 주주평등원칙 위배로 단정할

수 없다. ⓒ 다만 손해배상액예정이 유효하더라도, 금액이 부당히 과다하다면 법원이 감액할 수 있다. 법원은 손해배상예정액의 부당성 여부를 판단할 때 약정이 사실상 투하자본 회수를 절대적으로 보장하는 수단으로 기능하지 않도록 유의할 필요가 있다(대판 2023.7.13. 2021다293213).

⑤ 회사가 전환상환우선주를 인수한 투자자와 회사가 회생절차 개시신청을 하는 경우 투자자 동의를 얻어야 하고 이에 위반한 경우 손해배상으로 투자자에게 주식인수 총액 등을 지급하기로 한 약정은 차등적 취급을 정당화할 수 있는 특별한 사정이 인정되어 허용할 여지가 많고, 손해배상 약정도 회사의 동의권 약정 의무 이행을 확보하기 위한 것으로 허용할 여지가 있다(대판 2023.7.13. 2023다210670).

⑥ 상환전환우선주를 인수한 투자자들과 대주주겸 대표이사 甲이 회사 회생절차가 개시되면 甲이 회사와 연대하여 주식인수대금 등을 지급하는 약정을 체결한 경우 회사와의 금전지급약정은 주주평등원칙에 위반하여 무효이다. 투자자들과 甲 사이의 법률관계에는 주주평등원칙이 직접 적용되지 않아서 무효가 아니고, 甲은 회사의 투자자들에 대한 금전지급의무와 동일한 내용의 연대채무를 부담하는 계약을 체결하였다고 볼 여지가 크다(대판 2023.7.13. 2022다224986).

⑦ 회사가 유상증자 참여 직원들의 퇴직시 출자손실금을 전액 보전해 주기로 한 약정은 무효이다 (대판 2007.6.28. 2006다38161,38178). (모의 17)

⑧ 회사가 인수인에게 인수대금을 전액 보전해 주기로 하거나 배당 외에 다른 주주들에게 지급되지 않는 별도 수익을 지급하기로 한 경우, 그 약정은 무효이다. 이러한 약정이 주주자격 취득 전에 체결되거나 신주인수계약과 별도 계약으로 체결되어도 마찬가지이다. 甲회사가 제3자 배정 방식의 유상증자를 실시하면서 이에 참여한 乙과 투자원금을 반환하고 소정의 수익금을 지급하기로 하는 투자계약을 체결하고 이를 이행하였는데, 甲회사가 위 투자계약이 주주평등원칙에 반하여 무효라며 乙을 상대로 지급받은 수익금 상당의 부당이득반환을 구한 경우, 위 투자계약은 乙의 주주 지위에서 발생하는 손실보상을 주된 목적으로 하는 것이므로 주주평등원칙에 위배되어 무효이다(대판 2020.8.13. 2018다236241).

⑨ 甲회사의 대표이사인 乙과 사내이사인 丙이 체결한 동업계약에서 '동업자 중 한 명이 비자의적으로 퇴사할 경우, 보유 주식 중 일정 비율을 대표이사에게 액면가에 매각한다.'라고 정한 경우, 甲회사 주주총회에서 丙의 이사직 해임을 결의하였다면, 丙은 위 조항에 따라 甲회사의 보유 주식 일부를 대표이사인 乙에게 액면가로 매각하여야 한다(대판 2021.3.11. 2020다253430).

4. 액면주식과 무액면주식(제291조, 제329조)

(1) 액면주식과 무액면주식의 발행

- 회사는 정관으로 액면주식과 무액면주식을 선택할 수 있지만, 양자를 모두 발행하는 것은 허용되지 않는다(제329조 제1항 단서). (변호 16, 모의 19, 20)
- 액면금액은 정관의 절대적 기재사항이고, 100원 이상 균일해야 한다. (변호 13, 모의 19)
- 무액면주식 1주의 발행가액은 정관기재사항이 아니다. (모의 20)

(2) 액면주식과 무액면주식의 전환

- 회사는 정관으로 정하는 바에 따라 발행된 액면주식을 무액면주식으로 전환하거나 무액면주식을 액면주식으로 전환할 수 있다(제329조 제4항). (변호 13, 모의 19, 20)
- 개별 주주의 청구에 의해 발행주식의 일부를 변경하는 것은 허용되지 않는다. (변호 13)
- 자본금은 액면주식을 무액면주식으로 전환하거나 무액면주식을 액면주식으로 전환함으로써 변경할 수 없다(제451조 제3항). (변호 16, 21, 모의 19)
- 자본금의 변동이 없으므로 채권자보호절차는 요구되지 않는다. (변호 13, 17, 모의 20)
- 주식의 전환은 주주에 대한 공고기간이 만료한 때 효력이 발생한다(제329조 제5항, 제441조).

5. 자본금

- 자본금은 등기사항이며(제317조 제2항 제2호), 정관 기재사항은 아니다.(모의 21)
- 액면주식 발행의 경우 발행주식의 액면총액이 회사의 자본금이 된다(제451조 제1항).(변호 17)
- 무액면주식 발행의 경우 자본금은 주식 발행가액의 2분의 1 이상의 금액으로 이사회 또는 주주총회에서 자본금으로 정한 금액으로 하고, 발행가액 중 자본금으로 계상하지 아니하는 금액은 자본준비금으로 계상하여야 한다(제451조 제2항).(변호 13, 16, 모의 19)

6. 가설인, 타인의 명의에 의한 주식의 인수 [모의 19]

(1) 의의(제332조)

- 가설인 명의로 주식을 인수하거나 타인의 승낙 없이 그 명의로 주식을 인수한 자는 주식인수인으로서의 책임을 부담한다.
- 타인의 승낙을 얻어 그 명의로 주식 인수한 자는 타인과 연대하여 납입책임을 부담한다.

(2) 회사에 대한 주주권의 귀속

> **관련판례**
>
> 주식을 양수하였으나 아직 주주명부에 명의개서를 하지 아니하여 주주명부에는 양도인이 주주로 기재되어 있는 경우뿐만 아니라, 주식을 인수하거나 양수하려는 자가 타인의 명의를 빌려 주식을 인수하거나 양수하고 타인의 명의로 주주명부 기재까지 마치는 경우에도, 회사에 대한 관계에서는 주주명부상 주주만이 주주권을 적법하게 행사할 수 있다(대판 2017.3.23. 2015다248342).(모의 13, 17, 20)

(3) 대외적인 주주권의 귀속

> **관련판례**
>
> ① 실제 출자자가 가설인 명의나 타인의 승낙 없이 그 명의로 주식을 인수하기로 하는 약정을 하고 출자를 이행하였다면, 주식인수계약의 상대방(발기설립의 경우에는 다른 발기인, 그 밖의 경우에는 회사)의 의사에 명백히 반한다는 등의 특별한 사정이 없는 한, 주주 지위를 취득한다(대판 2017.12.5. 2016다265351).(변호 13, 모의 20)
>
> ② 타인의 승낙을 얻어 그 명의로 주식을 인수하기로 약정한 경우, 원칙적으로 명의자가 주식인수인이다. 명의자와 출자자가 출자자를 주식인수인으로 하기로 약정한 경우에도 출자자를 주식인수인이라고 할 수 없다. 출자자를 주식인수인으로 하기로 한 사실을 주식인수계약 상대방인 회사가 알고 승낙하는 등 특별한 사정이 없다면, 상대방은 명의자를 주식인수계약의 당사자로 이해하였다고 보는 것이 합리적이기 때문이다(대판 2017.12.5. 2016다265351).(모의 21)
>
> ③ 제3자가 신주인수대금의 납입행위를 하였다는 사정만으로는 그 제3자를 주주명의의 명의신탁관계에 기초한 실질상의 주주라고 단정할 수 없으며, 주주명부의 주주명의가 신탁된 것이고 실질상의 주주가 따로 있음을 주장하려면 그러한 명의신탁관계를 주장하는 측에서 명의차용사실을 입증하여야 한다(대판 2007.9.6. 2007다27755).(변호 17, 모의 13, 16)

Ⅱ 종류주식

1. 의의 및 발행 [모의 21]

- 종류주식이란 이익배당, 잔여재산분배, 의결권행사, 상환 및 전환에 관하여 내용이 다른 주식을 말한다(제344조 제1항).(모의 15) 둘 이상의 종류주식을 결합하여 발행할 수 있다.(변호 16)
- 종류주식 발행을 위해서는 정관에 종류주식의 내용과 수를 정해야 한다(제344조 제2항).(변호 21, 모의 17) 종류주식은 주주평등 원칙의 예외에 해당하는 주식이므로 정관상 근거가 요구된다.
- 회사가 종류주식을 발행하는 경우, 정관에 다른 정함이 없어도 주식의 종류에 따라 신주의 인수, 주식의 병합·분할·소각 또는 회사의 합병·분할로 인한 주식의 배정에 관하여 특수하게 정할 수 있다(제344조 제3항).

2. 이익배당·잔여재산분배에 관한 종류주식

- 이익배당에 관한 종류주식 발행의 경우 정관에 교부하는 배당재산의 종류, 배당재산 가액 결정 방법, 배당조건 등 이익배당에 관한 내용을 정해야 한다(제344조의2 제1항).(변호 23, 모의 17)
- 우선주란 이익배당이나 잔여재산분배에 있어 다른 주식보다 우선권이 주어지는 주식을 의미한다.
- 회사는 보통주를 발행하지 않고 우선주만을 발행할 수는 없다.

3. 의결권의 배제·제한에 관한 종류주식

(1) 의의

- 의결권이 제한되는 종류주식을 발행하는 경우 정관에 의결권을 행사할 수 없는 사항, 의결권행사 또는 부활의 조건을 정한 경우에는 그 조건 등을 정해야 한다(제344조의3 제1항).
- 의결권이 제한되는 종류주식의 총수는 발행주식 총수의 4분의 1을 초과하지 못한다(제344조의3 제2항).(변호 14, 17, 21, 모의 15, 16, 17)

(2) 의결권 배제·제한의 내용 및 총회결의 정족수 미산입

- 특정 사안에 대하여 종류주주의 동의를 받아야 결의가 효력을 가질 수 있도록 하는 주식이나 의결권 수를 1주당 0.5 또는 2개 등으로 차등 부여하는 주식은 허용되지 않는다.(변호 17)
- 이사 선임에 관해서는 의결권을 행사할 수 없지만 정관변경에 관해서는 의결권을 행사할 수 있는 주식과 같이 안건별로 의결권 행사의 가부를 달리하는 주식을 발행할 수 있다.(변호 14)
- 총회결의정족수 계산시, 의결권 없는 주식수는 발행주식총수에 산입하지 않는다(제371조 제1항).

(3) 의결권 이외의 주주권 및 주주총회 소집통지

- 의결권이 제한되는 종류주식의 주주는 의결권 이외의 모든 주주권을 보유한다.
- 의결권이 없거나 제한되는 주주에 대해서는 주주총회 소집통지를 생략할 수 있다.[모의 22]
- ① 주식의 포괄적 교환, ② 주식의 포괄적 이전, ③ 영업양도, ④ 합병, 분할합병과 같이 반대주주의 주식매수청구권이 인정되는 사항에 관한 주주총회의 경우에는 의결권 없는 주주에 대해서도 소집통지를 해야 한다.(모의 16)

(4) 의결권이 인정되는 경우 (모의 16)

- ① 창립총회결의,(모의 21) ② 주식회사의 유한회사로의 조직변경 결의, ③ 종류주주총회 결의, ④ 회사분할 또는 분할합병결의(회사 합병 ×)(제530조의3 제3항), ⑤ 이사, 집행임원, 감사, 감사위원회 책임면제 결의.

4. 상환주식

- 회사의 이익으로써 소각할 수 있는 종류주식을 의미한다.
- 회사가 상환권을 갖는 주식 또는 주주가 상환을 청구할 수 있는 주식을 발행할 수 있다.(변호 16)
- 상환주식 상환의 경우 회사는 주식 취득대가로 현금 외에 유가증권이나 그 밖의 자산을 교부할 수 있으나, 다른 종류주식으로 상환하는 것은 허용되지 않는다. 교부하는 자산의 장부가액이 배당가능이익을 초과하여서는 아니 된다.(변호 16, 모의 15, 17, 19)
- 상환주식의 상환은 배당가능이익으로 하므로 상환주식이 상환되더라도 회사의 자본금이 감소하지 않기 때문에 채권자보호절차를 거칠 필요가 없다.(변호 21, 모의 23)
- 상환의 효력은 회사상환주식의 경우 주권제출기간이 경과한 때 발생하며, 주주상환주식의 경우 정관이나 상환주식인수계약 등에서 특별히 정한 바가 없으면 주주가 회사로부터 상환금을 지급받을 때까지는 상환권을 행사한 이후에도 여전히 주주의 지위에 있다.

> **관련판례**
> 주주가 상환권을 행사하면 회사는 주주에게 상환금을 지급할 의무를 부담하고, 주주는 상환금을 지급받음과 동시에 회사에게 주식을 이전할 의무를 부담한다. 따라서 정관이나 상환주식인수계약 등에서 특별히 정한 바가 없으면 주주가 회사로부터 상환금을 지급받을 때까지는 상환권을 행사한 이후에도 여전히 주주의 지위에 있다(대판 2020.4.9. 2017다251564).(변호 21, 모의 21, 23)[모의 21]

5. 전환주식

- 다른 종류의 주식으로 전환할 수 있는 권리가 부여된 주식을 의미한다.
- 전환의 대상은 보통주와 모든 종류주식이며, 전환 대가는 보통주를 포함하는 다른 종류주식이다.
- 종류주식의 수 중 새로 발행할 주식의 수는 전환청구기간 또는 전환기간 내에 그 발행을 유보해야 한다(제346조 제4항).
- 주주가 전환권을 갖는 경우, 전환청구시 전환 효력이 발생한다.(변호 17, 21, 모의 17, 21)
- 회사가 전환권을 갖는 경우, 주권제출기간 만료시 전환 효력이 발생한다.(변호 17, 21, 모의 17, 21)
- 전환으로 발행되는 신주식의 발행가액은 전환전 주식의 발행가액과 동일하다.(모의 15)

Ⅲ 주식의 담보

1. 주식의 입질

- 주식에 대한 질권을 설정하기 위해서는 주권을 질권자에게 교부하여야 한다(제338조).(변호 23)

> **관련판례**
> ① 주식의 질권설정에 필요한 요건인 주권의 점유를 이전하는 방법으로는 현실 인도(교부) 외에 간이인도나 반환청구권 양도도 허용되고,(변호 13, 17) 주권을 제3자에게 보관시킨 경우 주권을 간접점유하고 있

는 질권설정자가 반환청구권 양도에 의하여 주권의 점유를 이전하려면 질권자에게 자신의 점유매개자인 제3자에 대한 반환청구권을 양도하여야 하고, 이 경우 대항요건으로서 제3자의 승낙 또는 질권설정자의 제3자에 대한 통지를 갖추어야 한다. 점유매개관계가 중첩적으로 이루어진 경우, 최상위 간접점유자인 질권설정자는 질권자에게 자신의 점유매개자인 제3자에 대한 반환청구권을 양도하고 대항요건으로서 제3자의 승낙 또는 제3자에 대한 통지를 갖추면 충분하며, 직접점유자인 타인의 승낙이나 그에 대한 질권설정자 또는 제3자의 통지까지 갖출 필요는 없다(대판 2012.8.23. 2012다34764).(변호 18, 23)

② 주식에 대해 질권이 설정되었다고 하더라도 질권설정계약 등에 따라 질권자가 담보제공자인 주주로부터 의결권을 위임받아 직접 의결권을 행사하기로 약정하는 등의 특별한 약정이 있는 경우를 제외하고 질권설정자인 주주는 여전히 주주로서의 지위를 가지고 의결권을 행사할 수 있다(대판 2017.8.18. 2015다5569).(변호 20, 21, 모의 18, 22)

③ 주권발행 전의 주식 입질에 관하여는 권리질권 설정의 일반원칙인 민법 제346조로 돌아가 그 권리의 양도방법에 의하여 질권을 설정할 수 있다(대결 2000.8.16. 99그1).(변호 13, 23)

- 등록질은 ① 물권적 합의 ② 주권의 교부 ③ 질권자의 성명을 주주명부에 기재하여야만 입질의 효력이 발생한다(제340조 제1항).(변호 17, 23)
- 등록질의 경우 주주명부 기재가 회사에 대한 대항요건이며, 제3자 대항요건은 주권의 점유이다.(변호 17)
- 약식질은 주주명부에 질권자의 성명을 기재하지 아니하고 ① 물권적 합의 ② 주권의 교부만으로 입질의 효력이 발생한다(제338조 제1항).(변호 23)

2. 물상대위

- 등록질과 약식질은 ① 주식의 소각, 병합, 분할 또는 전환으로 인하여 주주가 받을 금전이나 주식(제339조),(변호 17, 23, 모의 17) ② 준비금의 자본금전입으로 발행된 주식(무상주),(모의 22) ③ 잔여재산분배청구권, ④ 주식매수청구에 의해 회사로부터 받은 주식매수대금에 효력이 미친다.
- 약식질권자는 질권설정자가 지급받을 금전 기타 물건의 지급 또는 인도 전에 압류해야 한다(대판 2004.4.23. 2003다6781).(변호 13, 17)
- 신주인수에 따른 신주는 별도의 주금납입이 요구되므로 질권의 효력이 미치지 않는다.
- 등록질의 경우 이익배당과 주식배당에도 효력을 미친다.(변호 23) 약식질은 규정이 없다.

3. 주식의 양도담보

> **관련판례**
>
> ① 주식을 환매조건부로 취득하여 주주명부상 명의개서까지 마친 매수인은 주주로서 의결권 기타 공익권도 행사할 수 있고, 설사 주식양도가 양도담보의 의미로 이루어지고 양수인이 양도담보권자에 불과하더라도, 회사에 대한 관계에 있어서는 양도담보권자가 주주의 자격을 가지므로 의결권 기타 공익권도 담보권자인 양수인에게 귀속된다(대판 1992.5.26. 92다84).
>
> ② 채권담보 목적으로 양도된 주식에 관한 담보권이 귀속청산의 방법으로 실행되어 주식이 채권자에게 확정적으로 이전되기 위해서는, 채권자가 정산절차를 마쳐야 하고, 그와 같은 정산절차를 마치지 않은 상태에서는 아직 그 피담보채권이 소멸되었다고 볼 수 없다(대판 1999.12.10. 99다14433).
>
> ③ 채무자가 채무담보 목적으로 주식을 채권자에게 양도하여 채권자가 주주명부상 주주로 기재된 경우, 양수인이 주주로서 주주권을 행사할 수 있고 회사 역시 주주명부상 주주인 양수인의 주주권 행사를 부인할 수 없다. 양도담보권자의 피담보채무가 변제로 소멸하였더라도 양도담보권자인 주주가 법원에 임시주주총회 소집허가를 신청하는 것은 권리남용이 아니다(대결 2020.6.11. 2020마5263).

Ⅳ 주식의 병합, 소각, 자본금감소, 주식의 분할

1. 주식의 병합

(1) 의의 및 절차 [모의 21]

- 주식병합이란 수개의 주식을 합하여 그보다 적은 수의 주식을 발행하는 것을 의미한다.
- 주식의 병합으로 자본금이 감소하므로 결손보전을 위한 경우가 아니라면 주주총회 특별결의가 요구된다(제438조 제1항, 제2항).(변호 13, 모의 17)
- 자본금이 감소하므로 채권자보호절차가 요구된다(제439조 제2항, 제232조). 다만, 결손의 보전을 위한 자본금감소의 경우에는 채권자보호절차가 요구되지 않는다(제439조 제2항).
- 회사는 1월 이상의 기간을 정하여 그 뜻과 그 기간 내에 주권을 회사에 제출할 것을 공고하고 주주명부에 기재된 주주와 질권자에 대하여는 각별로 통지해야 한다(제440조).(변호 22, 모의 13)
- 주식병합 이후 신주식을 양도하려면 신주권의 교부가 필요하며, 신주식 양도에 구주권이 필요한 것은 아니다.(변호 18)

> **관련판례**
> ① 주식병합이 있어 구주권이 실효되었음에도 주식병합 후 6월이 경과할 때까지 회사가 신주권을 발행하지 않은 경우 주권의 교부가 없더라도 당사자의 의사표시만으로 주식양도의 효력이 발생한다. 주식병합으로 실효되기 전의 구주권의 교부가 없는 상태에서 주식병합이 이루어지고 그로부터 6월이 경과할 때까지 회사가 신주권을 발행하지 않았다면 주식병합 후 6월이 경과한 때에 주식병합 전의 당사자 사이의 의사표시만으로 주식양도의 효력이 발생한다(대판 2012.2.9. 2011다62076,62083).(변호 18)
> ② 주권발행 전 주식을 양수한 사람은 특별한 사정이 없는 한 양도인의 협력을 받을 필요 없이 단독으로 주식 양수 사실을 증명하여 회사에 명의개서를 청구할 수 있다. 주식병합 전 주식을 양수하였다가 주식병합 후 6개월이 경과할 때까지 신주권이 발행되지 않은 경우 양수인은 구주권 또는 신주권의 제시 없이 주식양수 사실을 증명하여 회사에 명의개서 청구할 수 있다(대판 2014.7.24. 2013다55386).(모의 17)
> ③ 주식병합의 효력이 발생하면 구주권은 실효되고 회사는 신주권을 발행하여야 하며, 주주는 병합된 만큼 감소된 수의 신주권을 교부받게 되는데, 이에 따라 교환된 주권은 병합 전의 주식을 표창하면서 그와 동일성을 유지한다(대판 2012.2.9. 2011다62076,62083).

(2) 주식병합의 효력발생

- 자본금이 감소하는 주식병합은 주권제출기간 만료 및 채권자보호절차 종료시 효력이 발생한다(제441조 단서, 제232조).(변호 15, 16, 22, 모의 17, 22)
- 자본금이 감소하지 않는 주식병합은 주권제출기간 만료시 효력이 발생한다(제441조).

(3) 주식병합을 다투는 절차

- 주식병합으로 자본금이 감소되는 경우, 주주·이사·감사·청산인·파산관재인 또는 자본금의 감소를 승인하지 아니한 채권자만이 자본금 감소로 인한 변경등기가 된 날부터 6개월 내에 소만으로 주장할 수 있다(제445조).

> **관련판례**
> ① 주식병합의 실체가 없음에도 주식병합의 등기가 되어 있는 경우와 같이 주식병합의 절차적·실체적 하자가 극히 중대하여 주식병합이 존재하지 않는다고 볼 수 있는 경우에는, 주식병합 무효의 소와는 달리 출소기간의 제한에 구애됨이 없이 주식병합 부존재확인의 소를 제기하거나 다른 법률관계에 관한 소송에서 선결문제로서 주식병합의 부존재를 주장할 수 있다(대판 2009.12.24. 2008다15520).(모의 17)

② 주주별로 다른 비율로 주식병합을 한 차등감자는 주주평등원칙 위반으로 자본금감소 무효원인이 될 수 있다.

[변호 24] 주식병합을 통한 자본금감소가 현저하게 불공정하여 권리남용금지원칙이나 신의성실원칙에 반하는 경우 자본금감소 무효원인이 될 수 있다. 주식병합으로 소수주주가 주주 지위를 상실하더라도 그 자체로 위법이라고 볼 수 없다. 주주총회 특별결의와 채권자보호절차를 거쳐 모든 주식에 대해 동일 비율로 주식병합이 이루어진 경우 10,000:1의 비율에 의한 주식병합에 따른 단주처리로 소수주주가 주주의 지위를 상실한 경우에도 주식병합은 적법하다(대판 2020.11.26, 2018다283315).(모의 21)

2. 주식의 소각

- 주식의 소각은 회사의 존속 중 특정 주식을 절대적으로 소멸시키는 회사의 행위를 의미한다.
- 주식은 자본금 감소 규정에 따라서만 소각할 수 있다.
- 이사회 결의로 자기주식 소각의 경우에는 자본금감소 규정에 의하지 않을 수 있다.(변호 22)
- 자본금을 감소시키는 소각은 채권자보호절차가 요구된다. 배당가능이익으로 자기주식을 취득한 후 하는 소각과 같이 자본금 감소가 없는 주식소각은 채권자보호절차를 거치지 않아도 된다.
- 자본금이 감소하는 주식소각은 주식병합을 준용하여 주권제출기간 만료시에 효력이 발생한다. 다만 채권자보호 절차가 종료하지 않은 경우 그 종료 시에 효력이 발생한다(제441조).(변호 22)

3. 자본금감소 및 감자무효의 소

- 유상감자는 자본금감소와 함께 순자산도 같이 감소하여 주주들과 채권자의 이해관계에 중대한 영향을 미치므로 주주총회 특별결의가 요구되며,(모의 13, 21) 채권자보호절차가 요구된다.(모의 13)
- 무상감자는 실제 자산 총액은 변함이 없으므로 주주총회 보통결의로 하며, 채권자보호절차를 거칠 필요가 없다.(변호 13, 15, 16, 모의 13, 21(2), 22)
- 자본금감소는 주권제출기간 만료(무상감자) 및 채권자보호절차 종료시 효력이 발생한다.
- 자본금감소 절차나 내용에 하자가 있는 경우, 주주·이사·감사·청산인·파산관재인 또는 자본금의 감소를 승인하지 아니한 채권자만이 자본금 감소로 인한 변경등기가 된 날부터 6개월 내에 소만으로 주장할 수 있다(제445조).(변호 21, 모의 21)[모의 21]
- 원고 승소 판결은 제3자에게 효력을 미치며,(변호 15) 소급효를 가진다.

관련판례

① 주주총회의 자본감소결의에 취소 또는 무효의 하자가 있다고 하더라도 그 하자가 극히 중대하여 자본감소가 존재하지 아니하는 정도에 이르는 등의 특별한 사정이 없는 한 취소 또는 무효의 하자가 있는 주주총회결의에 기초한 자본금감소 절차가 실행되어 자본감소의 효력이 발생한 후에는 자본감소무효의 소에 의해서만 다툴 수 있다(대판 2010.2.11, 2009다83599).(변호 15, 모의 14)[변호 24]

② 자본금감소로 인한 변경등기가 된 날부터 6개월이 경과한 후에는 새로운 무효사유를 추가하여 주장할 수 없다(대판 2010.4.29, 2007다12012).(변호 16, 모의 13, 14, 19, 21, 23)

③ 법원이 감자무효의 소를 재량 기각하기 위해서는 원칙적으로 그 소제기 전이나 그 심리 중에 원인이 된 하자가 보완되어야 한다고 할 수 있지만, 하자가 추후 보완될 수 없는 성질의 것으로서 자본감소 결의의 효력에는 아무런 영향을 미치지 않는 것인 경우 등에는 그 하자가 보완되지 아니하였다 하더라도 회사의 현황 등 제반 사정을 참작하여 자본감소를 무효로 하는 것이 부적당하다고 인정한 때에는 법원은 그 청구를 기각할 수 있다(대판 2004.4.27, 2003다29616).(변호 23, 모의 14)

4. 주식의 분할

- 주식의 분할이란 주식을 나누어 발행주식총수를 증가시키는 것을 의미한다.
- 정관 기재사항인 주식액면이 감소되므로 주주총회 특별결의가 요구된다.(변호 16, 모의 20)
- 자본금 변화가 없으므로 채권자보호절차는 요구되지 않는다.
- 주식분할의 효력은 주권제출기간 만료시 발생한다.
- 주식분할로 발행주식총수가 증가하며, 액면이 감소되고, 자본금과 회사재산은 변하지 않는다.

Ⅴ 주권

1. 주권의 의의

- 회사는 성립 후 또는 신주의 납입기일 후 지체 없이 주권을 발행하여야 한다(제355조 제1항).
- 회사는 회사성립 전이나 신주납입기일 이전에는 주권을 발행할 수 없으며, 설령 발행되었다고 하더라도 무효이다(제355조 제2항, 제3항).(변호 16)

> **관련판례**
>
> 대표이사가 주권 발행에 관한 주주총회나 이사회의 결의 없이 주주 명의와 발행연월일을 누락한 채 단독으로 주권을 발행한 경우, 특별한 사정이 없는 한 주권발행은 대표이사의 권한이고, 회사 정관상으로도 주권의 발행에 주주총회나 이사회의 의결을 거치도록 되어 있다고 볼 근거도 없으며, 기명주권의 경우에 주주의 이름이 기재되어 있지 않다거나 또한 주식의 발행연월일의 기재가 누락되어 있더라도 이는 주식의 본질에 관한 사항이 아니므로, 주권의 무효 사유가 된다고 할 수 없다(대판 1996.1.26. 94다24039).(모의 14)

2. 주권의 효력발생시기

- 주권이 불법 유통되거나 주주가 아닌 자에게 교부된 경우, 주권이 어느 시점에 효력이 발생하는지 문제된다.
- 학설 : ① 작성시설, ② 발행시설, ③ 교부시설

> **관련판례**
>
> 주권발행은 동법 제356조 소정의 형식을 구비한 문서를 주주에게 교부하는 것을 말하고, 위 문서가 주주에게 교부된 때에 비로소 주권으로서의 효력이 발생하므로 피고 회사가 주주권을 표창하는 문서를 작성하여 주주가 아닌 제3자에게 교부하였더라도 위 문서는 주권의 효력을 갖지 못한다(대판 1977.4.12. 76다2766).(변호 16, 모의 14, 19)

3. 주권의 선의취득

- 주권의 양도인이 무권리자라 하더라도 양수인이 선의로 주권을 취득한 경우 양수인이 유효하게 주권을 취득하고 주주로서의 지위를 취득하는 제도를 의미한다.
- 요건 : ① 유효한 주권, ② 양도인의 무권리, ③ 주권의 교부, ④ 양수인의 선의, 무중과실.
- 위조된 주권, 제권판결로 실효된 주권, 불소지신고의 주권은 선의취득의 대상이 되지 않는다.
- 간이인도, 반환청구권의 양도에 의한 선의취득은 지명채권양도의 대항요건이 요구된다.(모의 16)

① 양도인이 무권대리인인 경우에도 주권의 선의취득이 인정된다(대판 1997.12.12. 95다49646). (모의 16, 21)[모의 21]

② 양수인의 '악의'란 교부계약에 하자가 있다는 것을 알았던 경우, 즉 종전 소지인이 무권리자 또는 무능력자라거나 대리권이 흠결되었다는 등의 사정을 알고 취득한 것을 말하고, 중과실이란 거래상 필요한 주의의무를 현저히 결여한 것을 말한다. 통상적인 거래기준으로 판단할 때 양도인이 무권리자임을 의심할 만한 사정이 있음에도 상당한 조사를 하지 아니한 채 만연히 주권을 양수한 경우 양수인에게 '중과실'이 있다고 보아야 한다(대판 2018.7.12. 2015다251812). (변호 20)

4. 주권불소지제도(제358조의2)

- 주주는 정관에 다른 정함이 있는 경우를 제외하고는 그 주식에 대하여 주권의 소지를 하지 아니하겠다는 뜻을 회사에 신고할 수 있다. (모의 22)
- 주주가 주권불소지의 신고를 하면 회사는 주권불소지에 관하여 정관에 아무런 근거규정이 없다는 이유로 이를 거절할 수 없다. (변호 16, 17)
- 자신이 보유하고 있는 주식의 일부에 대해서만 불소지신고를 하는 것도 가능하다.
- 주권발행 전에 불소지신고가 되었음에도 주권이 발행된 경우 해당 주권은 효력이 없고 선의취득의 대상도 되지 않는다.
- 주권불소지 신고를 한 주주는 언제든지 회사에게 주권의 발행 또는 반환을 청구할 수 있다.
- 주권불소지 신고가 된 주식을 양도하고자 하는 경우, 양도인은 주권을 다시 발행받아 주권을 교부하는 방법으로만 주식을 양도할 수 있다. (변호 14, 16)

5. 제권판결

- 도난, 분실 등으로 상실한 주권에 대하여 공시최고 절차를 통하여 해당 주권을 무효로 하는 판결을 의미한다(제360조 제1항, 민사소송법 제487조).
- 제권판결이 내려진 경우 소극적으로는 주권이 무효가 되며(민사소송법 제496조), 적극적으로는 신청인이 회사에 대하여 주권 없이도 주권에 따른 권리를 행사할 수 있다(민사소송법 제497조).
- 신청인은 제권판결에 기하여 회사에 대하여 주권의 재발행을 청구할 수 있다.
- 제권판결 전에 주권을 선의취득한 자가 제권판결 전에 법원에 권리신고를 하게 되면 주권을 선의취득하게 된다.
- 제권판결 후에는 주권을 선의로 취득하더라도 제권판결로 인해 주권이 무효가 되었으므로 주권에 대한 선의취득이 인정되지 않는다.

① 주주권은 주식양도, 주식의 소각 또는 주금 체납에 의한 실권절차 등 법정사유에 의하여서만 상실되고, 단순히 당사자 간의 특약이나 주식 포기의 의사표시만으로는 주식이 소멸되거나 주주의 지위가 상실되지 아니한다(대판 1999.7.23. 99다14808). (모의 17, 19, 20, 23)

② 주권이 상실된 경우에는 공시최고절차에 의하여 제권판결을 얻지 아니하는 이상 회사에 대하여 주권의 재발행을 청구할 수 없다. 주권을 분실한 것이 주권발행 회사라 하더라도 위 주권에 대한 제권판결이 없는 이상 동 회사에 대하여 주권의 재발행을 청구할 수 없다(대판 1981.9.8. 81다141). (모의 14, 15)

③ 제권판결은 신청인에게 그 증권 또는 증서를 소지하고 있는 것과 동일한 지위를 회복시킬 뿐 신청인이 실질적 권리자임을 확정하는 것은 아니다.(변호 20) 따라서 정당한 권리자는 제권판결이 있더라도 실질적 권리를 상실하지 아니하고, 제권판결로 인하여 증권이 무효로 되므로 증권에 따른 권리를 행사할 수 없게 될 뿐이다. 제권판결에 대한 불복의 소가 제기되어 제권판결 취소판결이 확정되면 제권판결은 소급하여 효력을 잃고 정당한 권리자가 소지하고 있던 증권도 소급하여 효력을 회복하게 된다. 따라서 제권판결에 대한 불복의 소가 제기되어 제권판결 취소판결이 확정되면, 제권판결에 기해 재발행된 주권은 소급하여 무효로 되고, 그 소지인이 그 후 이를 선의취득 할 수 없다(대판 2013.12.12. 2011다112247,112254).

④ 제권판결 전에 주권을 선의로 취득한 자가 법원에 권리신고를 하지 않고 그 이후 제권판결이 선고된 경우 제권판결이 취소되지 않는 한 회사에 대하여 적법한 주주로서의 권한을 행사할 수 없다(대판 1991.5.28. 90다6774).

제3관 주식의 양도 제한, 주식의 취득, 명의개서

I 주식의 양도 제한

1. 정관에 의한 주식양도 제한 [모의 16, 19, 22]

(1) 의의

- 주식양도는 당사자 간 양도합의와 주권 교부에 의해 효력이 발생한다(제336조 제1항).(변호 16)
- 회사는 정관으로 정하는 바에 따라 그 발행하는 주식의 양도에 관하여 이사회의 승인을 받도록 할 수 있다(제335조 제1항 단서).(변호 12, 모의 19)
- 정관의 규정으로도 주식양도를 전면적으로 금지하는 규정을 둘 수 없다.

(2) 양도인의 승인 청구

- 주식을 양도하고자 하는 주주는 회사에 대하여 양도의 상대방 및 양도하고자 하는 주식의 종류와 수를 기재한 서면으로 양도의 승인을 청구할 수 있다(제335조의2 제1항).(변호 12, 모의 19)
- 회사가 양도인의 승인 청구가 있는 날부터 1월 이내에 주주에게 그 승인여부를 서면으로 통지하지 않은 경우 주식 양도에 관하여 이사회 승인이 있는 것으로 본다(제335조의2 제3항).
- 양도승인 거부통지를 받은 주주는 통지를 받은 날부터 20일 내에 회사에 대하여 양도상대방의 지정 또는 주식매수를 청구할 수 있다(제335조의2 제4항).(변호 12)

(3) 회사에 대한 주식매수청구 [모의 22]

- 회사로부터 양도승인 거부통지를 받은 주주는 통지를 받은 날부터 20일 내에 회사에 대하여 주식의 매수를 청구할 수 있다(제335조의2 제4항).
- 주식매수청구 시점에 매매계약이 성립되고, 매매대금 지급시 주식이 이전된다.
- 회사는 주주의 양도승인 거부통지 수령일로부터 20일이 종료하는 날부터 2개월 이내에 주식을 매수하여야 한다. 주식의 매매가액은 주주와 회사 간의 협의에 의하여 결정한다.
- 매수청구기간이 종료하는 날부터 30일 이내에 매매가격이 결정되지 않는 경우 회사 또는 주식매수청구 주주는 법원에 대하여 매수가액의 결정을 청구할 수 있다.

(4) 주식양수인의 승인 청구

- 주식을 취득한 자(주식을 취득하고자 하는 자 ×)는 회사에 대하여 그 주식의 종류와 수를 기재한 서면으로 그 취득의 승인을 청구할 수 있다(제335조의7 제1항).
- 회사로부터 양도승인 거부통지를 받은 양수인은 통지를 받은 날부터 20일 내에 회사에 대하여 주식의 매수를 청구할 수 있다(제335조의7 제2항, 제335조의2 제4항).

> **관련판례**
> 주식양도에 이사회승인을 얻어야 하는 경우 회사로부터 양도승인거부통지를 받은 양수인의 회사에 대한 주식매수청구권은 형성권으로서 그 행사로 주식매매계약이 성립하므로, 주식을 취득하지 못한 양수인이 회사에 대하여 주식매수청구를 하더라도 아무런 효력이 없고, 사후적으로 양수인이 주식 취득의 요건을 갖추게 되더라도 하자가 치유될 수 없다(대판 2014.12.24. 2014다221258,221265).

(5) 이사회 승인 없는 양도의 효력 [모의 19]

- 이사회 승인을 얻지 아니한 주식의 양도는 회사에 대하여 효력이 없다(제335조 제2항).(변호 12)
- 이사회 승인 없는 경우에도 양도인과 양수인 사이에서는 채권적으로 유효하다.(변호 20)
- 양수인은 회사에 대하여 주주임을 주장할 수 없고, 회사도 양수인을 주주로 인정할 수 없다.

2. 주주 간 주식양도제한약정의 효력

> **관련판례**
>
> ① 회사 설립일로부터 5년 동안 주식의 전부 또는 일부를 매각 · 양도할 수 없다는 내용은 설립 후 5년간 일체 주식의 양도를 금지하는 것으로 이를 정관으로 규정하였더라도 주주의 투하자본회수의 가능성을 전면적으로 부정하는 것으로서 무효이므로 회사와 주주들 사이에서 또는 주주들 사이에서 이러한 내용을 약정하였다고 하더라도 무효이다(대판 2000.9.26. 99다48429).(모의 16)
> ② 주주 사이에서 주식양도를 일부 제한하는 약정을 한 경우, 그 약정은 주주의 투하자본회수 가능성을 전면적으로 부정하는 것이 아니고, 선량한 풍속 그 밖의 사회질서에 반하지 않는다면 당사자 사이에서는 원칙적으로 유효하며(대판 2008.7.10. 2007다14193),(모의 21) 주주협약에서 주식양도에 출자자 전원의 동의를 요구하면서 그와 별도로 출자자의 우선매수권을 규정하는 것도 유효하다(대판 2022.3.31. 2019다274639).

3. 주권발행 전 주식양도 [변호 23, 모의 14, 16, 18, 21]

(1) 6월 경과 전 주식양도 [모의 19]

- 주권발행 전에 한 주식의 양도는 회사에 대하여 효력이 없다. 그러나 회사성립 후 또는 신주의 납입기일 후 6월이 경과한 때에는 그러하지 아니하다(제335조 제3항).
- 회사성립 후 또는 신주의 납입기일로부터 6월이 지나기 전에 주권 발행 전에 이루어진 주식양도는 회사에 대하여 효력이 없다. 양수인은 회사에 대하여 주권발행을 청구할 수 없고, 회사가 주권을 발행해 주더라도 효력이 없다.

> **관련판례**
>
> ① 구 상법(1984. 4. 10. 개정 이전 상법) 제335조 제2항에 의하여 회사 성립 후 6개월이 경과하기 전에 주권발행 없이 이루어진 주식의 양도는 회사에 대하여 효력이 없으므로 회사가 이를 승인하여 주주명부에 그 변경을 기재하거나 후일 회사에 의하여 주권이 발행되었다 할지라도 회사에 대한 관계에 있어서는 효력이 없다(대판 1987.5.26. 86다카982,983).(변호 17, 19, 모의 14, 16, 22)
> ② 상법 제335조 제2항이 양도당사자 사이의 양도양수의 효력을 부정하는 것은 아니므로 당사자 간에서는 유효하다. 따라서 주권발행 전의 주식을 전전 양수한 원고가 회사에 대하여 원시 주주를 대위하여 직접 자신에게 주권의 발행교부를 청구할 수는 없더라도 원시 주주들의 회사에 대한 주권발행 및 교부청구권을 대위행사 하여 원시 주주에의 주권발행 및 교부를 구할 수 있다(대판 1982.9.28. 82다카21).(변호 17, 모의 15, 16, 19)
> ③ 주권발행 전 주식의 양도가 회사성립 후 또는 신주의 납입기일 후 6월이 경과하기 전에 이루어졌더라도 그 이후 6월이 경과하고 그 때까지 회사가 주권을 발행하지 않았다면, 그 하자는 치유되어 회사에 대하여도 유효한 주식양도가 된다(대판 2002.3.15. 2000두1850).(변호 14, 19, 모의 16, 19)[모의 14]

(2) 6월 경과 후 주식양도

- 회사성립 후 또는 신주의 납입기일로부터 6월 경과 후에 이루어진 주권발행 전 주식양도는 회사에 대하여 효력이 있다.(변호 17) 양수인은 양도사실을 입증하여 회사에 대하여 명의개서를 청구할 수 있고,(변호 21) 회사에 대하여 주권의 발행 및 교부를 청구할 수 있다.(모의 15, 21)
- 주식은 민법 제450조에 따른 지명채권 양도방법에 따라 양도되며, 당사자 사이에서는 의사표시만으로 양도된다.
- 양수인이 주식을 취득하기 위한 요건은 양도통지 또는 승낙이다.
- 양수인이 회사에 대하여 주주권을 행사하기 위한 대항요건은 명의개서이다.

> **관련판례**
> ① 주권발행 전 주식에 관하여 주주명의를 신탁한 사람이 수탁자에 대하여 명의신탁계약을 해지하면 그 주식에 대한 주주의 권리는 해지의 의사표시만으로 명의신탁자에게 복귀하고, 주주명부상 주주명의인이 주주권을 다투는 경우에 실질적인 주주가 주주명부상 주주명의인을 상대로 주주권 확인을 구할 이익이 있다(대판 2013.2.14. 2011다109708).(변호 21)
> ② 주식양도청구권의 압류나 가압류가 된 경우, 주권발행 전 주식의 양도를 명하는 판결은 의사진술을 명하는 판결로서 이 판결이 확정되면 채무자는 일방적으로 주식양수인의 지위를 갖게 되고, 제3채무자는 이를 저지할 수 없으므로, 가압류 해제를 조건으로 하지 않는 한 법원은 이를 인용해서는 안된다. 이는 가압류의 제3채무자가 채권자 지위를 겸하는 경우에도 동일하다(대판 2021.7.29. 2017다3222,3239). (모의 22)
> ③ 회사 성립 후 또는 신주의 납입기일 후 6개월이 경과한 주권발행 전의 주식에 대한 주식양도계약이 해제되면 계약의 이행으로 이전된 주식은 당연히 양도인에게 복귀한다(대판 2022.5.26. 2020다239366).

- 회사 이외 제3자에 대한 대항요건은 확정일자증서에 의한 양도통지 또는 회사의 승낙이다.(변호 14, 17, 20, 모의 16, 20, 22)[모의 19]

> **관련판례**
> ① ㉠ 주권발행 전 주식이 양도된 경우 회사가 확정일자증서에 의하지 아니한 주식양도통지나 승낙의 요건을 갖춘 제1주식양수인에게 명의개서를 한 경우, 그 주식을 이중으로 양수한 제2주식양수인이 그 후 회사에 대해 양도통지나 승낙의 요건을 갖추었더라도, 확정일자증서에 의하지 않은 것이라면 회사에게 제1주식양수인 명의로 이미 적법하게 마쳐진 명의개서를 말소하고, 제2주식양수인 명의로 명의개서를 하여 줄 것을 청구할 권리가 없다. ㉡ 회사가 제2주식양수인의 청구를 받아들여 그 명의로 명의개서를 하였더라도 이러한 명의개서는 위법하므로 회사에 대한 관계에서 주주의 권리를 행사할 수 있는 자는 제1주식양수인이다. ㉢ 주식양도통지가 확정일자 없는 증서에 의하여 이루어져 제3자에 대한 대항력을 갖추지 못하였더라도, 확정일자 없는 증서에 의한 양도통지나 승낙 후에 그 증서에 확정일자를 얻은 경우에는 그 일자 이후에는 제3자에 대한 대항력을 취득하는 것이나 그 대항력 취득의 효력이 당초 주식양도통지일로 소급하지 않는다(대판 2010.4.29. 2009다88631).
> ② 주권발행 전 주식양도이더라도 회사 성립 후 6월이 경과한 후에 이루어진 때에는 회사에 대하여 효력이 있으므로 주식양수인은 주주명부상 명의개서와 관계없이 주주가 되고, 그 후 주식양도 사실을 통지받은 회사가 주식에 관하여 주주가 아닌 제3자에게 명의개서절차를 마치고 그에게 기명식 주권을 발행하였더라도, 그로써 그 제3자가 주주가 되고 주식양수인이 주주권을 상실한다고는 볼 수 없다(대판 2000.3.23. 99다67529).(변호 17)
> ③ 무효인 매매계약에 따라 매수인에게 명의개서절차가 이행되었더라도, 매도인은 특별한 사정이 없는 한 매수인의 협력을 받을 필요 없이 단독으로 매매계약이 무효임을 증명하여 회사에 대해 명의개서를 청구할 수 있다. 주권이 발행되지 않은 주식에 관하여 체결된 매매계약이 구 상법 제341조에서

금지한 자기주식 취득에 해당하여 무효인 경우에도 마찬가지이다(대판 2018.10.25. 2016다 42800,42817,42824,42831).(변호 21)

> **관련판례**
> ① 양도인이 제1양수인에 대한 계약상 의무를 위반하여 주식을 다시 제3자에게 양도하고 제2양수인이 주주명부상 명의개서를 받아 제1양수인이 회사에 대하여 주주권을 행사할 수 없게 되었다면, 양도인은 제1양수인에게 불법행위책임을 부담한다(대판 2012.11.29. 2012다38780).(변호 14, 17, 모의 21)
> ② 양도인이 채권양도통지를 하기 전에 제3자에게 이중으로 양도하고 회사에게 확정일자 있는 양도통지를 하는 등 대항요건을 갖추어 줌으로써 양수인이 그 제3자에게 대항할 수 없게 되었고, 이러한 양도인의 배임행위에 제3자가 적극 가담한 경우라면, 제3자에 대한 양도행위는 사회질서에 반하는 법률행위로서 무효이다(대판 2006.9.14. 2005다45537).(변호 17, 모의 19, 21)
> ③ 주권발행 전 주식의 양도는 양도인과 양수인의 의사표시만으로 효력이 발생한다. 주식양수인은 특별한 사정이 없는 한 양도인의 협력 없이 단독으로 주식양수 사실을 증명하여 회사에 명의개서를 청구할 수 있다. 따라서 양도인이 확정일자 있는 증서에 의한 양도통지 또는 승낙을 갖추어 주어야 할 채무를 부담하더라도 이는 자기의 사무이고, 양수인의 사무를 처리하는 것으로 볼 수 없어 배임죄가 성립하지 않는다(대판 2020.6.4. 2015도6057).

4. 주권발행 후 주식양도

- 주식의 양도에 있어서는 주권을 교부하여야 한다(제336조 제1항).
- 주권의 점유자는 적법한 점유자로 추정한다(제336조 제2항).

> **관련판례**
> 주권발행 후 주식양도는 주권을 교부해야 효력이 발생하고 주권의 교부는 현실인도 이외에 간이인도, 점유개정, 반환청구권 양도에 의해 할 수 있다(대판 2014.12.24. 2014다221258).(모의 19)

5. 권리주 양도제한

- 주식의 인수로 인한 권리의 양도는 회사에 대하여 효력이 없다(제319조, 제425조 제1항).

> **관련판례**
> 권리주가 양도된 경우 양수인이 회사에 대항할 수 없고, 회사 또한 양수인을 주주로 인정할 수 없다(대판 1965.12.7. 65다2069).

Ⅱ 주식의 취득과 제한

1. 자기주식취득 [변호 21, 모의 13, 15, 16]

(1) 의의

- 2011년 개정 상법은 배당가능이익의 범위 내에서의 자기주식취득과 특정한 목적에 의한 자기주식취득을 인정하고 있다(제341조, 제341조의2)
- 회사가 취득한 자기주식은 의결권,(모의 22) 소수주주권 등 공익권, 자익권이 인정되지 않는다.
- 회사가 자기주식을 처분하는 경우 처분할 주식의 종류와 수, 처분가액과 납입기일, 처분 상대방 및 처분방법으로서 정관에 규정이 없는 것은 이사회가 결정한다(제342조).(변호 13, 14, 15, 16)
- 상법상 회사가 보유하는 자기주식의 처분기한은 없다.(모의 19)

(2) 배당가능이익으로 하는 자기주식취득

- 회사는 배당가능이익 내에서 자기주식을 취득할 수 있다(제341조 제1항).(변호 13, 23, 모의 14)
- 자기주식취득 결정은 원칙적으로 주주총회의 결의로 ① 취득할 수 있는 주식의 종류 및 수, ② 취득가액 총액한도, ③ 1년을 초과하지 아니하는 범위에서 자기주식을 취득할 수 있는 기간에 관한 사항을 결정하여야 한다(제341조 제2항 본문).(변호 15)
- 정관상 이익배당을 이사회결의로 할 수 있는 경우에는 이사회 결의로 자기주식 취득을 결정할 수 있다(제341조 제2항 단서).(변호 14, 23)
- 직전 결산기를 기준으로 배당가능이익이 있더라도, 해당 연도 결산기에 결손이 발생할 우려가 있는 경우 회사는 자기주식을 취득할 수 없다(제341조 제3항).(변호 13)
- 상장회사는 거래소시장에서 매수할 수 있고, 비상장회사는 각 주주가 가진 주식 수에 따라 균등한 조건으로 매도기회를 보장하는 방법으로 매수할 수 있다(제341조 제1항).
- 회사가 특정주주만을 선택하여 거래하는 것은 주주평등원칙에 반한다.

(3) 특정목적에 의한 자기주식취득 [모의 15]

- 회사는 아래와 같은 경우 자기주식을 취득할 수 있다.(변호 13, 14, 15, 16, 23, 모의 14, 15, 19, 22(2))
  ① 합병 또는 다른 회사의 영업전부의 양수, ② 회사 권리실행을 위한 목적달성에 필요한 경우, ③ 단주처리, ④ 주주의 주식매수청구권 행사.
- 회사는 발행주식총수의 5%를 초과하여 자기의 주식을 질권의 목적으로 받지 못한다(합병, 영업전부 양수, 권리실행의 경우 5% 초과하여 질권의 목적으로 할 수 있다)(제341조의3).(변호 16)

(4) 위법한 자기주식취득

- 위법한 자기주식취득은 무효이다.
- 해당 영업연도의 결산기에 배당가능이익이 없음에도 불구하고, 회사가 자기주식을 취득한 경우 이사는 회사에 연대하여 그 미치지 못한 금액을 배상하여야 한다(제341조 제4항 본문).(모의 19)

> **관련판례**
> ① 상법 또는 증권거래법 등에서 자기주식취득을 허용하는 경우 외에, 회사가 자기주식을 무상으로 취득하는 경우 또는 타인의 계산으로 자기주식을 취득하는 경우와 같이, 회사의 자본적 기초를 위태롭게 하거나 주주 등의 이익을 해하지 않는 것이 명백한 경우에도 자기주식취득이 예외적으로 허용된다.(변호 23) 그 밖의 경우에 있어서는, 설령 회사 또는 주주나 회사채권자 등에게 생길지도 모르는 중대한 손해를 회피하기 위하여 부득이 한 사정이 있다고 하더라도 자기주식의 취득은 허용되지 않고 이러한 금지규정에 위반하여 회사가 자기주식을 취득하는 것은 당연히 무효이다(대판 2003.5.16. 2001다44109).
> ② 주주의 구성이 소수에 의하여 제한적으로 이루어져 있다거나 주주 상호간의 신뢰관계를 기초로 하고 있다는 등의 사정만으로 인적 회사인 합명회사의 사원 제명에 관한 규정을 물적 회사인 주식회사에 유추적용하여 주주의 제명을 허용할 수 없다. 주주 간의 분쟁 등 일정한 사유가 발생할 경우 어느 주주를 제명시키되 회사가 그 주주에게 출자금 등을 환급해 주기로 하는 내용을 정관이나 내부규정에 두는 것은 회사 또는 주주 등에게 생길지 모르는 중대한 손해를 회피하기 위한 것이라 하더라도 법정사유 이외에는 자기주식취득을 금지하는 상법에 위반되므로, 이러한 정관이나 내부규정은 물적 회사인 주식회사의 본질에 반하고 자기주식취득을 금지하는 상법의 규정에도 위반되어 무효이다(대판 2007.5.10. 2005다60147).(모의 17)

2. 자회사의 모회사주식 취득제한(제342조의2) [모의 21]

- 자회사는 예외적인 경우를 제외하고 모회사의 주식을 취득할 수 없다.
- 자회사는 취득일로부터 6월 이내에 모회사 주식을 처분하여야 한다.(모의 19)
- 모회사 및 자회사 또는 자회사가 다른 회사의 발행주식 총수의 50%를 초과하는 주식을 가지고 있는 경우, 그 다른 회사는 그 모회사의 자회사에 해당하여 모회사의 주식을 취득할 수 없다
- 모자회사의 판단기준인 주식보유 여부는 형식적인 법적 소유를 기준으로 판단한다.
- 의결권이 배제·제한되는 종류주식과 의결권 없는 주식도 보유비율 산정에 포함된다.
- 자회사의 모회사 주식취득 제한에 위반한 자회사의 모회사 주식취득은 무효이다.
- 아래의 경우에는 예외적으로 자회사의 모회사 주식취득이 허용된다.
  ① 주식의 포괄적 교환, ② 주식의 포괄적 이전, ③ 합병 또는 다른 회사 영업전부의 양수,
  ④ 회사 권리실행을 위한 목적달성에 필요한 경우.
- 자회사가 취득한 모회사 주식은 의결권이 없으며(제369조 제3항), 자익권 및 공익권도 없다.

3. 지배주주의 소수주주 주식 전부취득(제360조의24) [변호 23, 모의 18]

(1) 의의

- 회사 발행주식 총수의 95% 이상을 자기의 계산으로 보유하고 있는 지배주주는 회사의 경영상 목적을 달성하기 위하여 필요한 경우, 소수주주에게 그 보유 주식의 매도를 청구할 수 있다.(변호 15, 17, 24, 모의 17, 18, 20)
- 지배주주는 주주총회, 매도청구시점, 매매 완료 시점에 95% 이상 보유하고 있어야 한다.
- 타인 명의라도 주식 취득과 보유에 관한 손익이 지배주주에게 귀속되면 지배주주에 해당한다.

- 무의결권 주식과 의결권이 제한되는 주식 또한 보유비율 산정시 분모와 분자에 모두 포함된다.
- 보유주식의 수는 모회사와 자회사가 보유한 주식을 합산한다.(모의 17)

> **관련판례**
> 자회사가 보유한 자기주식을 제외하도록 규정하고 있지 않으므로 자회사가 보유하고 있는 자기주식은
> 모회사 보유주식에 합산된다(대결 2017.7.14. 2016마230).(변호 21, 24, 모의 18, 20)[변호 23, 모의 18]

- 주주총회의 사전승인을 받아야 한다.(변호 21)

(2) 매도청구 등

- 매도청구권은 형성권으로 매도청구 시점에 소수주주 승낙 여부와 상관없이 매매계약이 체결된다.
- 소수주주는 매도청구를 받은 날부터 2개월 내에 지배주주에게 주식을 매도하여야 한다.(변호 21, 24) 매매가액이 협의되지 않았더라도 2개월이 경과하면 지배주주는 매수대금 지체책임을 부담한다.(모의 20)
- 지배주주가 매매가액을 소수주주에게 지급한 때에 주식이 이전된 것으로 본다.(변호 24, 모의 18)

> **관련판례**
> 상법 제360조의26 제1항과 제2항의 '매매가액'은 지배주주가 일방적으로 산정하여 제시한 가액이
> 아니라 소수주주와 협의로 결정된 금액 또는 법원이 상법 제360조의24 제9항에 따라 산정한 공정한 가액으로
> 보아야 한다(대판 2020.6.11. 2018다224699).

- 소수주주 일부에 대한 매도청구는 허용되지 않는다.

> **관련판례**
> 지배주주의 매도청구권은 지배주주가 소수주주에게 공정한 가격을 지급한다면, 일정한 요건 하에
> 발행주식 전부를 지배주주 1인의 소유로 할 수 있도록 함으로써 회사 경영의 효율성을 향상시키고자
> 한 제도이다. 이에 비추어 보면, 지배주주가 매도청구권을 행사할 때에는 반드시 소수주주가 보유하고 있
> 는 주식 전부에 대하여 권리를 행사하여야 한다(대판 2020.6.11. 2018다224699).(변호 24)

- 매매가액은 소수주주와 지배주주 간의 협의로 결정한다.(모의 17)
- 소수주주가 매도청구를 받은 날부터 30일 내에 매매가액에 대한 협의가 이루어지지 아니한 경우, 소수주주 또는 지배주주는 법원에 매매가액 결정을 청구할 수 있다.

(3) 소수주주의 매수청구권 [변호 21, 모의 18]

- 지배주주가 있는 회사의 소수주주는 언제든 지배주주에게 소수주주가 보유한 주식의 매수를 청구할 수 있다(제360조의25 제1항).(변호 22, 모의 18, 20)
- 매수청구를 받은 지배주주는 매수를 청구한 날을 기준으로 2개월 내에 매수를 청구한 주주로부터 주식을 매수하여야 한다(제360조의25 제2항).

Ⅲ 주주명부와 명의개서

1. 명의개서 청구

> **관련판례**
>
> ① 주식을 취득한 자는 특별한 사정이 없는 한 점유하고 있는 주권의 제시 등의 방법으로 자신이 주식을 **취득한 사실을 증명함으로써** 회사에 대하여 **단독으로 그 명의개서를 청구할 수 있다**(대판 2019.5.16. 2016다240338).(변호 21)
>
> ② 주식양도인은 특별한 사정이 없는 한 회사에 대하여 주식양수인 명의로 명의개서를 해 달라고 **청구할 권리가 없다.** 주권이 발행된 경우뿐만 아니라, 회사 성립 후 6월이 지나도록 주권이 발행되지 않아 양도인과 양수인 사이의 의사표시로 기명주식이 양도되는 경우에도 동일하다(대판 2010.10.14. 2009다89665).(모의 13, 16)
>
> ③ 명의개서 청구에 소정의 서류를 요하는 정관 규정이 있더라도, 이는 주식취득이 적법하게 이루어졌음을 회사가 간이명료하게 알 수 있도록 하는 것에 불과하여 주식을 취득한 자가 취득사실을 증명한 이상 회사는 위 서류가 없다는 이유로 명의개서를 거부할 수 없다(대판 1995.3.24. 94다47728).
>
> ④ 주권이 발행된 주식을 취득한 자가 주권을 제시하는 등 취득사실을 증명하여 명의개서를 신청하고, 주주명부를 작성할 권한 있는 자가 형식적 심사의무를 다하여 명의개서가 이루어졌다면, 특별한 사정이 없는 한 그 명의개서는 적법한 것으로 보아야 한다(대판 2019.8.14. 2017다231980).

2. 명의개서의 효력 [변호 13, 21]

(1) 대항력(제337조 제1항)

• 주식 이전은 취득자의 성명과 주소를 주주명부에 기재하지 아니하면 회사에 대항하지 못한다.

> **관련판례**
>
> ① 주주명부상 주주는 회사에 대하여 주식 의결권 등 주주권을 행사할 수 있고, 회사 역시 주주명부상 주주 외에 실제 주식을 인수하거나 양수하고자 하였던 자가 따로 존재한다는 사실을 알았든 몰랐든 간에 주주명부상 주주의 주주권 행사를 부인할 수 없으며, 주주명부 기재를 마치지 않은 자의 주주권 행사를 인정할 수도 없다.(변호 15, 19, 모의 19, 20, 22(2)) 주주명부 기재를 마치지 않고도 회사에 주주권을 행사할 수 있는 경우는 주주명부 기재 또는 명의개서청구가 부당하게 지연되거나 거절되었다는 등의 예외적인 경우에 한한다(모의 20, 22)(대판 2017.3.23. 2015다248342).[변호 13, 23, 모의 14, 18, 19]
>
> ② 주식을 취득한 자가 회사에 주주권을 행사하려면 자기의 성명과 주소를 주주명부에 기재해야 한다. 회사도 주주명부에 기재된 자에게 주주권을 인정한 경우 그가 진정한 주주가 아니더라도 책임을 지지 않는다. 그러나 상법은 주주명부 기재를 회사에 대한 대항요건으로 정하고 있을 뿐 주식이전의 효력발생요건으로 정하고 있지 않으므로 명의개서가 되었다고 하여 무권리자가 주주가 되는 것은 아니고, 명의개서가 되지 않았다고 해서 주주가 그 권리를 상실하는 것도 아니다(대판 2018.10.12. 2017다221501).[변호 21]
>
> ③ 주식의 소유권 귀속에 관한 권리관계와 주주의 회사에 대한 주주권 행사국면은 구분되고, 회사와 주주 사이에서 주식의 소유권, 즉 주주권의 귀속이 다투어지는 경우에는 회사가 주주명부에 주주로 기재된 자를 상대로 주주가 아니라는 확인의 소를 제기할 수 있다(대판 2020.6.11. 2017다278385).
>
> ④ 주권발행 전 주식에 관하여 주주명의를 신탁한 사람이 수탁자에 대하여 명의신탁계약을 해지하면 그 주식에 대한 주주의 권리는 해지의 의사표시만으로 명의신탁자에게 복귀하고, 이러한 경우 주주명부에 등재된 형식상 주주명의인이 실질적인 주주의 주주권을 다투는 경우에 실질적인 주주가 주주명부상 주주명의인을 상대로 주주권의 확인을 구할 이익이 있다(대판 2013.2.14. 2011다109708).

⑤ 회사가 신주를 발행하면서 권리의 귀속자를 주주총회나 이사회의 결의에 의한 일정 시점에 주주명부에 기재된 주주로 한정할 경우, 그 신주인수권은 이러한 일정 시점에 실질상의 주주인지의 여부와 관계없이 회사에 대하여 법적으로 대항할 수 있는 주주, 즉 주주명부에 기재된 주주에 귀속된다(대판 1995.7.28. 94다25735).(변호 17, 20, 모의 13, 16)

(2) 추정력

- 주주명부에 명의개서를 한 자는 주주로 추정된다.

> **관련판례**
> 주주명부상 주주가 아닌 제3자가 주식을 인수하고 대금을 납입한 경우 그 제3자를 실질상의 주주로 보려면 제3자가 주식인수대금을 납입하였다는 사정만으로는 부족하고 제3자와 주주명부상 주주 사이의 내부관계, 주식 인수와 주주명부 등재 경위 및 목적, 주주명부 등재 후 주주로서의 권리행사 내용 등을 종합하여 판단하여야 한다(대판 2019.5.16. 2016다240338).(모의 22)

(3) 면책력

- 회사가 주주명부에 기재된 자에게 주주로서의 권리를 부여하였다면 설령 그가 진정한 주주가 아니었다 하더라도 회사는 책임을 부담하지 않는다(제353조 제1항).

3. 확인의 소의 이익

> **관련판례**
> ① 주주명부상 주주인 甲이 명의개서대리인을 상대로 주권의 인도를 구할 수 있다고 하더라도 그와 별도로 자신의 주식에 대하여 실제 소유자라고 주장하는 乙을 상대로 그 주식이 甲의 소유라는 확인을 구할 확인의 이익이 있다(대판 2017.10.26. 2016다23274).
> ② 위조된 주식매매계약서에 의해 타인 앞으로 명의개서가 된 주주 甲이 회사를 상대로 자신의 주주권의 확인을 구하는 것은 甲이 회사를 상대로 직접 자신이 주주임을 증명하여 명의개서절차의 이행을 구할 수 있으므로, 甲의 권리 또는 법률상 지위에 현존하는 불안·위험을 제거하는 유효·적절한 수단이 아니거나 분쟁의 종국적 해결방법이 아니어서 확인의 이익이 없다(대판 2019.5.16. 2016다240338).(변호 21, 모의 22(2), 23)

4. 명의개서의 부당거절 [변호 21, 모의 19, 22]

- 명의개서를 부당거절 당한 양수인은 명의개서가 없이도 직접 주주권을 행사할 수 있다.
- 회사가 부당하게 명의개서 청구를 거절하면서 명의개서를 거절당한 주주에게 소집통지를 하지 않고 주주총회를 개최한 경우 결의의 하자가 인정된다(대판 1993.7.13. 92다40952).(모의 22)

5. 주주명부폐쇄와 기준일

- 회사는 의결권을 행사하거나 배당을 받을 자 기타 주주 또는 질권자로서 권리를 행사할 자를 정하기 위해 일정한 기간을 정하여 주주명부의 기재변경을 정지하거나 일정한 날에 주주명부에 기재된 주주 또는 질권자를 권리를 행사할 주주 또는 질권자로 볼 수 있다(제354조 제1항).
- 주주명부 폐쇄기간은 3월 이내로 제한된다(제354조 제2항).
- 기준일은 주주·질권자로서 권리를 행사할 날에 앞선 3월 내의 날이어야 한다(제354조 제3항).
- 주주명부 폐쇄기간 중 명의개서청구가 있더라도 회사는 명의개서를 거부할 수 있다.(모의 13, 22)

제4관 주주총회

I 주주총회의 소집

1. 이사회의 소집결정 및 소수주주의 소집청구

- 상법상 다른 규정이 있는 경우를 제외하고, 주주총회의 소집은 이사회가 결정한다(제362조).
- 발행주식 총수의 100분의 3 이상에 해당하는 주식을 가진 주주는 목적사항과 소집이유를 적은 서면 또는 전자문서를 이사회에 제출하여 임시총회의 소집을 청구할 수 있다(제366조 제1항).
- 소수주주의 요청 후 지체없이 소집을 하지 않는 경우, 소수주주는 법원의 허가를 얻어 스스로 주주총회를 소집할 수 있다(제366조 제2항).
- 발행주식총수의 3% 이상이므로 무의결권 주식도 포함하고, 소수주주 주식의 합산이 가능하다.
- 상장회사의 경우, 소수주주는 6개월 이상 보유 및 발행주식 총수의 1.5% 이상 주식을 소유하여야 한다(제542조의6 제1항).

> **관련판례**
> ① 소수주주가 상법 제366조에 따라 주주총회소집허가 신청을 하는 경우, 주주총회 결의사항이 아닌 것을 회의목적사항으로 할 수 없다. 주주총회는 상법 또는 정관이 정한 사항에 한하여 결의할 수 있고(제361조), 대표이사는 정관에 특별한 정함이 없는 한 이사회 결의로 선임되므로(제389조), 정관에서 주주총회 결의사항으로 '대표이사의 선임 및 해임'을 규정하지 않은 경우에는 이를 회의목적사항으로 삼아 상법 제366조에서 정한 주주총회소집허가 신청을 할 수 없다(대결 2022.4.19, 2022그501).(모의 23(2))
> ② 소수주주가 제출한 임시총회소집청구서에 회의의 목적사항이 '대표이사 해임 및 선임'으로 기재되었으나 소집의 이유가 현 대표이사의 '이사직 해임'과 '후임 이사 선임'을 구하는 취지로 기재되어 있고, 회사의 정관에 '대표이사의 해임'이 주주총회 결의사항으로 정해져 있지 않다면, 회의의 목적사항과 소집의 이유가 서로 맞지 않으므로 법원으로서는 소수주주로 하여금 회의의 목적사항으로 기재된 '대표이사 해임 및 선임'의 의미를 정확하게 밝히고 그에 따른 조치를 취할 기회를 갖도록 해야 한다(대결 2022.9.7, 2022마5372).
> ③ 상법 제366조 제1항에서 정한 '전자문서'는 전자우편은 물론 휴대전화 문자메시지·모바일 메시지 등까지 포함한다(대결 2022.12.16, 2022그734).
> ④ 상법 제366조 제1항에서 정한 소수주주가 임시주주총회의 소집을 청구하는 서면 또는 전자문서를 제출하는 '이사회'는 원칙적으로 대표이사를 의미하고, 예외적으로 대표이사 없이 이사의 수가 1인 또는 2인인 소규모 회사의 경우에는 각 이사를 의미한다(대결 2022.12.16, 2022그734).
> ⑤ 법원이 총회의 소집을 구하는 소수주주에게 회의목적사항을 정하여 허가하면서 총회 소집기간을 구체적으로 정하지 않은 경우에도 소집허가를 받은 주주는 소집목적에 비추어 상당한 기간 내에 총회를 소집해야 한다. 따라서 총회소집허가결정일로부터 상당한 기간이 경과하도록 총회가 소집되지 않았다면, 소집허가결정에 따른 소집권한은 특별한 사정이 없는 한 소멸된다(대판 2018.3.15, 2016다275679).(변호 19, 모의 20, 21)

2. 주주총회 소집통지 [모의 17, 19, 21]

- 주주총회를 소집할 때에는 주주총회일의 2주 전에 각 주주에게 서면으로 통지를 발송하거나 각 주주의 동의를 받아 전자문서로 통지를 발송하여야 한다(제363조 제1항).
- 소집통지에는 주주총회의 일시와 장소 및 목적사항이 포함되어야 한다(제363조 제1항).
- 구두, 전화, 문자메시지 등에 의한 통지는 효력이 없으며, 정관으로도 다른 방법을 정할 수 없다.

- 상장회사의 경우, 소액주주에 대해서는 둘 이상 일간신문 2회 이상 공고나 전자공시시스템에 공고로 통지에 갈음할 수 있다.
- 소규모회사의 경우, 주주총회일 10일 전에 주주에게 서면으로 통지하거나 각 주주의 동의를 받아 전자문서로 통지를 발송할 수 있다(제363조 제3항).
- 소규모회사의 경우, 주주 전원 동의가 있을 경우 소집절차 없이 주주총회를 개최할 수 있으며, 서면에 의한 결의로써 주주총회의 결의를 갈음할 수 있다. 서면결의는 주총결의와 동일한 효력을 가진다(제363조 제4항, 제5항).(모의 22)
- 아래의 경우 소집통지를 생략할 수 있다.
  ① 의결권 없는 주주(무의결권 주식, 자기주식, 상호주, 자회사가 취득한 모회사 주식).
  ② 3년간 통지가 도달하지 않은 주주(제363조 제1항 단서).(모의 13, 16)
- 의결권 없는 주주의 경우라도 회의목적사항에 반대주주의 주식매수청구권이 인정되는 사항(주식교환, 주식이전, 영업양도, 합병,(모의 16, 20) 분할합병)이 포함된 경우 소집통지를 하여야 한다(제363조 제7항 단서).

3. 주주총회 장소의 변경, 연기 · 속행 및 철회, 변경

> **관련판례**
> ① 주주총회 소집의 통지, 공고 이후 주주총회 소집을 철회하기로 하는 이사회결의를 거친 후 주주들에게 소집통지와 같은 방법인 서면 소집철회통지를 한 경우 주주총회 소집이 적법하게 철회된 것으로 인정된다(대판 2011.6.24. 2009다35033).(모의 16, 19)
> ② 주주총회 개회시각이 지연되어 개회시각을 사실상 부정확하게 만들고 소집통지 된 시각에 출석한 주주들의 참석권을 침해하게 되었다면 주주총회 소집절차가 현저히 불공정한 경우에 해당한다.(모의 19) 당초 소집장소에서 소집장소 변경결의조차 할 수 없는 부득이한 사정이 발생한 경우, 소집권자가 대체 장소를 정해 당초 소집장소에 출석한 주주들에게 상당한 방법으로 알리고 이동에 필요한 조치를 다한 때에 한하여 적법하게 소집장소가 변경되었다고 볼 수 있다(대판 2003.7.11. 2001다45584).

4. 주주총회 소집절차의 하자 [모의 17, 19]

> **관련판례**
> ① 정당한 소집권자에 의하여 소집된 이상 주주총회 소집을 위한 이사회결의가 없고, 구두로 소집통지를 하면서 법정기간을 지키지 않았으며, 극히 일부 주주에게 소집통지가 누락된 경우, **주주총회결의 취소사유에 불과**하며, 법정기간 내에 제기된 소에 의해 **취소되지 않는 한 유효**하다(대판 1987.4.28. 86다카553).(모의 20, 23)[변호 24]
> ② 총주식 과반수를 넘는 주식을 소유한 주주가 참석하여 참석주주 전원의 찬성결의가 있었다면 일부 주주에게 소집통지를 하지 않았거나 법정기간을 준수한 서면통지를 하지 않아 소집절차에 하자가 있었더라도 주주총회결의 무효나 부존재 사유에 해당하지 않는다(대판 1981.7.28. 80다2745,2746).
> ③ 2인 공동대표이사 중 1인이 다른 공동대표이사와 공동으로 임시주주총회를 소집하지 않았다거나 다른 공동대표이사와 41% 주식 보유 주주에게 소집통지를 하지 않았다는 등의 소집절차상 하자만으로 임시주주총회 결의가 부존재한다거나 무효라고 볼 수 없다(대판 1993.1.26. 92다11008).
> ④ 명의개서미필 주주에게는 소집통지를 할 필요 없다. 주식취득자가 누구인지 대표이사와 회사가 명확히 알고 있는 경우에도 동일하다(대판 2017.3.23. 2015다248342).
> ⑤ 명의개서를 하지 않은 주식양수인에게 주주총회 소집통지를 하지 않았더라도 주주총회결의 절차상 하자가 있다고 할 수 없다(대판 1996.12.23. 96다32768,32775,32782).

5. 주주총회 소집절차상 하자의 치유 [모의 19]

> **관련판례**
>
> ① **1인 주식회사** : 1인 회사는 그 주주가 유일한 주주로서 주주총회에 출석하면 전원총회가 성립하고 그 주주의 의사대로 결의될 것이므로 따로 총회소집절차가 필요 없고, 실제로 총회를 개최한 사실이 없더라도 1인 주주에 의하여 의결이 있었던 것으로 주주총회 의사록이 작성되었다면 결의가 있었던 것으로 볼 수 있어 형식적인 사유로 결의가 없었던 것으로 다툴 수 없다(대판 1993.6.11. 93다8702).(변호 23, 모의 20)
>
> ② **전원출석 주주총회** : 임시주주총회가 이사회결의 및 소집절차 없이 이루어졌더라도, 주주명부상 주주 전원이 참석하여 총회를 개최하는 데 동의하고 아무런 이의 없이 만장일치로 결의가 이루어졌다면 그 결의는 특별한 사정이 없는 한 유효하다(대판 1996.10.11. 96다24309).(모의 19)
>
> ③ **전원위임에 의한 의사록 작성** : 실제로 주주총회가 개최되지 않았더라도 주주 전원의 위임을 받아 의사록이 작성된 경우 유효한 주주총회결의가 있는 것으로 본다(대판 2008.6.26. 2008도1044).
>
> ④ **98% 지배주주** : 회사의 지배주주가 회사 주식의 98%를 소유하고 있다고 하여도 1인 회사가 아니므로 정관변경 결의 당시 실제의 소집절차와 결의절차를 거치지 아니한 채 주주총회의 결의가 있었던 것처럼 주주총회 의사록을 허위로 작성한 것은 결의가 존재한다고 볼 수 없을 정도로 중대한 하자가 있는 때에 해당하여 주주총회의 결의는 무효 내지 부존재한다고 보아야 한다(대판 2007.2.22. 2005다73020).

Ⅱ 주주총회의 의제·의안, 주주제안권, 의장

1. 주주총회 의제와 의안

- 의제 : 주주총회의 목적사항(예: 재무제표 승인, 이익배당, 이사선임 등).
- 주주총회에서 통지된 의제 이외의 사항을 결의하면 이는 주주총회 취소사유에 해당한다.
- 의안 : 의제의 구체적인 내용. 상법상 의안의 요령으로 규정(제433조 제2항 등).
- 당해 주주총회에서 의안의 변경이나 새로운 의안을 제안할 수 있다.
- 상장회사의 이사·감사 선임은 통지된 후보자 중에서만 선임할 수 있어 이사·감사 선임 의안의 변경이 허용되지 않는다(제542조의5).

> **관련판례**
>
> 주주총회 출석주주 전원이 의제 변경에 동의하더라도 총주주 참석이 아닌 한 결의 취소사유에 해당한다(대판 1979.3.27. 79다19).(모의 19)

2. 주주제안권(제363조의2) [변호 19, 20]

- 의결권 없는 주식을 제외한 발행주식 총수의 3% 이상 주식을 가진 주주는 이사에게 주주총회일 6주 전에 서면 또는 전자문서로 일정한 사항을 주주총회 목적사항으로 할 것을 제안할 수 있다.(변호 20, 24, 모의 14, 17, 20) 회의 목적사항에 추가하여 당해 주주가 제출하는 의안의 요령을 주주총회 소집통지에 기재할 것을 청구할 수 있다.
- 상장회사의 경우 주주제안을 할 수 있는 주주는 주식을 1%(0.5%: 자본금 1천억 원 이상) 이상 및 6개월 보유하여야 한다(제542조의6 제2항).
- 주주제안을 받은 이사는 이사회에 보고하고, 이사회는 주주제안 내용이 법령 또는 정관에 위배되는 경우 등 거부할 수 있는 경우가 아닌 한 주주총회의 의제 또는 의안으로 하여야 한다.(변호 20, 24, 모의 14, 17)

- 주주제안을 한 주주의 청구가 있으면 주주총회에서 그 내용을 설명할 기회를 주어야 한다.(변호 24, 모의 14, 17)
- 아래의 경우 이사회는 주주제안을 거부할 수 있다(상법 시행령 제12조).
  ① 주주총회에서 의결권의 10% 미만의 찬성밖에 얻지 못해 부결된 의안을 3년 내에 다시 제안, ② 개인 고충, ③ 소수주주권 관련, ④ 상장회사 임기 중 임원 해임에 관한 사항,(모의 14, 17, 20) ⑤ 회사가 실현할 수 없는 사항, 제안 이유가 명백히 거짓이거나 특정인의 명예를 훼손하는 사항.

3. 주주총회 의장

- 총회의 의장은 정관에서 정함이 없는 때에는 총회에서 선임한다(제366조의2 제1항).
- 소수주주가 법원의 허가를 받아 총회를 소집하는 경우, 주주총회의 의장은 법원이 이해관계인의 청구나 직권으로 선임할 수 있다(제366조 제2항).

> **관련판례**
> 주주총회에서 의안에 대한 심사를 마치지 아니한 채 법률상으로나 사실상으로 의사를 진행할 수 있는 상태에서 주주들의 의사에 반하여 의장이 자진하여 퇴장한 경우 주주총회가 폐회되었다거나 종결되었다고 할 수는 없고, 이 경우 퇴장 당시 회의장에 남아 있던 주주들이 임시의장을 선출하여 진행한 주주총회 결의도 적법하다 (대판 2001.5.15. 2001다12973).(모의 19)

Ⅲ 주주의 의결권

1. 의의

- 의결권은 1주마다 1개로 한다(제369조 제1항). 특정 주식에 여러 의결권이 부여되는 복수의결권 주식이나 거부권이 주어지는 황금주 같은 주식은 허용되지 않는다.(모의 21) 1주 1의결권은 강행규정이다. 의결권은 정관으로도 이를 박탈하거나 제한할 수 없다.

> **관련판례**
> ① 1주1의결권 원칙을 규정하고 있는 상법 제369조 제1항은 강행규정이므로 법률에서 위 원칙에 대한 예외를 인정하는 경우를 제외하고, 정관의 규정이나 주주총회결의 등으로 위 원칙에 반하여 의결권을 제한하더라도 효력이 없다(대판 2009.11.26. 2009다51820).(변호 14, 20, 모의 21)
> ② 최대주주가 아닌 주주와 그 특수관계인에 대하여도 일정 비율을 초과하여 소유하는 주식에 관하여 감사 선임 및 해임에 있어서 의결권을 제한하는 내용의 정관 규정이나 주주총회결의는 무효이다(대판 2009.11.26. 2009다51820).
> ③ ㉠ 주주권은 주식양도나 소각 등 법률에 정해진 사유에 의해서만 상실되고 당사자 간의 특약이나 주주권 포기만으로 상실되지 아니하며 특별한 사정이 없는 한 그 행사가 제한되지도 않는다. ㉡ 주주가 7년간 주주권 및 경영권을 포기하고 주식매매와 양도를 하지 않고 타인에게 정관에 따라 의결권 행사권한을 위임하기로 약정했다는 이유로, 그 주주가 의결권을 직접 행사할 수 없게 되었다고 볼 수 없다(대판 2002.12.24. 2002다54691).(변호 20, 21, 모의 18)

2. 의결권의 제한

- 회사가 정관이 정하는 바에 따라 의결권이 없거나 제한되는 종류주식을 발행하는 경우, 그러한 종류주식은 의결권을 행사할 수 없는 사항에 대하여 의결권이 배제·제한된다(제344조의3).

- 자기주식(제369조 제2항),(변호 16, 17, 모의 13, 19) 피참가회사 보유 참가회사 주식, 자회사 보유 모회사 주식은 의결권이 없으나, 해당 주식이 제3자에게 매각되는 경우 의결권은 부활된다.
- 특별이해관계인은 해당 결의사항에 대해 의결권이 없다.

3. 상호주의 의결권 제한 [모의 17, 19]

- 회사, 모회사 및 자회사 또는 자회사가 다른 회사의 발행주식총수의 10분의 1을 초과하는 주식을 가지고 있는 경우, 그 다른 회사가 가지고 있는 회사 또는 모회사의 주식은 의결권이 없다 (제369조 제3항),(변호 15, 모의 13, 17, 18, 19, 22)
- 다른 회사 발행주식총수의 10% 초과 주식 보유 여부는 발행주식총수를 기준으로 판단한다.
- 의결권이 배제, 제한되는 종류주식 및 의결권 없는 주식도 발행주식총수에 포함한다.

> **관련판례**
> ① 회사, 모회사 및 자회사 또는 자회사가 다른 회사 발행주식 총수의 10분의 1을 초과하는 주식을 가지고 있는지 여부는 '주식 상호소유 제한의 목적'을 고려할 때, 실제로 소유하고 있는 주식수를 기준으로 판단하여야 하며 주주명부상의 명의개서 여부와는 관계가 없다(대판 2009.1.30. 2006다31269).[모의 17]
> ② 상법상 기준일 제도는 일정한 날에 주주명부에 기재되어 있는 주주를 주주권을 행사할 자로 확정하기 위한 것일 뿐, 회사의 주주를 확정하는 기준이 아니므로, 기준일에는 상호주 요건에 해당하지 않더라도, 실제로 의결권이 행사되는 주주총회일에 위 요건을 충족하는 경우에는 상호소유 주식에 해당하여 의결권이 없다(대판 2009.1.30. 2006다31269).(모의 22)

- 회사가 다른 회사의 발행주식총수의 10분의 1을 초과하여 취득한 때에는 그 다른 회사에 대하여 지체 없이 이를 통지하여야 한다(제342조의3).(변호 15, 모의 14, 20)
- 통지의무 위반의 경우, 취득 주식에 대한 의결권이 부여되지 않는다.
- 주식을 담보로 취득한 경우와 개별 안건에 대한 의결권행사 대리권을 취득한 경우(대판 2001.5.15. 2001다12973) 통지의무가 적용되지 않는다.

4. 특별이해관계인 [모의 19, 22]

- 총회의 결의에 관하여 특별한 이해관계가 있는 자는 의결권을 행사하지 못한다(제368조 제3항).
- 특별이해관계가 있는 주주의 의결권의 수는 발행주식총수에 산입되고, 출석한 주주의 의결권의 수에는 산입되지 않는다(제371조 제2항).(모의 17)
- 예 : ① 이사책임 면제결의에서 그 이사인 주주, ② 영업양도·영업양수 결의에서 그 상대방인 주주, ③ 이사보수·퇴직금을 정하는 결의에서 그 이사인 주주,(모의 21) ④ 주주총회의 재무제표승인 후 2년 내에 이사와 감사 책임 추궁 결의를 하는 경우 당해 이사와 감사인 주주.(변호 17, 모의 20)
- ① 이사·감사의 선임·해임 결의,(변호 22, 모의 14, 22) ② 재무제표의 승인, ③ 합병과 같이 회사 지배와 관련되는 경우 특별이해관계인에 해당되지 않는다.[변호 20]

> **관련판례**
> 주주총회가 재무제표를 승인한 후 2년 내에 이사와 감사의 책임을 추궁하는 결의를 하는 경우 당해 이사와 감사인 주주는 회사로부터 책임을 추궁당하는 위치에 서게 되어 주주의 입장을 떠나 개인적으로 이해관계를 가지는 경우로서 그 결의에 관한 특별이해관계인에 해당한다(대판 2007.9.6. 2007다40000).

5. 감사 · 감사위원회 위원의 선임 · 해임시 의결권 제한

- 의결권 없는 주식을 제외한 발행주식의 총수의 3%를 초과하는 수의 주식을 가진 주주는 그 초과하는 주식에 관하여 감사 선임에 있어서는 의결권을 행사할 수 없다(제409조 제2항).(변호 14, 모의 21, 22) 정관으로 비율을 낮출 수는 있으나 높일 수는 없다(제409조 제2항).
- 3% 계산에 있어서 무의결권주식, 자기주식, 상호주 등 의결권이 없는 주식은 모두 제외된다.
- 상장회사 감사를 선임 또는 해임할 때에는 의결권 없는 주식을 제외한 발행주식총수의 3%를 초과하는 수의 주식을 가진 주주는 그 초과하는 주식에 관하여 의결권을 행사하지 못한다(제542조의12 제7항, 제4항).(변호 14, 23)

6. 의결권의 불통일행사(제368조의2)

- 주주가 2 이상의 의결권을 가지고 있는 경우 이를 통일하지 아니하고 행사할 수 있다.
- 주주는 주주총회일의 3일 전에 회사에 대하여 서면 또는 전자문서로 그 뜻과 이유를 통지하여야 한다.(모의 14, 17, 19, 23)
- 주주가 주식의 신탁을 인수하였거나 기타 타인을 위하여 주식을 가지고 있는 경우 외에는 회사는 주주의 의결권 불통일행사를 거부할 수 있다.

> **관련판례**
> 불통일행사통지가 주주총회 회일의 3일 전이라는 시한보다 늦게 도착하였더라도 회사가 스스로 총회 운영에 지장이 없다고 판단하여 이를 받아들이기로 하였다면, 주주평등원칙을 위반하거나 의결권행사 결과를 조작하기 위하여 자의적으로 이루어진 것이라는 등의 특별한 사정이 없는 한, 의결권 불통일행사를 위법하다고 볼 수는 없다(대판 2009.4.23. 2005다22701,22718).(변호 15, 모의 19)

7. 의결권의 대리행사

(1) 의의

- 주주는 대리인으로 하여금 그 의결권을 행사하게 할 수 있다(제368조 제2항).

> **관련판례**
> ① 주주의 자유로운 의결권 행사를 보장하기 위해 주주가 의결권 행사를 대리인에게 위임하는 것이 보장되더라도 주주 의결권행사를 위한 대리인 선임이 무제한적으로 허용되는 것은 아니고, 의결권 대리행사로 주주총회 개최가 부당하게 저해되거나 회사 이익이 부당하게 침해될 염려가 있는 등의 특별한 사정이 있는 경우 회사는 이를 거절할 수 있다(대판 2001.9.7. 2001도2917).(변호 13, 19, 21, 22, 모의 17, 18)
> ② 주주가 의결권을 불통일행사하기 위하여는 회일 3일 전에 회사에 서면으로 통지하여야 하고, 회사는 주주가 주식의 신탁을 인수하였거나 기타 타인을 위하여 주식을 가지고 있는 경우 외에는 의결권불통일행사를 거부할 수 있으므로, 주주가 위와 같은 요건을 갖추지 못한 채 의결권 불통일행사를 위하여 수인의 대리인을 선임하고자 하는 경우에는 회사는 이를 거절할 수 있다(대판 2001.9.7. 2001도2917).(변호 13, 19, 모의 17, 18)

(2) 대리인의 자격 [변호 13]

> **관련판례**
>
> ① 대리인 자격을 주주로 한정하는 정관 규정은 주주총회가 주주 이외의 제3자에 의하여 교란되는 것을 방지하여 회사 이익을 보호하는 취지에서 마련된 것으로서 합리적인 이유에 의한 상당한 제한으로 볼 수 있으므로 이를 무효라고 볼 수는 없다(대판 2009.4.23. 2005다22701,22718).(변호 18, 20)
> ② 대리인 자격을 주주로 한정하는 정관 규정이 있더라도 주주인 국가, 지방공공단체 또는 주식회사 소속 공무원, 직원 또는 피용자의 대리권 행사를 거부하게 되면 사실상 국가, 지방공공단체 또는 주식회사의 의결권 행사의 기회를 박탈하는 것과 같은 부당한 결과를 초래할 수 있으므로, 주주인 국가, 지방공공단체 또는 주식회사 소속 공무원, 직원 또는 피용자 등이 주주를 위한 대리인으로서 의결권을 대리행사 하는 것이 정관에 위반한 무효의 의결권 대리행사라고 할 수는 없다(대판 2009.4.23. 2005다22701,22718).(변호 18, 모의 17)
> ③ 법률행위 성질상 본인이 복대리금지 의사를 명시하지 않는 한, 복대리인의 선임에 묵시적인 승낙이 있는 것으로 보는 것이 타당하므로, 외국인 주주로부터 의결권 행사를 위임받은 상임대리인은 특별한 사정이 없는 한 제3자에게 의결권 대리행사를 재위임할 수 있다(대판 2009.4.23. 2005다22701,22718).(변호 13, 모의 17, 19, 23)

(3) 대리권의 범위 [변호 21]

> **관련판례**
>
> 주주권 행사는 포괄적으로 위임할 수 있고, 수임자는 위임자나 회사 재산에 불리한 영향을 미칠 사항에 관하여도 주주권을 행사할 수 있다(대판 1969.7.8. 69다688).(변호 13, 모의 14, 17, 21)

(4) 대리권 행사의 방법

- 대리인은 대리권을 증명하는 서면을 총회에 제출하여야 한다(제368조 제2항).

> **관련판례**
>
> ① 대리권을 증명하는 서면은 원본이어야 하고, 특별한 사정이 없는 한 사본은 해당하지 아니하고, 팩스본 위임장 역시 성질상 원본으로 볼 수 없다(대판 2004.4.27. 2003다29616).(변호 18, 모의 23)
> ② 실질주주인 변호사가 주주총회에서 실질주의 위임장 원본을 제출했다면, 변호사가 지참한 명의주의의 위임장과 인감증명서가 사본이더라도 의결권 대리행사가 제한되지 않는다(대판 1995.2.28. 94다34579).
> ③ '대리권을 증명하는 서면'이란 위임장을 일컫는 것으로서 회사가 위임장과 함께 인감증명서, 참석장 등을 요구하는 것은 대리인자격을 보다 확실하게 확인하기 위한 것일 뿐, 이러한 서류를 지참하지 않았더라도 주주 또는 대리인이 다른 방법으로 위임장의 진정성 내지 위임사실을 증명할 수 있다면 회사는 대리권을 부정할 수 없다. 회사가 주주 본인에 대하여 주주총회 참석장을 지참할 것을 요구하는 것 역시 주주 본인을 확실하게 확인하기 위한 것으로, 다른 방법으로 주주 본인임을 확인할 수 있는 경우에는 회사는 주주 본인의 의결권 행사를 거부할 수 없다(대판 2009.4.23. 2005다22701,22718).(변호 13, 15)

8. 서면투표, 전자투표

- 주주는 정관이 정한 바에 따라 총회에 출석하지 아니하고 서면으로 의결권을 행사할 수 있다(제368조의3 제1항).(변호 15, 23, 모의 17, 19, 20, 21) 이를 서면투표라 한다.
- 회사는 이사회결의로 주주가 총회에 출석하지 않고 전자적 방법으로 의결권을 행사할 수 있음을 정할 수 있다(제368조의4 제1항).(변호 21) 이를 전자투표라 한다.

- 서면투표는 정관 규정이 요구되나, 전자투표는 정관 규정 없이 이사회결의로 할 수 있다.(변호 15)
- 전자투표를 한 주주는 해당 주식에 대하여 의결권 행사를 철회하거나 변경하지 못한다는 종전 규정은 2020. 1. 29. 상법 시행령 개정으로 삭제되었다.(모의 14, 21, 22)
- 유한회사와 자본금총액 10억 원 미만의 소규모 주식회사에 인정되는 서면결의는 총회 자체를 개최하지 않는다(제363조 제4항, 제577조).

9. 이익공여의 금지(제467조의2) [모의 22]

- 회사는 누구에게든지 주주의 권리행사와 관련하여 재산상 이익을 공여할 수 없다.(모의 16)
- 회사가 특정 주주에게 ① 무상으로 재산상 이익을 공여하거나 ② 유상으로 재산상 이익을 공여하더라도 회사 이익이 공여 이익에 비하여 현저하게 적은 경우, 주주 권리행사와 관련하여 공여한 것으로 추정한다.
- 이익공여 금지 규정을 위반하고 재산상의 이익을 공여한 때에는 그 이익을 공여 받은 자는 이를 회사에 반환하여야 한다. 회사의 발행주식총수의 100분의 1 이상을 보유한 주주는 이익을 회사에 반환할 것을 청구할 수 있다.(모의 16)

> **관련판례**
> 甲회사의 이사회에서 정기주주총회에서 실시할 임원선임결의에 관한 사전투표시기를 정관에서 정한 날보다 연장하고 사전투표에 참여하거나 주주총회에서 직접 의결권을 행사하는 주주들에게 골프장 예약권과 상품교환권을 제공하기로 결의한 다음, 사전투표 등에 참여한 주주들에게 이를 제공하여 주주총회에서 종전 대표이사 乙 등이 임원으로 선임되자, 대표이사 후보자로 등록하였다가 선임되지 못한 주주 丙이 주주총회결의 부존재 또는 취소사유가 존재한다고 주장하면서 乙에 대한 직무집행정지가처분을 구한 경우, 위 주주총회결의는 정관을 위반하여 사전투표기간을 연장하고 사전투표기간에 전체 투표수의 약 67%에 해당하는 주주들의 의결권행사와 관련하여 사회통념상 허용범위를 넘어서는 위법한 이익이 제공됨으로써 주주총회결의 취소사유에 해당하는 하자가 있고, 위 가처분신청은 乙에 대한 직무집행정지가처분을 구할 피보전권리의 존재가 인정된다(대결 2014.7.11. 2013마2397).(모의 16, 18, 19, 21)
> 🖋 위 판례는 주주총회 사전투표가 허용된다는 점 또한 간접적으로 판시하고 있다.(모의 18)

Ⅳ 주주총회의 결의

1. 보통결의

- 상법 또는 정관에 달리 정한 경우 이외에 출석한 주주 의결권 과반수와 발행주식 총수 4분의 1 이상의 수로써 하는 결의를 말하며(제368조 제1항), 정관으로 결의요건을 가중할 수 있다.

> **관련판례**
> 반대주주의 거수로 반대주주의 수를 확인한 다음 그 이외에는 모두 찬성으로 간주하여 결의한 것은 주주총회 취소사유에 해당한다(대판 2001.12.28. 2001다49111).

2. 특별결의

(1) 의의

- 출석한 주주의 의결권의 3분의 2 이상의 수와 발행주식총수의 3분의 1 이상의 수로써 하는 결의를 말한다(제434조).

(2) 특별결의사항

① 정관변경(제434조), (변호 20, 모의 18, 19) ② 자본금감소(제438조), ③ 주식분할(제329조의2), ④ 합병(제522조), ⑤ 분할·분할합병(제530조의3), (변호 17) ⑥ 주식교환(제360조의3), ⑦ 주식이전(제360조의16), ⑧ 영업양도·영업양수(제374조), ⑨ 회사의 해산(제518조), (변호 19, 20) ⑩ 회사의 계속(제519조), ⑪ 이사·감사의 해임(제385조 제1항, 제415조), (변호 20, 모의 19) ⑫ 주식매수선택권의 부여(제340조의2), ⑬ 사후설립(제375조), ⑭ 제3자에 대한 전환사채·신주인수권부사채의 발행(제513조 제3항, 제516조의2 제4항), ⑮ 액면미달발행(제417조 제1항).

(3) 영업의 전부 또는 중요한 일부의 양도·양수 [변호 14, 모의 13, 18, 22, 23]

- 회사가 ㉠ 영업의 전부 또는 중요한 일부의 양도, ㉡ 회사의 영업에 중대한 영향을 미치는 다른 회사의 영업 전부 또는 일부의 양수, ㉢ 영업임대 또는 경영위임, 손익공유계약에 관한 행위를 하는 경우 주주총회 특별결의가 요구된다(제374조 제1항).
- 회사 총주주의 동의가 있거나 회사 발행주식총수의 90% 이상을 상대방이 소유하고 있는 경우 그 회사의 주주총회승인은 이사회승인으로 갈음할 수 있다(제374조의3 제1항). (모의 16)[모의 17]

> **관련판례**
> ① 상법 제374조 제1항 제1호는 주식회사가 영업의 전부 또는 중요한 일부의 양도행위 결정에 주주의 의사를 반영하도록 함으로써 주주의 이익을 보호하려는 강행법규이므로, 주식회사가 영업의 전부 또는 중요한 일부를 양도한 후 주주총회 특별결의가 없었다는 이유를 들어 스스로 그 약정의 무효를 주장하더라도 주주 전원이 그와 같은 약정에 동의한 것으로 볼 수 있는 등 특별한 사정이 인정되지 않는다면 위와 같은 무효 주장이 신의성실 원칙에 반한다고 할 수 없다. 회사의 주주 중 84%의 지분을 가진 주주들이 이 사건 양도계약에 동의하였다는 사정만으로는 회사의 무효 주장을 배척할 만한 특별한 사정이 있다고 볼 수 없다(대판 2018.4.26. 2017다288757). (변호 20, 23, 모의 18)[모의 18, 22]
> ② 주주가 회사 재산관계에 법률상 이해관계를 가진다고 볼 수 없고, 주주는 직접 제3자와의 거래관계에 개입하여 회사가 체결한 계약의 무효 확인을 구할 이익이 없다. 이는 회사가 영업전부 또는 중요한 일부를 양도하는 계약을 체결하는 경우에도 마찬가지이다(대판 2022.6.9. 2018다228462,228479).[모의 23]

(4) 중요한 재산의 처분 또는 담보제공 [변호 21, 모의 14, 16, 17, 19, 21]

> **관련판례**
> ① 단순한 영업용 재산의 양도는 주주총회 특별결의가 요구되지 않으나, 영업용 재산의 처분으로 회사 영업의 전부 또는 일부를 양도하거나 폐지하는 것과 같은 결과를 가져오는 경우에는 주주총회 특별결의가 요구된다(대판 2004.7.8. 2004다13717). (변호 17, 모의 14, 16, 20)
> ② 주식회사가 회사 존속의 기초가 되는 중요한 재산을 처분할 당시 이미 사실상 영업을 중단하고 있었던 상태라면 그 처분으로 인해 영업 전부 또는 일부가 폐지 또는 중단되었다고 할 수 없으므로 주주총회 특별결의가 없었다 하여 그 처분행위가 무효로 되는 것은 아니다(대판 1988.4.12. 87다카1662). (변호 17, 모의 13, 14, 16)
> ③ 영업의 중단이란 영업의 계속 포기, 일체의 영업활동의 중단으로 영업의 폐지에 준하는 상태를 말한다. 일시적 영업활동 중지는 영업의 중단에 해당하지 않는다(대판 1992.8.18. 91다14369).
> ④ 회사 중요재산에 대한 근저당권설정계약 체결에는 주주총회특별결의가 요구되지 않는다(대판 1971.4.30. 71다392).
> ⑤ 영업용재산 거의 전부를 매도담보로 제공하는 행위는 회사 영업의 전부 또는 중요한 일부를 양도 내지 폐지하는 결과를 초래하므로 주주총회의 특별결의를 거쳐야 한다(대판 1987.4.28. 86다카553).

3. 총회 결의요건 산정 (변호 22)

- 의결권이 없는 종류주식이나 의결권이 제한되는 종류주식(제344조의3 제1항)과 자기주식(제369조 제2항) 및 상호주(제369조 제3항)는 발행주식총수에 산입되지 않는다(제371조 제1항).
- 특별이해관계인 보유 주식, 감사 및 감사위원 선임 결의에서 의결권 없는 주식 제외 발행주식총수 3% 초과 주식은 출석 의결권 수에 산입되지 않는다(제371조 제2항).

> **관련판례**
>
> ① 감사의 선임에서 3% 초과 주식은 제371조의 규정에도 불구하고 제368조 제1항에서 말하는 발행주식총수에 산입되지 않는다.(변호 18, 21, 모의 20, 22)[모의 18] 이는 자본금 총액이 10억 원 미만이어서 감사를 반드시 선임하지 않아도 되는 주식회사라고 하여 달리 볼 것도 아니다(대판 2016.8.17, 2016다222996).
> ② 당사자 간에 주식귀속에 관하여 분쟁이 발생하여 진실한 주주라고 주장하는 자가 명의상 주주를 상대로 의결권의 행사를 금지하는 가처분의 결정을 받은 경우, 그 명의상의 주주는 주주총회에서 의결권을 행사할 수 없으나, 그가 가진 주식 수는 발행주식의 총수에는 산입된다(대판 1998.4.10, 97다50619).

4. 반대주주의 주식매수청구권 [변호 19, 21]

(1) 의의

- 주식교환, 주식이전, 영업양도·영업양수, 합병, 분할합병에 반대하는 주주(의결권이 없거나 제한되는 주주를 포함)는 주주총회 전에 회사에 서면으로 그 결의에 반대하는 의사를 통지한 경우 총회 결의일부터 20일 이내에 주식의 종류와 수를 기재한 서면으로 회사에 대해 자기가 소유한 주식의 매수를 청구할 수 있다(제374조의2 제1항).(변호 14, 16, 모의 16, 17, 18)
- 간이합병(제527조의2),(모의 16) 간이분할합병(제530조의11 제2항), 간이주식교환(제360조의5 제2항)의 경우에도 사전에 반대의사를 서면통지 한 주주에게는 주식매수청구권이 인정된다.
- 간이합병 등 주주총회가 개최되지 않는 경우, 반대주주는 간이합병 등의 공고 또는 통지를 한 날부터 2주가 경과한 날부터 20일 이내에 주식매수청구권 행사할 수 있다(제522조의3 제2항).
- 소규모(흡수)합병(제527조의3 제5항), 소규모분할(흡수)합병(제530조의11 제2항), 소규모주식교환(제360조의10 제7항)의 경우, 존속회사(완전모회사)의 주주에게는 주식매수청구권이 인정되지 않는다.(모의 16)
- 정관변경, 자본금감소, 분할, 해산에 대한 주주총회결의에 대해서는 반대주주의 주식매수청구권이 인정되지 않는다.(변호 14, 모의 16)

(2) 반대주주

- 반대주주가 주주총회에 출석하지 않아도 주식매수청구권이 인정된다.(변호 14)
- 반대주주가 주주총회에 출석하여 찬성투표를 한 경우 주식매수청구권이 인정되지 않는다.

> **관련판례**
>
> 반대주주가 주식매수청구권 행사 전에 제3자에게 주식을 양도한 경우 양도인과 양수인 모두 주식매수청구권 행사할 수 없다(대판 2010.7.22, 2008다37193).

(3) 절차

- 회사는 반대주주의 주식매수청구권이 인정되는 주주총회의 소집 통지시 주식매수청구권의 내용 및 행사방법을 명시하여야 한다(제374조 제2항).
- 회사가 주식매수청구권의 내용 및 행사방법을 명시하지 않은 경우, 반대주주는 반대의사의 사전 통지 없이도 주식매수청구권을 행사할 수 있다.(모의 16)
- 회사는 매수청구기간이 종료하는 날부터 2개월 이내에 그 주식을 매수하여야 한다(제374조의 2 제2항).(변호 23)[변호 19]

(4) 주식이전 및 매수가액 결정

- 주식 이전 시기는 매매대금 지급시점이다. 주식매수청구를 한 주주도 대금 지급전에는 주주총회결의 무효, 취소의 소를 제기할 수 있다.(모의 18)
- 주식의 매수가액은 주주와 회사 간 협의에 의하여 결정한다(제374조의2 제3항).[변호 19] 매수청구기간 종료일부터 30일 이내에 협의가 이루어지지 않은 경우 회사 또는 주주는 법원에 대하여 매수가액의 결정을 청구할 수 있다(제374조의2 제4항). 법원이 주식 매수가액을 결정하는 경우 공정한 가액으로 산정하여야 한다(제374조의2 제5항).(변호 16)

> **관련판례**
> ① 주식매수청구권은 형성권으로, 주주가 매수청구를 하면 매매계약이 성립되고, 회사는 매수청구기간 종료일로부터 2개월 이내에 대금을 지급해야 한다(대판 2011.4.28. 2009다72667).
> ② 매수청구기간 종료일로부터 2개월 내에 회사와 반대주주 사이에 매수가액이 확정되지 않은 경우 회사는 매수청구기간의 종료일로부터 2개월이 경과한 시점부터 지연손해금을 지급하여야 한다(대판 2011.4.28. 2010다94953).(변호 16)
> ③ 합병 또는 영업양도에 반대하는 주주가 회사에 비상장 주식의 매수를 청구하는 경우, 비상장주식의 거래에 있어서 그에 관한 객관적 교환가치가 적정하게 반영된 거래의 실례가 있는 경우 그 거래가격을 시가로 보아 가액을 평가하여야 하나,(변호 16) 그러한 거래사례가 없으면 비상장주식의 평가에 관하여 보편적으로 인정되는 여러 평가방법을 활용하되, 어느 한 가지 평가방법이 항상 적용되어야 한다고 단정할 수 없고, 회사의 상황이나 업종 특성 등을 종합적으로 고려하여 공정한 가액을 산정하여야 한다(대결 2006.11.24. 2004마1022).

Ⅴ 주주총회결의의 하자

1. 소의 원인

(1) 결의취소의 소 [변호 21, 모의 15, 16, 19, 21]

- 총회의 소집절차 또는 결의방법이 법령 또는 정관에 위반하거나 현저하게 불공정한 때 또는 그 결의내용이 정관에 위반한 때 주주·이사 또는 감사는 결의일로부터 2월 내에 결의취소의 소를 제기할 수 있다(제376조).(변호 12, 23, 모의 13, 14, 16, 17, 21)
- 소집절차의 하자 : ① 이사회결의가 없거나 무효, ② 소집권자가 아닌 자에 의한 주주총회 소집, ③ 소집통지의 누락 및 통지방법의 하자(㉠ 일부 주주 소집통지 누락,(모의 22)[변호 24] ㉡ 소집통지기간 위반, ㉢ 구두, 전화, 문자메시지에 의한 소집통지, ㉣ 목적사항 통지누락 등),(변호 22)
- 결의방법의 하자 : 의결권 없는 자(특별이해관계인 등)의 의결권 행사,(모의 21(2)) 의결권 대리행사 하자, 주주 아닌 자의 주주총회 출석 및 의결권 행사, 부적법한 의결권 불통일 행사.

(2) 결의무효확인의 소 [모의 18]

- 총회의 결의의 내용이 법령에 위반한 경우 이는 결의무효사유에 해당한다(제380조).
- 주주평등원칙 위반, 배당가능이익 초과 이익배당결의, 주주총회 전속적 결의사항 위임 결의, 주주총회 권한이 아닌 사항에 대한 결의, 선량한 풍속 기타 사회질서에 반하는 내용의 결의, 주주에게 추가출자의무를 지우는 등 주주의 유한책임과 모순되는 결의.(모의 19)

(3) 결의부존재확인의 소 [변호 12, 모의 16, 17]

- 총회의 소집절차 또는 결의방법에 총회결의가 존재한다고 볼 수 없을 정도의 중대한 하자가 있는 경우 이는 결의부존재확인의 사유에 해당한다(제380조).(변호 20)
- 대부분 주주에 대한 소집통지 누락, 이사회결의 없이 소집권한 없는 자가 일부 주주에게만 구두 소집통지, 유효한 주주총회 종료 이후 일부 주주에 의한 결의, 결의참여자 대부분이 주주가 아닌 경우, 실제 주총이 없었음에도 지배주주(98%)가 허위로 의사록을 작성한 경우.(모의 19)

(4) 부당결의 취소 · 변경의 소

- 특별이해관계가 있어 의결권을 행사할 수 없었던 주주는 해당 결의가 현저하게 부당하고 자신이 의결권을 행사하였더라면 이를 저지할 수 있었을 때에는 그 결의일로부터 2월 이내에 결의취소의 소 또는 변경의 소를 제기할 수 있다(제381조).

2. 소의 성질

- 결의취소의 소와 부당결의 취소·변경의 소는 형성의 소이며, 판결로 취소되기 전까지 해당 결의는 유효하다.
- 2개월의 제소기간이 경과하면 확정적으로 유효하며, 소에 의해 결의가 취소되기 전까지는 결의가 유효하지 않다는 점을 다른 소송의 공격방어방법으로 주장할 수 없다.(모의 20)

> **관련판례**
>
> 주주총회결의의 효력이 제3자 사이의 소송에 있어 선결문제로 된 경우에는 당사자는 언제든지 당해 소송에서 주주총회결의가 처음부터 무효 또는 부존재하다고 다투어 주장할 수 있고, 반드시 먼저 회사를 상대로 제소하여야만 하는 것은 아니다. 이와 같이 제3자간의 법률관계에 있어서는 상법 제380조, 제190조는 적용되지 않는다(대판 1992.9.22. 91다5365).(변호 20, 23, 모의 18, 19, 20, 22(2))

3. 소의 원고

(1) 결의취소의 소 - 주주, 이사, 감사

- 주주명부상 주주, 의결권 없는 주주 및 결의찬성 주주도 원고가 될 수 있다.
- 결의 당시 주주가 아니었더라도 소 제기 당시 주주이면 소를 제기할 수 있다.(모의 16, 21)
- 원고 적격은 변론종결시까지 유지되어야 하므로 소 제기 이후 주주가 사망하거나 주식을 양도한 경우 등 더 이상 주주가 아니게 된 경우 소는 각하된다.

> **관련판례**
>
> ① 총회에 참석하여 의결권을 행사한 주주도 다른 주주에 대한 소집절차의 하자를 이유로 취소의 소를 제기할 수 있다(대판 2003.7.11. 2001다45584).(변호 12, 14, 21, 모의 13, 14, 16, 18, 19, 23)
> ② 주주총회결의 취소소송의 계속 중 원고가 주주로서의 지위를 상실하면 그 취소를 구할 당사자적격을 상실하고, 이는 원고가 자신의 의사에 반하여 주주의 지위를 상실하였다 하여 달리 볼 것은 아니다(대판 2016.7.22. 2015다66397).(변호 21, 22, 24, 모의 17, 20)

(2) 결의무효, 부존재확인의 소 [모의 16, 18]

- 누구나 확인의 이익이 있는 한 소를 제기할 수 있다.(변호 12, 17, 모의 22)
- 다른 주주는 주주총회결의 무효확인 소송에 참가하거나 별개의 소를 제기할 수 있다.(변호 12)

> **관련판례**
>
> ① 명의개서미필 주주의 채권자 또는 제권판결이 취소되지 않은 주식의 선의취득자에게는 주주총회결의무효확인의 이익이 없다(대판 1991.5.28. 90다6774).(모의 18, 19)
> ② 주식양도인이 양수인에게 주권을 교부할 의무를 이행하지 않고 있다가 양수인이 개최한 임시주주총회결의의 부존재를 주장하는 것은 의무불이행상태를 권리로 주장하는 것이어서 신의성실의 원칙에 반한다(대판 1991.12.13. 90다카1158).
> ③ 퇴임한 이사는 후임이사 선임 주주총회결의 부존재확인을 구할 법률상 이익이 있다(대판 1992.8.14. 91다45141).(변호 20, 22, 모의 14, 19, 22)

④ 주주총회의 임원선임결의의 부존재나 무효확인 또는 취소를 구하는 소에 있어서 결의로 선임된 임원들이 모두 취임하지 않거나 사임하고 새로운 주주총회 결의에 의하여 후임 임원이 선출되어 선임 등기까지 마쳐진 경우라면 새로운 주주총회결의가 무권리자에 의하여 소집된 총회라는 하자 이외의 다른 절차상, 내용상의 하자로 인하여 부존재 또는 무효임이 인정되거나 결의가 취소되는 등의 특별한 사정이 없는 한 당초의 임원선임결의에 어떠한 하자가 있었더라도 그 결의의 부존재나 무효확인 또는 취소를 구할 소의 이익은 없다(대판 2008.8.11. 2008다33221).(변호 14, 모의 19, 21, 22)

⑤ 주주총회결의가 채권자의 권리 또는 법적 지위를 구체적으로 침해하고 직접 영향을 미치는 경우 채권자에게 주주총회결의 무효 또는 부존재확인을 구할 이익이 있다(대판 1992.8.14. 91다45141).(모의 13, 14, 15, 18)

⑥ 피고 회사의 이사 감사를 선임하는 것과 상호변경 및 회사 사업목적의 추가에 관한 주주총회 결의에 의하여 채권자인 원고들의 권리나 법적지위가 현실적으로 직접 어떠한 구체적인 영향을 받았다고 할 수 없다(대판 1980.10.27. 79다2267).

⑦ 주주총회결의부존재 또는 무효 확인의 소를 여러 사람이 공동으로 제기한 경우 당사자 1인의 승소판결의 효력이 다른 공동소송인에게 미치므로 공동소송인 사이에 소송법상 합일확정의 필요성이 인정되고, 상법상 회사관계소송에 관한 전속관할이나 병합심리 규정(상법 제186조, 제188조)도 당사자 간 합일확정을 전제로 하는 점 및 당사자의 의사와 소송경제 등을 함께 고려하면, 이는 민사소송법 제67조가 적용되는 필수적 공동소송에 해당한다(대판 2021.7.22. 2020다284977 전합). → 별개의견(통상공동소송)(변호 23, 모의 22(2))

4. 소의 피고

• 회사만이 피고가 될 수 있다.(변호 14, 17, 20, 모의 13, 14, 19, 20)

> **관련판례**
>
> 회사의 이사선임 결의가 무효 또는 부존재임을 주장하여 그 결의의 무효 또는 부존재확인을 구하는 소송에서 회사를 대표할 자는 현재 대표이사로 등기되어 그 직무를 행하는 자라고 할 것이고, 그 대표이사가 무효 또는 부존재확인청구의 대상이 된 결의에 의하여 선임된 이사라고 할지라도 그 소송에서 회사를 대표할 수 있는 자임에는 변함이 없다(대판 1983.3.22. 82다카1810).(변호 19, 24, 모의 16, 21)

5. 제소기간 [모의 16]

• 결의취소의 소와 부당결의 취소·변경의 소는 결의일로부터 2개월 이내에 제기하여야 한다(제376조 제1항, 제381조 제1항).(변호 23) 여러 안건에 대한 결의가 된 경우 각 안건별로 제소기간을 산정하여야 한다.(변호 19, 22, 23, 모의 16, 18, 19, 20, 22) (등기일부터 기산 X)(모의 16)

• 결의무효·부존재 확인의 소는 제소기간에 제한이 없다.(모의 22(2))

> **관련판례**
>
> ① 주주총회에서 이사선임결의와 감사선임결의가 각각 이루어진 뒤 이사선임결의 취소를 결의일로부터 2개월 이내에 제기하였더라도 결의일로부터 2개월 후에 감사선임결의 취소를 추가적으로 병합하는 것은 제소기간 경과로 부적법하다(대판 2010.3.11. 2007다51505).(변호 14, 21, 23, 모의 16)
>
> ② 부존재확인청구를 결의일로부터 2개월 이내에 제기한 후 항소심에서 결의취소청구를 예비적으로 추가한 경우 부존재확인의 소를 취소의 소 제기기간 내에 제기한 이상 제소기간 경과 후 결의취소의 소를 변경·추가한 경우에도 제소기간 준수가 인정된다(대판 2003.7.11. 2001다45584).(변호 12, 19, 21, 모의 14, 15, 16, 17, 18, 19, 21, 22, 23)

6. 소송물 및 소송절차

- 하자있는 결의의 효력을 해소하고자 하는 점에서 소송목적과 이익이 같으므로 소송물은 동일하다고 보는 견해가 일반적이다.
- 주주총회 하자 소송의 관할법원은 회사 본점 소재지 지방법원이다(제376조 제2항, 제186조). (모의 22)
- 수개의 소가 제기된 경우에는 병합하여야 한다(제376조 제2항, 제188조). (변호 14, 모의 14)
- 주주가 결의취소의 소를 제기한 경우 법원은 회사 청구에 의해 상당한 담보제공을 명할 수 있으며, 주주가 이사 또는 감사인 때에는 그러하지 아니하다(제377조 제1항). (모의 20)
- 원고는 화해를 할 수 없고, 피고의 청구 인낙, 화해 또는 조정은 허용되지 않는다. (변호 24)
- 소의 취하는 법원의 허가 없이 자유롭게 할 수 있다. (모의 14)

> **관련판례**
> 주주총회결의의 부존재·무효를 확인하거나 결의를 취소하는 판결이 확정되면 제3자에게도 효력이 미치므로, 주주총회결의 하자를 다투는 소에서 청구의 인낙이나 그 결의의 부존재·무효를 확인하는 내용의 화해·조정은 할 수 없고, 이러한 내용의 청구인낙 또는 화해·조정이 이루어졌다 하여도 그 인낙조서나 화해·조정조서는 효력이 없다(대판 2004.9.24. 2004다28047). (변호 17, 모의 14, 20)

7. 재량기각

- 결의취소의 소가 제기된 경우에 결의 내용, 회사의 현황과 제반사정을 참작하여 그 취소가 부적당하다고 인정한 때에는 법원은 청구를 기각할 수 있다(제379조). (변호 23, 모의 13, 16, 18, 20, 21, 22)
- 결의무효 및 부존재확인의 소송에서는 재량기각이 허용되지 않는다. (변호 12, 모의 14, 19, 22)

> **관련판례**
> 재량기각은 결의절차에 하자가 있는 경우에 결의를 취소하여도 회사 또는 주주에게 이익이 되지 않든가 이미 결의가 집행되었기 때문에 이를 취소하여도 아무런 효과가 없음에도 결의를 취소하는 경우 발생할 수 있는 회사의 손해나 일반거래의 안전을 해치는 것을 막고 결의취소 소의 남용을 방지하려는 취지이고, 위와 같은 사정이 인정되는 경우에는 당사자의 주장이 없더라도 법원이 직권으로 재량기각 할 수도 있다(대판 2003.7.11. 2001다45584). (변호 23, 모의 13, 16, 18, 20, 21)

8. 판결의 효력

- 원고 승소 판결은 대세효와 소급효를 가진다. (변호 17, 모의 13, 14, 15, 19, 20)
- 원고 패소 판결은 대세효가 없으며, 다른 제소권자가 다른 소를 제기할 수 있다. (변호 20, 모의 13)

> **관련판례**
> 이사선임 주주총회결의에 대한 취소 판결이 확정된 경우, 해당 주주총회결의로 이사로 선임된 후 이사회에서 대표이사로 선정된 자가 해당 주주총회결의에 대한 취소판결이 확정되기 전에 한 행위는 대표권 없는 자가 한 행위로서 무효이다. (변호 21, 24, 모의 14, 19) 이사 선임 주주총회결의에 대한 취소판결이 확정되어 소급하여 무효가 되더라도 그 선임 결의가 취소되는 대표이사와 거래한 상대방은 부실등기 적용 내지 유추적용에 의하여 보호될 수 있으며, 주식회사의 법인등기의 경우 회사는 대표자를 통하여 등기를 신청하지만 등기신청권자는 회사 자체이므로 취소되는 주주총회결의에 의하여 이사로 선임된 대표이사가 마친 이사 선임 등기는 부실등기에 해당된다(대판 2004.2.27. 2002다19797). (변호 24, 모의 19, 22)

9. 하자있는 주주총회와 관련된 별도 소송이 존재하는 경우

- 합병등기 이전에는 합병결의 자체를 다투는 소를 제기할 수 있으며, 합병등기 이후 합병무효의 소로 변경하여야 한다.
- 주주총회결의 취소 사유에 해당하는 경우, 취소의 소 제기기간 내에 합병등기가 되지 않았다면 제소기간 내에 결의취소의 소를 제기하고, 등기 이후 합병무효의 소로 변경하여야 한다. 6개월의 제소기간 제한은 없다.
- 주주총회결의 무효·부존재 사유에 해당하는 경우, 합병무효의 소 제기기간만 문제되며, 합병무효의 소 제기기간 이후에는 결의무효·부존재 소도 제기할 수 없다.

> **관련판례**
> ① 주주총회의 자본감소 결의에 취소 또는 무효의 하자가 있다고 하더라도 그 하자가 극히 중대하여 자본감소가 존재하지 아니하는 정도에 이르는 등의 특별한 사정이 없는 한 자본감소의 효력 발생 후에는 자본감소 무효의 소만 제기할 수 있다(대판 2010.2.11. 2009다83599).(모의 15)
> ② 합병효력이 발생한 후에는 합병무효의 소를 제기하는 외에 합병을 결의한 주주총회의 합병결의 무효확인 청구만을 독립된 소로서 구할 수는 없다(대판 1993.5.27. 92누14908).(변호 21, 23, 모의 17, 21)

Ⅵ 종류주주총회

- 정관을 변경함으로써 어느 종류의 주주에게 손해가 발생하는 경우(제435조 제1항),(변호 18, 모의 17) 회사의 분할 또는 분할합병, 주식교환, 주식이전 및 회사의 합병으로 인하여 어느 종류의 주주에게 손해를 미치게 될 경우(제436조) 종류주주총회가 요구된다.(변호 18)
- 종류주주총회 결의는 출석 주주 의결권의 2/3 이상의 수와 그 종류 발행주식 총수의 1/3 이상의 수로써 한다(제435조 제2항). 결의요건의 가중과 감경은 허용되지 않는다고 본다.(변호 18)
- 종류주주총회 관련 규정은 강행규정이며, 종류주주총회를 생략하는 정관규정은 무효이다.

> **관련판례**
> ① '어느 종류의 주주에게 손해를 미치게 될 때'란, 어느 종류의 주주에게 직접적으로 불이익한 경우는 물론, 외견상 형식적으로는 평등하더라도 실질적으로 불이익한 경우도 포함되며, 어느 종류주주의 지위가 정관변경에 따라 유리하면서 동시에 불리한 경우도 종류주주에게 손해를 미치게 될 때에 해당된다.(변호 18, 모의 17)
> ② 종류주주총회 결의는 정관변경의 효력이 발생하기 위한 특별요건이므로 정관변경에 관한 종류주주총회 결의가 이루어지지 않았다면 정관변경의 효력이 발생하지 않을 뿐 주주총회결의 효력에는 아무런 하자가 없다.(변호 18, 모의 17) 정관 변경결의와 관련된 종류주주총회 개최를 회사가 거부하는 경우 종류주주는 정관변경이 무효라는 확인을 구하면 되고 정관변경 주주총회결의가 불발효 상태에 있다는 확인을 구할 필요는 없다(대판 2006.1.27. 2004다44575,44582).(모의 18, 19)[모의 18, 21]

제5관 이사, 이사회, 대표이사, 감사

Ⅰ 이사의 지위, 선임, 임기 및 종임

1. 이사의 지위 및 정원

- 이사는 이사회 구성원으로 회사 업무집행 의사결정에 참여하고 대표이사의 업무집행을 감독한다.
- 이사는 사내이사, 사외이사, 상무에 종사하지 아니하는 이사로 나뉜다(제317조 제2항 제8호).
- 소규모회사를 제외하고, 이사는 3명 이상이어야 한다(제383조 제1항).
- 상장회사는 이사 총수의 4분의 1 이상을 사외이사로 선임해야 한다(제542조의8 제1항 본문).
- 자산총액 2조원 이상 대규모 상장회사는 사외이사를 3인 이상 및 이사 총수 과반수로 해야 한다 (제542조의8 제1항 단서, 시행령 제34조 제2항).

2. 이사의 선임기관

- 이사는 주주총회에서 선임된다(제382조 제1항).
- 정관으로도 제3자에게 위임하거나 주주총회 권한을 제한할 수 없고 그러한 규정은 무효이다.
- 상장회사가 이사 선임을 목적으로 하는 주주총회를 소집통지 또는 공고하는 경우 이사 후보자의 성명, 약력, 추천인 등 후보자에 관한 사항을 통지하거나 공고하여야 한다(제542조의4 제2항).
- 상장회사는 통지하거나 공고한 후보자 중에서 이사를 선임하여야 한다(제542조의5).
- 대규모 상장회사는 사외이사 후보 추천을 위해 사외이사 후보추천위원회를 설치하고, 사외이사 후보추천위원회의 추천을 받은 자 중에서 사외이사를 선임해야 하며, 주주제안권을 보유한 주주가 총회일의 6주 전에 추천한 사외이사 후보를 포함시켜야 한다(제542조의8 제4항, 제5항).

3. 집중투표 [변호 20]

(1) 의의

- 2인 이상의 이사 선임을 목적으로 하는 총회소집이 있는 경우 의결권 없는 주식을 제외한 발행 주식총수의 3% 이상에 해당하는 주식을 가진 주주는 정관에서 달리 정하는 경우를 제외하고 회사에 대해 집중투표로 이사를 선임할 것을 청구할 수 있다(제382조의2 제1항).(변호 21, 24)
- 집중투표의 청구가 있는 경우 이사 선임결의에 관하여 각 주주가 1주마다 선임할 이사 수와 동일한 수의 의결권을 가지고 그 의결권을 이사 후보자 1인 또는 수인에게 집중하여 투표하는 방법으로 행사할 수 있다(제382조의2 제3항).(변호 13, 21, 모의 14, 18, 19)
- 소수주주의 주식 보유요건은 ① 비상장회사와 자산총액 2조원 미만의 상장회사의 경우 의결권 있는 발행주식총수의 3% 이상, ② 자산총액 2조원 이상 상장회사의 경우 의결권 있는 발행주식 총수의 1% 이상이다(제542조의7 제2항).(변호 17, 모의 16, 18, 19) 주주총회일 6개월 전부터 계속 주식 보유는 요건이 아니다.(모의 16)
- 이사 후보를 추천하는 주주제안은 집중투표 청구와 별도로 제출하여야 한다.(변호 13, 모의 18)

(2) 집중투표청구 및 집중투표배제

- 비상장회사의 경우 주주는 주주총회일의 7일 전까지 서면 또는 전자문서로 집중투표를 청구하 여야 한다(제382조의2 제2항).(변호 24)

- 상장회사의 경우 주주는 주주총회일의 6주 전까지 서면 또는 전자문서로 청구하여야 한다 (제542조의7 제1항).(변호 13, 모의 14, 18, 19)
- 대규모 상장회사가 정관으로 집중투표를 배제하거나 배제된 정관을 다시 변경하려는 경우, 의결권 있는 발행주식총수 3%를 초과하는 주식을 가진 주주는 초과하는 주식에 관해 의결권을 행사할 수 없으며, 다만 정관에서 이보다 낮은 주식 보유비율을 정할 수 있다(제542조의7 제3항).
- 대규모 상장회사가 주주총회 목적사항으로 집중투표 배제에 관한 정관 변경 의안을 상정하려는 경우, 다른 의안과 별도로 상정하여 의결하여야 한다(제542조의7 제4항).(변호 22)

(3) 집중투표의 경우 이사선임

- 집중투표로 이사를 선임하는 경우 투표의 최다수를 얻은 자부터 순차적으로 이사에 선임된다 (제382조의2 제4항).(변호 13, 21, 모의 18, 19)

> **관련판례**
> ① 상법 제368조 제1항은 주주총회 성립에 관한 의사정족수를 따로 정하고 있지는 않지만, 보통결의 요건을 정관에서 달리 정할 수 있음을 허용하고 있으므로, 정관에 의하여 의사정족수를 규정할 수 있다. (모의 19) 정관에서 이사의 선임을 발행주식 총수의 과반수에 해당하는 주식을 가진 주주의 출석과 출석주주의 의결권의 과반수에 의한다고 규정하는 경우, 이사의 선임을 집중투표의 방법으로 하는 경우에도 정관에 규정한 의사정족수는 충족되어야 한다.(변호 19, 21, 22, 23, 24, 모의 18, 19)
> ② 전체 주주들이 주주총회에 출석한 이상 그 중 일부가 투표하지 않고 기권했더라도 주주 전원이 출석한 것이므로 의사정족수 요건이 충족된다(대판 2017.1.12. 2016다217741).(변호 21, 모의 19)

4. 이사의 임기와 종임

- 회사가 이사의 임기를 정하는 경우 3년을 초과할 수 없다(제383조 제2항).
- 이사의 임기는 정관으로 그 임기 중의 최종의 결산기에 관한 정기주주총회의 종결에 이르기까지 연장할 수 있다(제383조 제3항).(모의 22)

> **관련판례**
> ① 주주총회에서의 이사, 감사 선임결의와 피선임자의 승낙만 있으면, 피선임자는 대표이사와 임용계약을 체결하였는지 관계없이 이사와 감사의 지위를 취득한다(대판 2017.3.23. 2016다251215 전합).(변호 20, 22, 23, 모의 19, 21)
> ② 이사의 임기를 정한 경우란 정관 또는 주주총회 결의로 임기를 정하고 있는 경우를 말하고, 이사의 임기를 정하지 않은 때에는 이사 임기의 최장기인 3년을 경과하지 않는 동안에 해임되더라도 손해배상을 청구할 수 없고,(모의 16) 정관에서 이사의 임기는 3년을 초과하지 못한다고 규정한 것이 이사의 임기를 3년으로 정하는 취지라고 해석할 수 없다(대판 2001.6.15. 2001다23928).(변호 16, 모의 14)
> ③ 임기 중의 최종의 결산기에 관한 정기주주총회라 함은 임기 중에 도래하는 최종의 결산기에 관한 정기주주총회를 말하고, 임기 만료 후 최초로 도래하는 결산기에 관한 정기주주총회(모의 22) 또는 최초로 소집되는 정기주주총회를 의미하는 것은 아니다. 위 규정은 이사의 임기가 최종 결산기의 말일과 당해 결산기에 관한 정기주주총회 사이에 만료되는 경우에 정관으로 그 임기를 정기주주총회 종결일까지 연장할 수 있도록 허용하는 규정이라고 보아야 한다(대판 2010.6.24. 2010다13541).(모의 16, 19, 20, 22)
> ④ 이사가 그 지위에 기해 주주총회결의취소의 소를 제기한 뒤 소송계속 중 사망하였거나 사실심 변론종결 후에 사망했다면, 소송은 이사의 사망으로 중단되지 않고 그대로 종료된다(대판 2019.2.14. 2015다255258).(변호 21, 모의 20, 21, 22, 23)

Ⅱ 이사의 해임, 퇴임이사, 일시이사 및 이사직무대행자

1. 주주총회 결의에 의한 이사해임

- 이사는 언제든지 주주총회의 특별결의로 해임할 수 있다(제385조 제1항 본문).
- 이사의 임기를 정한 경우에 정당한 이유 없이 임기만료 전에 해임한 때에는 이사는 회사에 대해 해임으로 인한 손해배상을 청구할 수 있다(제385조 제1항 단서).[모의 18]
- 임기를 정하지 않은 경우 회사는 손해배상책임을 부담하지 않는다.(모의 22)

> **관련판례**
> ① 이사 해임에 대한 정당한 이유란 주주와 이사의 불화 등 주관적인 신뢰관계 상실로는 부족하고,(모의 18) ㉠ 이사가 법령이나 정관에 위배된 행위를 하였거나 ㉡ 정신적·육체적으로 경영자의 직무를 감당하기 현저하게 곤란한 경우, ㉢ 중요한 사업계획 수립이나 추진에 실패함으로써 경영능력에 대한 근본적인 신뢰관계가 상실된 경우 등 이사가 경영자로서 업무를 집행하는 데 장해가 될 객관적 상황이 발생한 경우를 의미한다(대판 2004.10.15. 2004다25611).
> ② 이사 해임에 정당한 이유가 있는지는 해임결의 당시 객관적으로 존재하는 사유를 참작하여 판단할 수 있고, 주주총회에서 해임사유로 삼거나 해임결의시 참작한 사유에 한정되지 않는다. 해임결의 당시 이미 발생한 이사의 경업금지의무 위반행위는 해임사유에 해당하므로 주주총회에서 해임사유로 삼지 않았더라도 이를 이사 해임에 정당한 이유가 있었는지를 판단하는 데에 참작할 수 있다(대판 2023.8.31. 2023다220639).
> ③ 이사 해임에 대한 정당한 이유의 존부에 관한 입증책임은 손해배상을 청구하는 이사가 부담한다(대판 2006.11.23. 2004다49570).(변호 23, 모의 14, 22)
> ④ 퇴임이사는 새로 선임된 이사가 취임하거나 일시 이사의 직무를 행할 자가 선임되면 별도의 주주총회 해임결의 없이 이사로서의 권리의무를 상실한다. 따라서 상법 제385조 제1항에서 해임대상으로 정하고 있는 '이사'에는 퇴임이사는 포함되지 않는다(대판 2021.8.19. 2020다285406).(변호 23)
> ⑤ 법인의 정관에 이사 해임사유에 관한 규정이 있는 경우 이사의 중대한 의무위반 또는 정상적인 사무집행 불능 등의 특별한 사정이 없는 이상 법인은 정관에서 정하지 않은 사유로 이사를 해임할 수 없다. 이때 정관에서 정한 해임사유가 발생하였다는 요건 외에 법인과 이사 사이의 신뢰관계가 더 이상 유지되기 어려울 정도에 이르러야 한다는 요건이 추가로 충족되어야 하는 것은 아니다(대판 2024.1.4. 2023다263537). 🖎 재단법인 이사에 관한 판례

2. 소수주주의 이사해임청구 (변호 19, 20, 21, 모의 13, 21)[모의 17, 21]

- 이사가 직무에 관하여 부정행위 또는 법령이나 정관에 위반한 중대한 사실이 있음에도 불구하고 주주총회에서 그 해임을 부결한 경우 발행주식총수의 3% 이상에 해당하는 주식을 가진 주주는 총회 결의일로부터 1월내에 이사해임을 법원에 청구할 수 있다(제385조 제2항).
- 주식보유요건은 사실심 종결시까지 갖추면 된다. 의결권 없는 주주도 이사해임을 청구할 수 있다.

> **관련판례**
> ① 이사해임의 건으로 소집한 임시주주총회가 정족수 미달로 유회된 경우도 해임이 부결된 때에 해당한다(대판 1993.4.9. 92다53583).
> ② 이사의 경업금지의무 위반은 특별한 다른 사정이 없는 한 이사의 해임에 관한 법령에 위반한 중대한 사실이 있는 경우에 해당한다(대결 1990.11.2. 90마745).
> ③ 납입 또는 현물출자의 이행을 가장하는 행위는 이사 해임에 관한 직무에 관하여 부정행위 또는 법령에 위반한 중대한 사실이 있는 경우에 해당한다(대판 2010.9.30. 2010다35985).(변호 18)

3. 퇴임이사와 임시이사

- 법률 또는 정관에 정한 이사 원수를 결한 경우 임기만료 또는 사임으로 퇴임한 이사는 새로 선임된 이사가 취임할 때까지 이사의 권리의무를 부담한다(제386조 제1항).(변호 23, 모의 16, 19, 20, 22)[모의 21]

> **관련판례**
> ① 이사 중의 일부에 임기가 만료되었다 하더라도 아직 임기가 만료되지 않은 다른 이사들로써 정상적인 법인의 활동을 할 수 있는 경우에는 임기 만료된 이사로 하여금 이사로서의 직무를 계속 수행케 할 필요는 없으므로 위와 같은 경우에는 임기만료로서 당연히 퇴임한다(대판 1988.3.22. 85누884).
> ② 퇴임이사 또는 퇴임대표이사의 지위에 있던 중 특정재산 범죄로 유죄판결이 확정된 사람은 유죄판결 된 범죄행위와 밀접한 관련이 있는 기업의 퇴임이사 또는 퇴임대표이사의 권리의무를 상실한다(대판 2022.11.10. 2021다271282).
> ③ 퇴임이사의 퇴임등기를 해야 하는 2주 또는 3주의 기간은 퇴임한 이사의 퇴임일부터 기산하는 것이 아니라 후임이사의 취임일부터 기산하며, 후임이사가 취임하기 전에는 퇴임한 이사의 퇴임등기만을 따로 신청할 수 없다(대결 2007.6.19. 2007마311).(모의 22)
> ④ 퇴임이사가 임기만료 후부터 일정기간 과거 이사의 지위에 있었음에 대하여 확인을 구하는 경우 이사로서의 보수청구권 발생 등만으로 과거의 법률관계에 대한 확인의 이익을 인정할 수 없다(대판 2022.6.16. 2022다207967).

- 법률 또는 정관에 정한 이사 원수를 결한 경우, 필요할 때에는 법원은 이사, 감사, 이해관계인의 청구에 의해 일시 이사 직무를 행할 자를 선임할 수 있다(제386조 제2항).(모의 19)

> **관련판례**
> ① 법원에 의한 이사의 직무를 행할 자의 선임은 이사 전원이 부존재하던, 사망으로 인하여 이사의 결원이 있던, 장구한 시일에 걸치어 주주총회의 개최도 없고 이사의 결원이 있던, 그 어떠한 경우이던 이사의 결원이 있을 때에는 법원은 상법 제386조 제2항에 의하여 이사 직무를 행할 자를 선임할 수 있다(대판 1964.4.28. 63다518).(모의 16, 20, 22)
> ② 일시이사의 선임이 필요한 때란 ㉠ 이사의 사망으로 결원이 생기거나 ㉡ 종전의 이사가 해임된 경우 ㉢ 이사가 중병으로 사임하거나 ㉣ 장기간 부재 중인 경우 등과 같이 퇴임이사로 하여금 이사로서의 권리의무를 가지게 하는 것이 불가능하거나 부적당한 경우를 의미한다(대결 2000.11.17. 2000마5632).

- 퇴임이사와 일시이사의 권한은 이사의 권한과 동일하다.(모의 16, 19, 20, 22)

4. 이사의 직무집행정지 및 직무대행자선임 가처분

(1) 의의

- 이사선임결의의 무효나 취소 또는 이사해임의 소가 제기된 경우 법원은 당사자의 신청에 의하여 가처분으로써 이사의 직무집행을 정지할 수 있고 직무대행자를 선임할 수 있다. 급박한 사정이 있는 경우 본안소송 전에도 처분할 수 있다(제407조 제1항).(변호 18, 19, 20, 모의 19, 21, 22)

> **관련판례**
> ① 퇴임이사로 하여금 이사로서의 권리의무를 가지게 하는 것이 불가능하거나 부적당한 경우 등에는 일시 이사의 선임을 법원에 청구할 수 있으므로, 퇴임이사를 상대로 해임사유의 존재나 임기만료·사임 등을 이유로 그 직무집행의 정지를 구하는 가처분신청은 허용되지 않는다. 퇴임이사가 퇴임할 당시에 법률 또는 정관에 정한 이사의 원수가 충족되어 있는 경우라면 퇴임이사는 임기의 만료

또는 사임과 동시에 이사로서의 권리의무를 상실한다. 그럼에도 불구하고 그 이사가 여전히 이사로서의 권리의무를 실제로 행사하고 있는 경우에는 그 권리의무의 부존재확인청구권을 피보전권리로 하여 직무집행의 정지를 구하는 가처분신청이 허용된다(대결 2009.10.29. 2009마1311).(모의 16, 19)

② 1973.6.5자 임시주주총회결의 및 이사회결의에 의하여 이사 겸 대표이사로 선임된 甲이 사임하여 사임등기까지 되었다가 1973.11.15자 임시주주총회결의 및 이사회결의에 의하여 다시 같은 직의 임원으로 선임된 경우에 甲의 직무집행정지가처분을 구함에 있어서 甲을 현재의 임원직으로 선임한 위 1973.11.15 임시주주총회결의 및 이사회결의에 하자가 있음을 주장하는 것은 몰라도 1973.6.5자 결의에 하자가 있음을 주장할 수 없다. 임시의 지위를 정하기 위한 이사직무집행정지가처분에 있어서 피신청인이 될 수 있는 자는 그 성질상 당해 이사이고, 회사에게는 피신청인 적격이 없다(대판 1982.2.9. 80다2424).(변호 21, 23, 24, 모의 19)

③ 이사나 감사에 대한 직무집행정지 및 직무대행자선임가처분이 있는 경우 가처분결정은 이사 등의 직무집행을 정지시킬 뿐 이사 등의 지위나 자격을 박탈하는 것이 아니므로, 가처분결정으로 이사 등의 임기가 당연히 정지되거나 가처분결정이 존속하는 기간만큼 연장된다고 할 수 없다. 나아가 위와 같은 가처분결정은 성질상 당사자 사이뿐만 아니라 제3자에 대해서도 효력이 미치지만, 이는 직무집행행위의 효력을 제한하는 것일 뿐이므로, 이사 등의 임기 진행에 영향을 주지 않는다(대판 2020.8.20. 2018다249148).(변호 23, 24, 모의 23(2))

(2) 가처분결정의 효력

- 가처분결정은 대세효를 가지고 가처분이의 신청에 의하여 가처분이 취소되어야만 소멸된다.

관련판례

① 법원의 직무집행정지 가처분결정에 의해 회사를 대표할 권한이 정지된 대표이사가 그 정지기간 중에 체결한 계약은 절대적으로 무효이고, 그 후 가처분신청이 취하되었다 하여 무효인 계약이 유효하게 되지는 않는다(대판 2008.5.29. 2008다4537).(변호 15, 23, 모의 19)

② 이사 직무집행정지 및 직무대행자선임 가처분은 성질상 당사자 사이뿐만 아니라 제3자에 대해서도 효력이 미치므로 가처분에 반하는 행위는 제3자에 대한 관계에서도 무효이며 가처분으로 선임된 이사직무대행자의 권한은 법원의 취소결정이 있기까지 유효하게 존속한다.(변호 24) 등기사항인 직무집행정지 및 직무대행자선임 가처분은 이를 등기하지 아니하면 위 가처분으로 선의의 제3자에게 대항하지 못하지만 악의의 제3자에게는 대항할 수 있고, 대표이사 및 이사 직무집행정지 및 직무대행자선임 가처분결정 이전에 직무집행이 정지된 대표이사의 퇴임등기와 직무집행이 정지된 이사의 대표이사 취임등기가 되었더라도 직무집행이 정지된 이사에게는 여전히 효력이 있고 가처분결정에 의하여 선임된 대표이사 및 이사 직무대행자의 권한은 유효하게 존속한다. 가처분결정 이전에 직무집행이 정지된 이사가 대표이사로 선임되었더라도 그 선임결의의 적법 여부에 관계없이 대표이사로서의 권한을 가지지 못한다(대판 2014.3.27. 2013다39551).(변호 18, 23)

③ 대표이사의 직무집행정지 및 직무대행자선임의 가처분이 이루어진 이후 대표이사가 해임되고 새로운 대표이사가 선임되었더라도 가처분결정이 취소되지 아니하는 한 직무대행자의 권한은 유효하게 존속하고, 새로 선임된 대표이사는 선임결의의 적법 여부에 관계없이 대표이사로서의 권한을 가지지 못한다.(변호 21, 23, 24) 대표이사직무집행정지 및 직무대행자선임 가처분은 성질상 제3자에게도 효력이 미치므로, 새로이 선임된 대표이사가 가처분에 위반하여 회사 대표자 자격에서 한 법률행위는 제3자에 대한 관계에서도 제3자의 선의·악의와 관계없이 무효이다(대판 1992.5.12. 92다5638).(변호 15, 모의 22)

④ 청산인에 대한 직무집행정지 및 직무대행자선임 가처분결정 이후, 선임된 청산인 직무대행자가 소집한 주주총회에서 회사를 계속하기로 하는 결의 및 새로운 이사들과 감사를 선임하는 결의가 있었다 하여, 그 주주총회결의로 청산인 직무대행자의 권한이 당연히 소멸하는 것은 아니다.(모의 19) 위 주주총회결의에 의하여 위 직무집행정지 및 직무대행자선임 가처분결정은 더 이상 유지할 필요가 없는 사정변경이 생겼다고 할 것이므로, 위 가처분에 의하여 직무집행이 정지되었던 청산인은 사정변경을 이유로 가처분이의의 소를 제기하여 위 가처분의 취소를 구할 수 있다(대판 1997.9.9. 97다12167).(변호 15, 16)

---

⑤ 가처분에 의해 직무집행이 정지된 이사 등을 선임한 주주총회 결의의 취소나 무효 또는 부존재 확인을 구하는 본안소송에서 가처분채권자가 승소하여 그 판결이 확정된 때에는 가처분은 직무집행정 지기간의 정함이 없는 경우에도 본안승소판결의 확정과 동시에 그 목적을 달성한 것이 되어 당연히 **효력이 상실된다**(대판 1989.9.12. 87다카2691).(변호 22, 모의 19)

(3) 직무대행자의 권한(제408조)

- 직무대행자는 가처분명령에 다른 정함이 있는 경우 외에는 회사의 상무에 속하지 아니한 행위를 하지 못한다. 그러나 법원의 허가를 얻은 경우에는 그러하지 아니하다.(변호 15, 21)
- 직무대행자가 법원 허가 없이 상무에 속하지 않은 행위를 한 경우 회사는 선의의 제3자에 대하여 책임을 부담한다.

> **관련판례**
>
> ① 회사의 상무는 회사 경영에 중요한 영향을 미치지 않는 보통의 업무를 뜻하고, 회사의 사업 또는 영업의 목적을 근본적으로 변경하거나 중요한 영업재산을 처분하는 것과 같이 당해 분쟁에 관하여 종 국적인 판단이 내려진 후에 정규 이사로 확인되거나 새로 취임하는 자에게 맡기는 것이 바람직 하다고 판단되는 행위가 아닌 한 직무대행자의 상무에 속한다(대판 1991.12.24. 91다4355).
> ② 변론기일에서 상대방 청구를 인낙하는 것은 회사 상무에 속하지 않는다(대판 1975.5.27. 75다120).
> ③ 가처분결정에 의해 선임된 청산인 직무대행자가 가처분의 본안소송인 주주총회결의 무효확인 의 제1심 판결에 대한 **항소를 취하**하는 것은 회사의 상무에 속하지 않는다(대판 1982.4.27. 81다358).
> ④ 직무대행자가 소집하는 정기주주총회 안건에 이사회의 구성 자체를 변경하는 행위나 주주총회 특별 결의사항 등 회사의 경영 및 지배에 영향을 미칠 수 있는 것이 포함되어 있다면 그 안건의 범위에서 정기 총회의 소집은 상무에 속하지 않고, 직무대행자가 정기주주총회를 소집하는 행위가 상무에 속하지 아니함에도 법원의 허가 없이 이를 소집하여 결의한 때에는 소집절차상의 하자로 **결의취소사유** 에 해당한다(대판 2007.6.28. 2006다62362).(변호 21, 모의 19)

Ⅲ 이사의 보수 [변호 19, 모의 19]

1. 의의

- 이사의 보수는 정관에 그 액을 정하지 아니한 때에는 주주총회의 결의로 정한다(제388조).

> **관련판례**
>
> ① 이사·감사가 회사와의 명시적 또는 묵시적 약정에 따라 업무를 다른 이사 등에게 포괄적으로 위임하고 실 질적인 업무를 수행하지 않았더라도 이사·감사로서 상법에서 정한 법적 책임을 지므로 이사·감사 를 선임하거나 보수를 정한 주주총회 결의의 효력이 무효이거나,(변호 16) 주주총회에서 한 선임 결의 및 보수지급 결의에 위배되는 배임적인 행위에 해당하는 등의 특별한 사정이 없다면, 소극 적인 직무수행 사유만을 가지고 **보수청구권의 효력이 부정되지 않는다**(대판 2015.9.10. 2015다213308). (변호 16, 20, 모의 16)
> ② 명목상 이사·감사도 법인인 회사의 기관으로서 회사가 사회적 실체로서 성립하고 활동하는 데 필요한 기초를 제공함과 아울러 상법이 정한 권한과 의무를 갖고 의무 위반에 따른 책임을 부담 하므로 **보수청구권이 인정된다**(대판 2015.7.23. 2014다236311).
> ③ 보수가 합리적인 수준을 벗어나서 현저히 균형성을 잃을 정도로 과다하거나 보수의 형식을 이용하여 회사의 자금을 개인에게 지급하기 위한 방편으로 이사·감사로 선임하였다는 등의 특별한 사정이 있는

경우에는 보수청구권의 일부 또는 전부에 대한 행사가 제한되고 회사는 합리적이라고 인정되는 범위를 초과하여 지급된 보수의 반환을 구할 수 있다(대판 2015.9.10. 2015다213308).

④ 상법이 정관 또는 주주총회 결의로 이사의 보수를 정하도록 한 것은 이사들의 고용계약과 관련하여 사익 도모의 폐해를 방지함으로써 회사와 주주 및 회사채권자의 이익을 보호하기 위한 것이다.(모의 22) 이사의 직무와 보수 사이에는 합리적 비례관계가 유지되어야 하며, 회사 채무상황이나 영업실적에 비추어 합리적 수준을 벗어나 현저히 균형성을 잃을 정도로 과다하여서는 아니 된다. 따라서 퇴직을 앞둔 이사가 지나치게 과다하여 합리적 수준을 현저히 벗어나는 보수지급기준을 마련하고 지위를 이용하여 주주총회에 영향력을 행사함으로써 소수주주의 반대에 불구하고 주주총회결의가 성립되도록 하였다면, 회사를 위하여 직무를 충실하게 수행해야 하는 상법 제382조의3에서 정한 의무를 위반하여 회사재산의 부당한 유출을 야기하여 회사와 주주의 이익을 침해하는 것으로서 회사에 대한 배임행위에 해당하므로, 주주총회결의를 거쳤더라도 그러한 위법행위가 유효하다 할 수는 없다(대판 2016.1.28. 2014다11888).(변호 24)

2. 보수의 결정

• 보수의 결정을 무조건적으로 이사회 또는 대표이사에게 위임하는 주주총회 결의는 무효이다.

• 이사인 주주는 주주총회결의에서 특별이해관계인으로 의결권이 제한된다(제368조 제3항).

> **관련판례**
>
> ① ㉠ 상법 제361조는 주주총회는 본법 또는 정관에 정하는 사항에 한하여 결의할 수 있다고 규정하고 있는데, 이러한 주주총회 결의사항은 주주총회가 정해야 하고 정관이나 주주총회결의에 의하더라도 다른 기관이나 제3자에게 위임하지 못한다. ㉡ 정관 또는 주주총회에서 임원 보수 총액 내지 한도를 정하고 개별 이사에 대한 지급액 등 구체적인 사항을 이사회에 위임하는 것은 가능하나, 이사 보수에 관한 사항을 이사회에 포괄 위임하는 것은 허용되지 않는다.(모의 22) ㉢ 주주총회에서 이사 보수에 관한 구체적 사항을 이사회에 위임한 경우에도 주주총회에서 직접 정할 수 있다. ㉣ 1인회사가 아닌 주식회사에서는 주주총회 의결정족수를 충족하는 주주들이 동의하거나 승인하였다는 사정만으로 주주총회에서 그러한 내용의 결의가 이루어질 것이 명백하다거나 그러한 내용의 주주총회결의가 있었던 것으로 볼 수는 없다(대판 2020.6.4. 2016다241515).(변호 24)
>
> ② 정관에서 이사 보수나 퇴직금에 관하여 주주총회결의로 정한다고 되어 있는 경우 그 금액·지급시기·지급방법 등에 관한 주주총회결의가 없다면 이사는 보수나 퇴직금을 청구할 수 없다(대판 2014.5.29. 2012다98720).
>
> ③ 임원퇴직금지급규정에 관한 주주총회결의가 있거나 주주총회의사록이 작성된 적은 없으나 위 규정에 따른 퇴직금이 사실상 1인회사의 실질적 1인 주주의 결재·승인을 거쳐 관행적으로 지급되었다면 위 규정에 대한 주주총회결의가 있었던 것으로 볼 수 있다(대판 2004.12.10. 2004다25123).(변호 16, 24)
>
> ④ 유한회사에서 정관 또는 사원총회 결의로 특정 이사의 보수액을 구체적으로 정했다면, 이사가 보수의 변경에 대하여 명시적으로 동의하였거나, 적어도 직무의 내용에 따라 보수를 달리 지급하거나 무보수로 하는 보수체계에 관한 내부규정이나 관행이 존재함을 알면서 이사직에 취임한 경우와 같이 직무내용의 변동에 따른 보수의 변경을 감수한다는 묵시적 동의가 있었다고 볼 만한 특별한 사정이 없는 한, 유한회사가 이사의 보수를 일방적으로 감액하거나 박탈할 수 없다. 따라서 유한회사의 사원총회에서 임용계약의 내용으로 이미 편입된 이사의 보수를 감액하거나 박탈하는 결의를 하더라도, 이러한 사원총회 결의는 결의 자체의 효력과 관계없이 이사의 보수청구권에 아무런 영향을 미치지 못한다(대판 2017.3.30. 2016다21643).(변호 20, 24, 모의 21)
>
> ⑤ 퇴임이사가 임기만료 후부터 일정기간 과거 이사의 지위에 있었음에 대하여 확인을 구하는 경우 이사로서의 보수청구권 발생 등만으로 과거의 법률관계에 대한 확인의 이익을 인정할 수 없다(대판 2022.6.16. 2022다207967).

3. 보수의 범위

- 이사 보수에는 월급, 상여금, 퇴직금, 퇴직금 중간정산금, 퇴직위로금, 해직보상금 등 명칭을 불문하고 이사의 직무수행에 대한 보상으로 지급되는 대가가 모두 포함된다.

> **관련판례**
>
> ① 이사 등 임원은 회사로부터 사무처리 위임을 받고 있으므로, 보수를 근로기준법상 임금이라 할 수 없고, 회사 규정으로 이사에게 퇴직금을 지급하는 경우에도 이는 근로기준법 소정의 퇴직금이 아니라 재직 중 직무집행에 대한 대가로 지급되는 보수를 말한다(대판 2003.9.26. 2002다64681).
>
> ② 이사 보수에는 월급, 상여금 등 명칭을 불문하고 이사의 직무수행에 대한 보상으로 지급되는 대가가 모두 포함되고, 회사가 성과급, 특별성과급 등의 명칭으로 지급하는 금원도 마찬가지이다.(변호 24) 주주총회결의 없이 이사에게 지급된 특별성과급은 직무수행에 대한 보상으로 지급된 보수로서 법률상 원인 없이 이루어진 부당이득에 해당한다. 특별성과급 일부가 주주총회에서 정한 이사 보수한도액 내에 있다는 사정만으로 그 부분의 지급을 유효하다고 볼 수도 없다(대판 2020.4.9. 2018다290436).(변호 23)
>
> ③ 이사의 퇴직금은 상법 제388조에 규정된 보수에 포함되어 정관으로 정하거나 주주총회의 결의에 의하여 정할 수 있고 이러한 퇴직금 청구권은 이사가 퇴직할 때 유효하게 적용되는 정관의 퇴직금 규정에 의하거나 주주총회의 퇴직금 지급결의가 있을 때 발생한다(대판 2006.5.25. 2003다16092,16108).
>
> ④ 회사가 정관에서 퇴직하는 이사에 대한 퇴직금액의 범위를 구체적으로 정한 다음 이사회가 그 금액을 결정할 수 있도록 하였다면, 이사회로서는 정관에서 정한 퇴직금액을 어느 정도 감액할 수 있을 뿐 퇴직금 청구권을 아예 박탈하는 결의를 할 수는 없으므로, 이사회가 퇴직한 이사에 대한 퇴직금을 감액하는 등의 어떠한 결의도 하지 않았을 경우 회사로서는 그와 같은 이사회 결의가 없었음을 이유로 퇴직한 이사에 대하여 퇴직금 지급을 거절할 수는 없다(대판 2006.5.25. 2003다16092,16108).(모의 22)
>
> ⑤ 예 : 퇴직금 중간정산금(대판 2019.7.4. 2017다17436),(변호 22, 모의 22) 퇴직위로금(대판 2004.12.10. 2004다25123),(변호 20, 모의 15) 해직보상금(대판 2006.11.23. 2004다49570),(변호 20, 모의 16, 20)

4. 주식매수선택권

(1) 의의

- 회사는 정관에 따른 주주총회 특별결의로 회사의 설립·경영 및 기술혁신 등에 기여하거나 기여할 수 있는 회사의 이사, 집행임원, 감사 또는 피용자에게 미리 정한 가액으로 신주를 인수하거나 자기주식을 매수할 수 있는 권리를 부여할 수 있다(제340조의2 제1항).(변호 20, 모의 13)
- 상장회사는 관계 회사(해당 회사 X)의 이사, 집행임원, 감사 또는 피용자도 포함된다.
- 의결권 없는 주식을 제외한 발행주식 총수의 10% 이상의 주주, 이사·집행임원·감사의 선임과 해임 등 주요 경영사항에 사실상 영향력을 행사하는 자, 제1호와 제2호에 규정된 자의 배우자와 직계존비속은 주식매수선택권 부여의 대상이 될 수 없다(제340조의2 제2항).(모의 13)

(2) 행사가액 및 부여주식수의 제한

- 행사가액은 ① 신주를 발행하는 경우, 주식매수선택권의 부여일을 기준으로 한 주식의 실질가액과 주식의 권면액(무액면주식을 발행한 경우, 자본으로 계상되는 금액 중 1주에 해당하는 금액을 권면액으로 본다) 중 높은 금액 이상, ② 자기주식을 양도하는 경우, 주식매수선택권의 부여일 기준 주식의 실질가액 이상이어야 한다(제340조의2 제4항).(모의 13)
- 신주 또는 양도할 자기주식은 비상장회사는 발행주식총수의 10%(제340조의2 제3항),(모의 13) 상장회사는 발행주식총수의 15% 초과할 수 없다(제542조의3 제2항, 시행령 제30조 제3항).

(3) 재임기간 및 행사기간

- 주주총회 결의일부터 2년 이상 재임 또는 재직해야 행사할 수 있다(제340조의4 제1항).(변호 20)
- 상장회사는 사망 또는 본인의 책임이 아닌 사유로 퇴임하거나 퇴직한 경우 2년 이상 재임하지 않더라도 주식매수선택권을 행사할 수 있다. 그러나 정년퇴직으로 2년 이상 재임하지 못한 경우 주식매수선택권을 행사할 수 없다(제542조의3 제4항, 시행령 제30조 제5항).(모의 13)
- 비상장회사는 본인의 책임이 아닌 사유로 퇴임하거나 퇴직한 경우에도 2년 이상 재임하지 않으면 주식매수선택권을 행사할 수 없다(대판 2011.3.24. 2010다85027).(모의 13)
- 주식매수선택권은 상속의 경우를 제외하고 이를 양도할 수 없다(제340조의4 제2항).

(4) 주식매수선택권 부여에 관한 계약의 체결

> **관련판례**
> ① 주식매수선택권을 부여하는 회사의 주주총회결의 이후 회사가 주식매수선택권 부여에 관한 계약을 체결할 때 주식매수선택권의 행사기간 등을 일부 변경하거나 조정한 경우 그것이 주식매수선택권을 부여받은 자, 기존 주주 등 이해관계인들 사이의 균형을 해치지 않고 주주총회 결의에서 정한 본질적인 내용을 훼손하는 것이 아니라면 유효하다. 특정인에 부여되는 주식매수선택권의 구체적인 내용은 일반적으로 회사와 체결하는 계약을 통해 정해지므로 주식매수선택권을 부여받은 자는 계약에서 주어진 조건에 따라 계약에서 정한 기간 내에 선택권을 행사할 수 있다(대판 2018.7.26. 2016다237714).(변호 20, 22)
> ② 주식매수선택권계약 중 "경과기간 2년이 지난 후에 퇴직한 경우에는 퇴직일로부터 3개월 이내에 주식매수선택권을 행사하여야 한다."라는 내용은 주식매수선택권을 부여받은 자의 이익을 침해하는 것이 아니므로 유효하다(대판 2018.7.26. 2016다237714).
> ③ 주주총회 특별결의에 따라 대표이사에게 주식매수선택권을 부여한 계약을 체결한 이후, 다른 주주가 해당 주주총회결의에 대한 부존재확인의 소를 제기하여 승소확정판결을 받은 경우, 주식매수선택권 부여계약은 무효이다(대판 2011.10.13. 2009다2996).

Ⅳ 이사회

1. 이사회의 권한 [변호 15, 모의 21]

- 중요한 자산의 처분 및 양도, 대규모 재산의 차입, 지배인의 선임 또는 해임과 지점의 설치·이전 또는 폐지 등 회사의 업무집행은 이사회의 결의사항이다(제393조 제1항).

> **관련판례**
> ① 상법 제393조 제1항에서 말하는 중요한 자산의 처분에 해당하는 경우에는 이사회가 직접 결의하지 아니한 채 대표이사에게 그 처분에 관한 사항을 일임할 수 없으므로 이사회규정상 이사회 부의사항으로 정해져 있지 않더라도 반드시 이사회의 결의를 거쳐야 한다(대판 2011.4.28. 2009다47791).(변호 20, 21, 모의 16, 17, 22)
> ② 법률 또는 정관 규정에 의하여 주주총회 또는 이사회 결의를 필요로 하는 것으로 되어 있지 아니한 업무 중 이사회가 일반적·구체적으로 대표이사에게 위임하지 않은 업무로서 일상 업무에 속하지 아니한 중요한 업무에 대하여는 이사회에게 그 의사결정권한이 있다(대판 1987.6.13. 96다48282).(변호 20, 22)
> ③ 파산신청은 일상 업무에 속하지 않는 중요한 업무에 해당하여 이사회결의가 필요하다. 그러나 자본금 총액이 10억 원 미만으로 이사가 1명 또는 2명인 소규모 주식회사에서는 대표이사가 특별한 사정이 없는 한 이사회 결의를 거칠 필요 없이 파산신청을 할 수 있다(대결 2021.8.26. 2020마5520).
> ④ 회생절차개시신청은 대표이사의 업무권한인 일상 업무에 속하지 아니한 중요한 업무에 해당하여 이사회 결의가 필요하다(대판 2019.8.14. 2019다204463).(변호 21, 모의 21)

2. 이사회의 소집(제390조) (변호 12, 15, 19, 모의 14, 15, 16, 17, 20)[변호 15]

- 이사회는 각 이사가 소집할 수 있다. 이사회의 결의로 소집할 이사를 정한 때, 소집권자로 정해진 이사가 소집할 수 있다.
- 소집권자 아닌 이사는 소집권자인 이사에게 이사회 소집을 요구하고, 소집권자인 이사가 정당한 이유 없이 이사회 소집을 거절하는 경우 다른 이사가 이사회를 소집할 수 있다.(모의 14, 20)
- 이사회 소집에는 회일을 정하고 1주 전에 각 이사 및 감사에게 통지를 발송해야 한다.(모의 21)
- 서면이나 전자문서가 아닌 구두, 전화, 팩스, 문자메시지에 의한 통지도 가능하다.(모의 21)
- 이사는 이사회 출석의무가 있으므로 이사회 소집통지에는 목적사항을 기재하지 않아도 된다.
- 이사회는 이사 및 감사 전원 동의가 있는 경우 소집통지절차를 생략할 수 있다.(모의 22)

3. 이사회의 결의

(1) 결의요건(제391조)

- 이사 과반수의 출석 및 출석이사의 과반수이다.(모의 22) 정관으로 비율을 높일 수 있다.(변호 12, 20)
- ① 회사기회이용의 승인(제397조의2 제1항), ② 자기거래의 승인(제398조), ③ 감사위원의 해임(제415조의2 제3항)(변호 23)의 경우 이사 총수 3분의 2 이상의 찬성을 요한다.
- 이사회 정족수는 이사회 개회시와 토의 및 의결의 전 과정을 통해 유지되어야 한다.(모의 14)

> **관련판례**
> 이사회 결의요건 충족 여부는 이사회 결의 당시를 기준으로 판단하며, 그 결의대상 행위가 실제로 이루어진 날을 기준으로 판단하지 않는다(대판 2003.1.24. 2000다20670).(변호 20)

- 정관에서 달리 정하는 경우를 제외하고 이사회는 모든 이사가 음성을 동시에 송수신하는 원격 통신수단에 의하여 결의에 참가하는 것이 허용된다(제391조 제2항).(변호 13, 모의 16, 21, 22)
- 이사는 직접 출석하여야 하며, 의결권의 대리행사는 허용되지 않는다.(변호 12, 13, 15, 모의 17, 21)
- 이에 위배된 이사회결의는 무효이며, 이사회결의는 서면결의가 허용되지 않는다.(변호 12)

(2) 특별이해관계인의 의결권 제한 (변호 14, 15, 23, 모의 16)

- 이사회결의에 대한 특별이해관계자는 의결권을 행사하지 못한다(제391조 제3항, 제368조 제3항).
- 주식양도를 제한하는 경우 양도승인을 청구하는 이사, 자기거래 이사,(모의 14) 경업금지의무에 대한 승인시 이사 등은 의결권을 행사할 수 없다.
- 대표이사 선임 또는 해임, 감사위원 해임의 경우 해당 이사는 특별이해관계인이 아니다.
- 특별이해관계인은 의사정족수 계산시에는 분모와 분자에 포함되나, 의결정족수 계산시에는 분모와 분자에 포함되지 않는다.(모의 22)

> **관련판례**
> 이해관계 있는 이사는 의사정족수 산정의 기초가 되는 이사의 수에는 포함되고, 다만 결의성립에 필요한 출석 이사에는 산입되지 않는다(대판 1991.5.28. 90다20084).(변호 20, 23, 모의 22)

(3) 의사록

- 의사록에는 의사의 안건, 경과요령, 그 결과, 반대하는 자와 그 반대이유를 기재하고 출석한 이사 및 감사가 기명날인 또는 서명을 하여야 한다(제391조의3 제2항).
- 주주는 영업시간 내에 이사회 의사록의 열람 또는 등사를 청구할 수 있다(제391조의3 제3항).
- 회사는 주주의 이사회 의사록 열람 또는 등사 청구에 대하여 이유를 붙여 거절할 수 있다.
- 주주는 법원의 허가를 얻어 이사회 의사록의 열람 또는 등사를 청구할 수 있다.(변호 17, 모의 14)

4. 이사회결의의 하자 [변호 12, 모의 15, 16, 17]

- 절차상 또는 내용상 하자가 있는 이사회결의의 효력에 관하여 상법은 규정이 없다.
- 이해관계인은 민법 일반원칙에 따라 결의의 효력을 다툴 수밖에 없다.(변호 13)

> **관련판례**
> ① 이사회결의에 하자가 있는 경우에 관해 상법은 규정을 두고 있지 아니하나 그 결의에 무효사유가 있는 경우 이해관계인은 언제든지 또 어떤 방법에 의하든지 그 무효를 주장할 수 있다고 할 것이나 이사회결의무효확인소송이 제기되어 승소확정판결을 받은 경우, 그 판결의 효력에 관하여는 주주총회결의무효확인소송 등과는 달리 상법 제190조가 준용될 근거가 없으므로 대세적 효력은 없다(대판 1988.4.25. 87누399).(변호 13, 19, 20, 모의 14)
> ② 이사회결의는 주식회사의 의사결정이고 회사는 그 결의의 효력에 관한 분쟁의 실질적인 주체이므로 그 효력을 다투는 사람이 회사를 상대로 하여 그 결의의 무효확인을 소구할 이익이 있으나 그 이사회결의에 참여한 이사들은 이사회의 구성원에 불과하므로 특별한 사정이 없는 한 이사 개인을 상대로 결의의 무효확인을 소구할 이익은 없다(대판 1982.9.14. 80다2425).(모의 19, 22)

5. 위원회(제393조의2)

- 이사회는 정관이 정한 바에 따라 위원회를 설치할 수 있다.(변호 13)
- 위원회는 2인 이상의 이사로 구성된다.(변호 13, 모의 15)
- 감사위원회는 3명 이상의 이사로 구성되며, 사외이사가 3분의 2 이상이어야 한다(제415조의2 제2항).(변호 23)
- 위원의 선임과 해임은 이사회가 결정하며, 위원회에 위임할 수 없다.
- 위원회의 결의는 이사회 결의와 같은 효력을 가진다.(변호 13)
- 이사회는 ① 주주총회 승인 사항의 제안, ② 대표이사 선임 및 해임,(모의 15) ③ 위원회의 설치와 그 위원의 선임 및 해임, ④ 정관에서 정하는 사항을 제외하고 위원회에 위임할 수 있다.
- 위원회는 결의사항을 이사에게 통지하여야 한다. 통지받은 이사는 이사회 소집을 요구할 수 있고, 이사회는 위원회가 결의한 사항에 대하여 다시 결의할 수 있다.(모의 22)
- 감사위원회의 결의에 대해서는 이사회가 다시 결의할 수 없다(제415조의2 제6항).(모의 15)
- 이사회 소집(제390조)과 이사회 결의방법(제391조) 등에 관한 규정은 위원회에 준용된다(제393조의2 제5항). 위원회 회일 1주간 전에 각 위원에게 통지하여야 한다.(변호 20)

Ⅴ 대표이사

1. 선임[변호 13]과 종임

- 회사는 이사회의 결의로 회사를 대표할 이사를 선정하여야 한다. 그러나 정관으로 주주총회에서 이를 선정할 것을 정할 수 있다(제389조 제1항).(모의 22)
- 대표이사가 결원이 되는 경우, 임기의 만료 또는 사임으로 인하여 퇴임한 대표이사는 새로 선임된 대표이사가 취임할 때까지 대표이사의 권리의무를 부담한다(제389조 제3항, 제386조).

> **관련판례**
> ① 정관에 다른 규정이 없으면 대표이사는 이사회 결의로 이사 중에서 선임되므로, 대표이사가 이사직을 상실하면 자동적으로 대표이사직도 상실한다. 따라서 대표이사는 이사회 결의로 대표이사직에서 해임되는 경우뿐만 아니라 주주총회 결의로 이사직에서 해임되는 경우에도 대표이사직을 상실하게 된다(대결 2022.9.7. 2022마5372).
> ② 상법 제385조 제1항은 주주의 회사에 대한 지배권 확보와 경영자 지위의 안정이라는 주주와 이사의 이익을 조화시키려는 규정이고, 이사의 보수청구권을 보장하는 것을 주된 목적으로 하는 규정이라 할 수 없으므로, 이를 이사회가 대표이사를 해임한 경우에도 유추 적용할 것은 아니다(대판 2004.12.10. 2004다25123).(변호 15, 모의 16, 22)

2. 권한

- 대표이사는 대내적, 대외적으로 회사의 업무를 집행할 업무집행권을 가진다.
- 대표이사는 회사 영업에 관한 재판상, 재판외의 모든 행위에 있어서 회사를 대표한다.
- 어떤 행위가 회사 영업에 관한 것인지 여부는 행위의 객관적 성질에 따라 판단하여야 하며, 대표이사 대표권을 내부적으로 제한하더라도 선의의 제3자에게 대항하지 못한다.

3. 전단적 대표행위 [변호 14, 15, 모의 14, 18, 21]

(1) 의의

- 대표이사가 법률 또는 정관 등 내부 규정에 위반하여 주주총회 또는 이사회 결의를 거치지 않고 대표권을 행사하는 경우.

(2) 주주총회의 결의가 없는 경우

- 법률에 의하여 요구되는 주주총회 결의가 없는 대표이사의 행위는 제3자의 선의, 악의를 불문하고 무효이다. 영업양도(제374조), 사후설립(제375조), 합병(제522조 제3항, 제434조), 재무제표 승인에 의한 이익배당(제462조) 등의 경우 법률에 의하여 주주총회 결의가 요구된다.
- 정관으로 주주총회 결의를 요구하는 경우, 선의의 제3자에게 대항하지 못한다.[모의 18]

(3) 이사회 결의가 없는 경우

- 대외적 거래행위의 경우 선의·무중과실인 상대방에게 무효를 주장할 수 없다.
- 신주발행 및 사채발행에 요구되는 이사회 결의가 없는 경우 : 신주발행 및 사채발행은 유효.
- 주주총회 소집에 요구되는 이사회 결의가 없는 경우 : 주주총회결의 취소사유에 해당.

① 일정한 대외적 거래행위에 이사회결의를 거치도록 대표이사 권한을 제한한 경우에도 이사회결의는 회사의 내부적 의사결정절차에 불과하고, 특별한 사정이 없는 한 거래 상대방으로서는 회사 대표자가 거래에 필요한 회사 내부절차를 마쳤을 것으로 신뢰하였다고 보는 것이 경험칙에 부합한다. 따라서 회사 정관이나 이사회 규정 등에서 이사회결의를 거치도록 대표이사의 대표권을 제한한 경우에도 선의의 제3자는 상법 제209조 제2항에 따라 보호된다. ② 상대방인 제3자가 보호받기 위하여 선의 이외에 무과실까지 필요하지는 않지만 중과실이 있는 경우에는 제3자의 신뢰를 보호할 만한 가치가 없다고 보아 거래행위가 무효라고 해석함이 타당하다. ③ 제3자가 대표이사와 거래행위를 하면서 회사의 이사회 결의가 없었다고 의심할 만한 특별한 사정이 없다면 일반적으로 이사회 결의가 있었는지를 확인하는 등의 조치를 취할 의무까지 있다고 볼 수는 없다. ④ 대표이사가 대표권을 제한하는 상법 제393조 제1항에 정한 '중요한 자산의 처분 및 양도, 대규모 재산의 차입 등의 행위'에 관하여 이사회결의를 거치지 않고 거래행위를 한 경우에도 거래행위의 효력에 관해서는 내부적 제한의 경우와 마찬가지로 보아야 한다(대판 2021.2.18. 2015다45451 전합).(변호 20, 22, 23, 24, 모의 14, 16, 18, 19, 21, 22)

4. 대표권의 남용 [변호 14, 15, 18, 모의 14, 16, 19]

- 회사가 아닌 자기 또는 제3자의 이익을 위한 주관적 의도 하에 대표권을 행사하는 경우.
- 대표권남용 행위의 효력에 관하여 학설은 권리남용설과 심리유보설이 존재한다.

대표이사가 그 대표권의 범위 내에서 한 행위는 설사 대표이사가 회사의 영리목적과 관계없이 자기 또는 제3자의 이익을 도모할 목적으로 그 권한을 남용한 것이라 할지라도 일단 회사의 행위로서 유효하고, 다만 그 행위의 상대방이 대표이사의 진의를 알았거나 알 수 있었을 때에는 회사에 대하여 무효이다(대판 1997.8.29. 97다18059).(변호 24, 모의 16, 18, 22)

5. 표현대표이사 [변호 12, 17, 모의 16]

(1) 의의 및 요건(제395조)

- 사장, 부사장, 전무, 상무 기타 회사 대표권이 있는 것으로 인정될 만한 명칭을 사용한 이사의 행위에 대해 그 이사가 대표권이 없는 경우에도 회사는 선의의 제3자에게 책임을 부담한다.

1) 표현적 명칭의 사용

① 회사가 이사의 자격이 없는 자에게 표현대표이사의 명칭을 사용하게 허용한 경우는 물론 이사의 자격도 없는 사람이 임의로 표현대표이사의 명칭을 사용하고 있는 것을 회사가 알면서도 아무런 조치를 취하지 아니한 채 그대로 방치하여 소극적으로 묵인한 경우에도 상법 제395조 규정이 유추적용된다(대판 1992.7.28. 91다35816).(모의 20)[변호 17]

② 상법 제395조는 표현대표이사가 자기의 명칭을 사용하여 법률행위를 한 경우는 물론이고 자기의 명칭을 사용하지 아니하고 다른 대표이사의 명칭을 사용하여 행위를 한 경우에도 적용된다(대판 1998.3.27. 97다34709).(변호 15, 23, 모의 18, 20)

③ 규모가 큰 주식회사에 있어서 '대표이사 전무' 또는 '대표이사 상무' 명칭을 사용하지 아니하고, 단지 '전무이사' 또는 '상무이사' 명칭을 사용하는 이사가 회사를 대표할 권한이 있다고 믿은 제3자에게 중과실이 없는지에 대해서는 신중하게 판단하여야 한다(대판 1999.11.12. 99다19797).(모의 18)

2) 명칭사용의 허락

- 회사가 명칭사용을 명시적 또는 묵시적으로 허락한 경우에 표현대표이사가 성립한다. 회사가 명칭사용을 알지 못한 경우, 명칭사용 방치에 과실이 있더라도 표현대표이사는 성립되지 않는다.
- 명칭사용의 허락은 진정한 대표이사, 이사 정원의 과반수, 과반수 주식을 보유하는 주주 또는 사실상 회사 운영을 지배하는 주주에 의하여 이루어져야 한다.

> **관련판례**
> ① 권한 없는 사람이 주주총회의사록 등을 허위로 작성하여 주주총회결의의 외관을 만들고 이에 터 잡아 이사를 선임한 경우, 주주총회의 개최와 결의가 존재는 하지만 무효 또는 취소사유가 있는 경우와는 달리, 이사 선임에 관한 주식회사의 의사결정은 존재하지 아니하여 회사가 그 외관현출에 관여할 수 없었을 것이므로, 달리 회사의 적법한 대표이사가 대표 자격의 외관이 현출되는 것에 협조, 묵인하는 등의 방법으로 관여하였거나 회사가 그 사실을 알면서도 시정하지 않고 방치하는 등 이를 회사의 귀책사유와 동일시할 수 있는 특별한 사정이 없는 한, 회사에 표현대표이사 책임을 물을 수 없고, 허위의 주주총회결의 등의 외관을 만든 사람이 회사의 상당한 지분(49%)을 가진 주주더라도 그러한 사정만으로는 대표 자격의 외관 현출에 회사의 귀책사유가 있는 것으로 볼 수 없다(대판 2013.7.25. 2011다30574).(모의 20, 22)
> ② 이사 또는 이사의 자격이 없는 자가 임의로 표현대표이사의 명칭을 사용하고 있는 것을 회사가 알면서도 이에 동조하거나 아무런 조치를 취하지 아니한 채 그대로 방치한 경우 회사가 표현대표이사의 명칭사용을 묵시적으로 승인한 경우에 해당한다(대판 1992.7.28. 91다35816).(변호 15, 모의 18, 20)
> ③ 회사가 표현대표이사책임을 지는 것은 회사가 표현대표자의 명칭 사용을 명시적으로나 묵시적으로 승인할 경우에 한하는 것이고 회사의 명칭 사용 승인 없이 임의로 명칭을 참칭한 자의 행위에 대하여는 비록 그 명칭 사용을 알지 못하고 제지하지 못한 점에 있어 회사에게 과실이 있더라도 회사의 책임으로 돌려 선의의 제3자에 대하여 책임을 지게 할 수 없다(대판 1995.11.21. 94다50908).(모의 18, 20)
> ④ 주주총회결의가 무효 또는 취소된 경우 표현대표이사의 책임을 인정하기 위해서는 진정한 대표이사가 표현대표를 허용하거나, 이사 전원이 아닐지라도 적어도 이사회의 결의의 성립을 위하여 회사의 정관에서 정한 이사의 수, 그와 같은 정관의 규정이 없다면 최소한 이사 정원의 과반수의 이사가 적극적 또는 묵시적으로 표현대표를 허용한 경우여야 한다(대판 1992.9.22. 91다5365).(모의 22)
> ⑤ 주주총회 없이 주주총회 의사록만을 작성한 주주총회결의로 대표자로 선임된 자의 행위에 대하여 상법 제395조에 따라 회사에게 그 책임을 물으려면, 의사록 작성으로 대표자격의 외관이 현출된 것에 회사의 귀책사유가 인정되어야 한다. 이 경우 의사록을 작성하는 등 주주총회결의의 외관을 현출시킨 자가 회사의 과반수주식을 보유하거나 또는 과반수의 주식을 보유하지 않더라도 사실상 회사의 운영을 지배하는 주주인 경우와 같이 주주총회결의 외관현출에 회사가 관련된 것으로 보아야 할 경우에는 전자의 경우에 준하여 회사의 책임을 인정할 여지가 있다(대판 1992.8.18. 91다14369).(모의 18, 22)

3) 제3자의 선의 · 무중과실

> **관련판례**
> ① 회사 대표이사가 아닌 이사가 그 거래행위를 함에 있어서 회사를 대표할 권한이 있다고 제3자가 믿었더라도 중과실이 있는 경우에는 회사는 그 제3자에 대하여는 책임을 지지 아니한다(대판 1999.11.12. 99다19797).(모의 18, 20)
> ② 제3자의 선의란 표현대표이사가 대표권이 없음을 알지 못한 것을 말하며, 형식상 대표이사가 아니라는 것을 알지 못한 것에 한정되지 않는다(대판 1998.3.27. 97다34709).
> ③ 표현대표이사가 다른 대표이사의 명칭을 사용하여 어음행위를 한 경우, 회사가 책임을 지는 선의의 제3자의 범위에는 표현대표이사로부터 직접 어음을 취득한 상대방뿐만 아니라, 그로부터 어음을 다시 배서양도받은 제3취득자도 포함한다(대판 2003.9.26. 2002다65073).(모의 16, 18)

(2) 효과

- 회사는 표현대표이사의 행위에 대하여 진정한 대표이사가 행위를 한 것처럼 제3자에 대하여 권리를 취득하고 의무를 부담한다. 불법행위 및 소송행위에 적용되지 않는다.
- 표현대표이사의 경우에도 전단적 대표행위(대판 1998.3.27. 97다34709)(변호 15, 모의 18, 20) 및 대표권남용 법리가 적용된다(대판 2013.7.11. 2013다5091).[변호 17]

> **관련판례**
> 표현대표이사가 자기 또는 제3자의 이익을 도모할 목적으로 권한을 남용한 경우 상대방이 대표이사의 진의를 알았거나 알 수 있었을 때에는 회사에 무효가 된다(대판 1998.3.27. 97다34709).

- 표현대표이사가 진정한 대표이사 명의로 행위를 한 경우에도 표현대표이사 규정이 적용된다.

> **관련판례**
> ① 상법 제395조는 표현대표이사가 자기의 명칭을 사용하지 아니하고 다른 대표이사의 명칭을 사용하여 행위를 한 경우에도 적용된다(대판 1998.3.27. 97다34709).(변호 23)
> ② 제3자의 이사가 다른 대표이사의 명칭을 사용한 대표권 대행의 경우 제3자의 선의나 중과실은 표현대표이사의 대표권 존부에 대한 것이 아니라 대표이사를 대행하여 법률행위를 할 권한이 있느냐에 대한 것이다(대판 2003.7.22. 2002다40432).(모의 18)

- 공동대표이사 중 1인이 단독으로 '대표이사'라는 명칭을 사용하여 대표행위를 한 경우에도 표현대표이사의 법리가 적용된다.

> **관련판례**
> 공동대표이사가 1인 단독으로 '대표이사'라는 명칭을 사용하여 대표행위를 한 경우에도 표현대표이사의 법리가 적용된다(대판 1992.10.27. 92다19033).(변호 15, 19, 모의 13, 18, 19, 20)

- 표현대표이사가 성립하는 경우 회사는 대표이사 등기를 하였더라도 선의의 제3자에게는 책임을 부담한다.

> **관련판례**
> 상법 제395조는 상업등기와는 다른 차원에서 회사의 표현책임을 인정한 규정이므로 제395조를 적용함에 있어 상업등기 여부는 고려대상이 아니다(대판 1979.2.13. 77다2436).[변호 12, 17, 모의 22]

6. 공동대표이사

(1) 의의

- 회사는 수인의 대표이사가 공동으로 회사를 대표할 것을 정할 수 있다(제389조 제2항).(모의 19)
- 회사에 대한 의사표시는 공동대표이사 중 1인에게만 하면 된다(제389조 제3항, 제208조 제2항).(변호 23, 모의 13, 16, 19, 21, 22)
- 공동대표이사 가운데 한 명이 업무집행으로 제3자에게 손해를 가한 경우, 회사의 불법행위책임이 성립하고 회사가 연대하여 손해를 배상하여야 한다.(모의 16, 22)
- 공동대표이사의 행위가 동시에 표시되지 않고, 순차적으로 표시되어도 유효하다.(모의 16)

(2) 공동대표권의 위임 [변호 17]

> **관련판례**
>
> 공동대표이사 1인이 대표권행사를 특정사항에 관하여 개별적으로 다른 공동대표이사에게 위임함은 별론으로 하고, 공동대표이사 중 1인이 다른 공동대표이사에게 대표권을 포괄위임 하는 것은 허용되지 않는다(대판 1989.5.23. 89다카3677).(모의 13, 21)

(3) 단독대표행위의 효력

- 공동대표이사 가운데 1인이 다른 공동대표이사의 동의 없이 단독으로 한 대표행위는 무효이다.
- 상대방의 선의 여부에 따라 달라지지 않는다.
- 공동대표이사 중 한 명의 단독대표행위의 성질은 무권대리에 해당하는 것으로 보아 나머지 공동대표이사 전원이 추인하는 방식으로 하자를 치유하여 유효하게 할 수 있다.

> **관련판례**
>
> 공동대표이사가 단독으로 회사를 대표하여 제3자와 한 법률행위에 대한 추인의 의사표시는 단독으로 행위한 공동대표이사 또는 그 상대방인 제3자에게 할 수 있다(대판 1992.10.27. 92다19033).(변호 19, 모의 16, 19)

7. 집행임원

- 집행임원은 회사의 업무집행 권한과 정관이나 이사회결의로 위임받은 업무집행에 관한 의사결정권한을 가진다(제408조의4).(변호 13)
- 집행임원을 둔 회사는 대표이사를 두지 못한다(제408조의2 제1항).
- 집행임원은 이사회에서 선임되고,(변호 13) 이사가 아닌 자도 선임될 수 있다.
- 집행임원의 임기는 정관에 다른 규정이 없으면 2년을 초과하지 못한다(제408조의3 제1항).
- 집행임원과 회사 소송에서 회사를 대표할 자는 이사회가 선임한다(제408조의2 제3항).(변호 19, 모의 20)
- 집행임원의 의무와 책임은 이사의 의무 및 책임과 동일하다.

VI 이사의 의무

1. 선관주의의무 및 경영판단원칙 [변호 16, 모의 16, 19, 22]

- 이사는 회사와의 위임관계에 따라(제382조 제2항), 선관주의의무로써 사무를 처리해야 한다.
- 이사의 의사결정 당시에 합리적으로 결정하였다면 사후적으로 결정이 잘못된 것으로 드러나더라도 이사에게 책임을 물을 수 없다. 경영판단원칙은 이사의 선관주의의무를 구체화한 것이므로 경영판단원칙의 요건이 충족되면 이사가 선관주의의무를 다한 것으로 본다.
- 법령에 위반한 행위는 경영판단원칙이 적용되지 않는다.(변호 19, 모의 13, 16, 17)

> **관련판례**
>
> ① 이사회가 어떤 안건에 관하여 충분한 정보를 수집·분석하고 정당한 절차를 거쳐 의사를 결정함으로써 그 안건을 승인하거나 또는 승인하지 않았다면, 그 의사결정 과정에 현저한 불합리가 없는 한 그와 같이 결의한 이사들의 경영판단은 존중되어야 하므로, 이사회의 결의에 참여한 이사들이 이사로서 선관주의의무 또는 충실의무를 위반하였다고 할 수 없다(대판 2019.10.31. 2017다293582).

② 대표이사는 이사회 또는 주주총회결의가 있더라도 그 결의내용이 회사 채권자를 해하는 불법 목적이 있는 경우에는 이에 맹종할 것이 아니라 회사를 위하여 성실히 직무를 수행할 의무가 있으므로 대표이사가 임무에 배임하는 행위를 함으로써 주주 또는 회사채권자에게 손해가 될 행위를 하였다면 이사회 또는 주주총회결의가 있었다고 하여 그 배임행위가 정당화 될 수는 없다(대판 1989.10.13, 89도1012).

2. 보고의무 및 비밀유지의무

- 이사는 3월에 1회 이상 업무의 집행상황을 이사회에 보고하여야 한다(제393조 제4항).
- 이사는 회사에 현저하게 손해를 미칠 염려가 있는 사실을 발견한 때에는 즉시 감사 또는 감사위원회에게 이를 보고하여야 한다(제412조의2, 제415조의2 제7항). (모의 22)
- 이사는 재임 중 뿐만 아니라 퇴임 후에도 직무상 알게 된 회사의 영업상 비밀을 누설하여서는 아니 된다(제382조의4). (모의 14, 17)

3. 감시의무 [변호 14, 모의 16, 22]

- 이사는 다른 이사의 업무집행이 법령 또는 정관에 따라 적절하게 이루어지고 있는지 감시하고 부적절한 행위가 이루어지지 않도록 조치할 의무를 부담한다.

> **관련판례**
> ① 업무분장에 따라 회사의 일상적인 업무를 집행하는 업무집행이사는 회사의 업무집행을 전혀 담당하지 아니하는 평이사에 비하여 보다 높은 주의의무를 부담한다(대판 2008.9.11, 2007다31518).
> ② 대규모회사에서 공동대표이사와 업무담당이사들이 내부 사무분장에 따라 각자의 분야를 전담하더라도 다른 이사들의 업무집행에 관한 감시의무가 면제되지 않는다(대판 2021.11.11, 2017다222368).
> ③ 업무집행을 담당하지 않는 평이사는 이사회를 통해 대표이사를 비롯한 업무담당이사의 업무집행을 감시하는 것이 통상적이나 평이사의 임무는 이사회 의안에 대하여 찬부의 의사표시를 하는 데에 그치지 않으며 대표이사를 비롯한 업무담당이사의 전반적인 업무집행을 감시할 수 있으므로, 업무담당 이사의 업무집행이 위법하다고 의심할만한 사유가 있음에도 불구하고 평이사가 감시의무를 위반하여 이를 방치한 때에는 이로 인해 회사가 입은 손해에 대하여 배상책임을 부담한다(대판 1985.6.25, 84다카1954). (변호 24, 모의 14, 17, 18)
> ④ 이사는 이사회 안건에 찬부의 의사표시를 하는 데 그치지 않고, 이사회 참석 및 의결권 행사를 통해 대표이사 및 다른 이사들의 업무집행을 감시·감독할 의무가 있다. 이는 사외이사라거나 비상근이사도 동일하다. 이사와 감사가 이사회에 출석하고 상법 규정에 따른 감사활동을 하는 등 기본적인 직무를 이행하지 않았고, 회사를 실질적으로 운영하던 자의 유상증자대금 횡령 등 위법한 직무수행에 관한 감시·감독의무를 지속적으로 소홀히 한 경우, 이사와 감사의 임무해태와 유상증자대금 횡령으로 인한 회사의 손해 사이에 인과관계가 인정된다(대판 2019.11.28, 2017다244115).
> ⑤ 대표이사는 모든 직원의 직무집행을 감시할 의무는 물론, 이사회 구성원으로서 다른 대표이사와 업무담당이사의 업무집행을 감시할 권한과 책임이 있다. 가격담합 등 위법행위 방지를 위한 합리적인 내부통제시스템이 없었고 대표이사가 이를 구축하려는 노력을 하지도 않았으며, 지속적이고 조직적인 담합이라는 중대한 위법행위가 발생하고 있음에도 대표이사가 이를 인지하지 못하여 미연에 방지하거나 발생 즉시 시정조치를 할 수 없었던 상황에서 담합행위로 인해 회사에 과징금이 부과된 경우 대표이사의 회사에 대한 손해배상책임이 인정된다(대판 2021.11.11, 2017다222368).
> ⑥ 대규모 회사의 업무집행을 담당하지 않는 사외이사 등은 내부통제시스템 구축을 촉구하는 등의 노력을 하지 않거나 내부통제시스템이 구축되어 있더라도 제대로 운영되지 않는다고 의심할 만한 사유가 있는데도 이를 외면하고 방치한 경우에 감시의무 위반으로 인정될 수 있다(대판 2022.5.12, 2021다279347).

4. 경업금지의무 [변호 14, 23, 모의 18, 19, 21]

(1) 의의

- 이사는 이사회의 승인이 없으면 자기 또는 제3자의 계산으로 회사의 영업부류에 속한 거래를 하거나(변호 13, 모의 14) 동종영업을 목적으로 하는 다른 회사의 무한책임사원이나 이사가 되지 못한다(제397조 제1항).(모의 22)

> **관련판례**
> ① 경업의 대상이 되는 회사가 영업을 개시하지 못한 채 공장의 부지를 매수하는 등 영업 준비작업을 추진하고 있는 단계에 있다 하더라도 경업금지의 대상이 되고, 경업금지 대상회사의 영업활동 개시 전에 대상회사의 이사 및 대표이사직을 사임하였더라도 이사의 경업금지에 위배되고 이사 해임사유인 법령에 위반한 중대한 사실이 있는 경우에 해당된다(대판 1993.4.9. 92다53583).(변호 12, 19)
> ② 이사는 경업 대상 회사의 이사, 대표이사가 되는 경우뿐만 아니라 그 회사의 지배주주가 되어 그 회사의 의사결정과 업무집행에 관여할 수 있게 되는 경우에도 자신이 속한 회사 이사회의 승인을 얻어야 한다(대판 2013.9.12. 2011다57869).(변호 15, 모의 16, 18)

(2) 이사회의 승인

- 이사회 승인은 보통결의에 의한 승인을 의미한다. 소규모회사로서 이사가 1인 또는 2인인 경우 주주총회 승인이 요구된다(제383조 제1항 단서, 제4항).

> **관련판례**
> ⊙ 이사회승인 없는 이사의 자기거래는 일종의 무권대리인의 행위로 볼 수 있고, 무권대리인 행위의 추인이 가능한 점에 비추어 보면, 상법 제398조 전문이 이사와 회사 사이의 이익상반거래에 대하여 이사회의 사후 승인을 배제하고 있다고 볼 수 없다. ⓛ 이사의 자기거래와 관련하여 그 거래에 관한 자기의 이해관계 및 그 거래에 관한 중요한 사실들을 개시하여야 할 의무가 있고, 만일 이러한 사항들이 이사회에 개시되지 아니한 채 그 거래가 이익상반거래로서 공정한 것인지 여부가 심의된 것이 아니라 단순히 통상의 거래로서 이를 허용하는 이사회의 결의가 이루어진 것에 불과한 경우 등에는 이사회의 승인이 있다고 할 수 없다(대판 2007.5.10. 2005다4284).

(3) 위반의 효과

- 이사가 이사회의 승인을 받지 않고 경업 또는 겸직을 하였더라도 해당 경업과 겸직은 유효하다.
- 위반 이사는 법령을 위반한 경우로서 이는 해임 사유에 해당되며 손해배상책임을 부담한다.
- 이사가 경업금지의무를 위반한 경우, 회사는 이사회결의로 위반 이사의 거래가 자기계산으로 한 경우 이를 회사계산으로 한 것으로 볼 수 있고, 제3자 계산으로 한 경우 위반 이사에게 이로 인한 이득의 양도를 청구할 수 있다(제397조 제2항).(변호 12, 13)[모의 19]
- 회사의 개입권 행사 제척기간은 거래가 있는 날로부터 1년이다(제397조 제3항).
- 상업사용인에게 적용되는 거래를 안 날로부터 2주간의 제척기간은 적용되지 않는다.

5. 자기거래 금지의무 [변호 14, 15, 16, 18, 모의 14, 16, 17, 18, 19, 21]

(1) 의의

- 이사 또는 주요주주 등이 자기 또는 제3자의 계산으로 회사와 거래를 하기 위하여는 미리 이사회에서 해당 거래에 관한 중요사실을 밝히고 이사회의 승인을 얻어야 하며, 이사회의 승인은 이사 3분의 2 이상의 수의 결의가 필요하고, 거래내용과 절차는 공정해야 한다(제398조 제1항). (변호 13, 16, 모의 16, 19)
- 2011년 개정상법에 의해 ① 자기거래 적용대상이 이사, 주요주주, 특수관계인으로 확대되었고, ② 이사회 사전승인이 명문으로 규정되었으며, ③ 이사 3분의 2 이상의 찬성으로 이사회 결의 요건이 강화되었고, ④ 거래내용과 절차가 공정할 것이 명시되었다(제398조).
- 회사가 제3자와 거래를 하더라도 거래 실질적 이익이 이사 등에게 귀속되는 간접거래도 해당된다.
- 간접거래의 예 : 회사가 이사 개인의 채무를 보증하는 행위, 회사가 이사의 채무를 인수하는 경우.

(2) 자기거래의 유형

1) 이사 또는 주요주주 [모의 17, 21]

- 집행임원, 퇴임이사, 임시이사, 직무대행자, 청산인도 자기거래가 제한된다. (모의 14)
- 이사의 지위에서 물러난 자, 이사가 아닌 사장 등은 해당되지 않는다.
- 제401조의2의 업무집행관여자와 표현이사는 자기거래 관련 조항이 준용되지 않는다.
- 주요주주란 의결권 있는 발행주식총수의 10% 이상을 소유하거나 회사의 주요 경영사항에 사실상의 영향력을 행사하는 주주를 말한다(제542조의8 제2항 제6호).

> **관련판례**
> ① 상법 제398조의 거래에는 이사와 회사 사이에 직접적인 이해상반 행위뿐 아니라 이사가 회사를 대표하여 자기를 위하여 자기 개인채무의 채권자와 자기개인채무의 연대보증을 하는 것과 같이 이사 개인에게 이익이 되고 회사에 불이익을 주는 행위도 포함하므로 별개 두 회사의 대표이사를 겸하고 있는 자가 어느 일방 회사의 채무에 관하여 나머지 회사를 대표하여 연대보증을 한 경우에도 역시 상법 제398조의 규정이 적용되는 것으로 보아야 한다(대판 1984.12.11. 84다카1591).(모의 19)
> ② 회사의 대표이사가 자신의 개인적인 연대보증채무를 담보하기 위하여 회사를 대표하여 자신에게 어음을 발행하는 경우, 이사회 승인이 요구된다(대판 2004.3.25. 2003다64688).(모의 14)
> ③ 이사의 자기거래에는 이사가 거래상대방이 되는 경우뿐 아니라, 이사가 상대방의 대리인이나 대표자로서 회사와 거래를 하는 경우도 해당한다(대판 2017.9.12. 2015다70044).
> ④ 모회사 이사와 자회사의 거래는 모회사와의 관계에서 자기거래에 해당하지 않고, 모회사 이사는 그 거래에 관해 모회사 이사회승인이 요구되지 않는다(대판 2013.9.12. 2011다57869).(모의 19)[모의 21]

2) 이사 또는 주요주주의 배우자 및 직계존비속

3) 이사 또는 주요주주의 배우자의 직계존비속

4) 제398조 제1호부터 제3호까지의 자가 단독 또는 공동으로 의결권 있는 발행주식총수의 50% 이상을 가진 회사 및 그 자회사

- A회사 이사 甲이 B회사의 의결권 있는 발행주식총수의 50%를 가지고 있는 경우, B회사가 자기의 계산으로 A회사와 거래를 하기 위해서는 A회사 이사회의 승인이 요구된다.(변호 15, 모의 15)

5) 제398조 제1호부터 제3호까지의 자가 제4호의 회사와 합하여 의결권 있는 발행주식총수의 50% 이상을 가진 회사

- A회사 이사 甲이 B회사의 의결권 있는 발행주식총수의 60%를 가지고 있고, 甲과 B회사가 합하여 C회사의 의결권 있는 발행주식총수의 60%를 가지고 있는 경우, C회사가 자기의 계산으로 A회사와 거래를 하기 위해서는 A회사 이사회의 승인을 얻어야 한다.(변호 15)

(3) 적용범위

- 수표 배서행위는 자기거래에 해당된다(대판 1994.10.11. 94다24626).[모의 16]
- 거래의 성질상 회사에 불이익이 생길 염려가 없는 행위는 자기거래에 해당되지 않는다.(변호 21)
- ① 보험계약 등 거래의 성질상 약관에 의하여 정형적으로 체결되는 계약,(모의 15) ② 회사 채무에 대한 이사의 보증,(모의 15) ③ 법령이나 주주총회의 결의를 집행하기 위한 것으로서 재량의 여지가 없는 경우(모의 14)는 자기거래에 해당되지 않는다.
- 제3자 배정 방식의 유상증자, 실권주의 배정, 자기주식 처분, 합병 또한 자기거래에 포함된다.
- 주주배정 유상증자의 경우 회사에 불이익이 생길 염려가 없으므로 자기거래에 해당되지 않는다.

(4) 이사회의 승인 [변호 21, 모의 21]

- 자기거래 승인기관은 이사회이다. 이사가 1명 또는 2명인 소규모회사로서 이사회를 두지 않은 회사는 주주총회가 승인기관이다(제383조 제1항 단서, 제4항).(변호 17)[모의 21]

> **관련판례**
> ① 일반적으로 주식회사에서 주주총회의 의결정족수를 충족하는 주식을 가진 주주들이 동의하거나 승인하였다는 사정만으로 주주총회에서 그러한 내용의 주주총회 결의가 있는 것과 마찬가지라고 볼 수 없다. 따라서 자본금 총액이 10억 원 미만으로 이사가 1명 또는 2명인 회사의 이사가 자기 또는 제3자의 계산으로 회사와 거래를 하기 전에 주주총회에서 해당 거래에 관한 중요사실을 밝히고 주주총회의 승인을 받지 않았다면, 특별한 사정이 없는 한 그 거래는 무효이다(대판 2020.7.9. 2019다205398).
> ② 이사의 자기거래에 대한 승인은 주주 전원의 동의가 있다거나 그 승인이 정관에 주주총회의 권한사항으로 정해져 있는 경우 등의 특별한 사정이 없는 한 이사회의 전결사항이라 할 것이므로, 이사회의 승인을 받지 못한 자기거래에 대하여 아무런 승인 권한이 없는 주주총회에서 사후적으로 추인 결의를 하였다 하여 그 거래가 유효하게 될 수 없다(대판 2007.5.10. 2005다4284).(변호 12, 19, 22, 모의 19)
> ③ 회사의 채무부담행위가 이사의 자기거래에 해당하여 이사회승인을 요하더라도, 위 규정의 취지가 회사 및 주주에게 예기치 못한 손해를 끼치는 것을 방지함에 있으므로, 채무부담행위에 사전에 주주 전원의 동의가 있었다면 회사는 이사회의 승인이 없었음을 이유로 그 책임을 회피할 수 없다(대판 2002.7.12. 2002다20544).
> ④ 사전에 상법 제398조에서 정한 이사회 승인을 받지 않았다면 특별한 사정이 없는 한 그 거래는 무효이고, 사후에 그 거래행위에 대하여 이사회 승인을 받았다고 하더라도 특별한 사정이 없는 한 무효인 거래행위가 유효로 되는 것은 아니다(대판 2023.6.29. 2021다291712).

(5) 위반의 효과 [변호 15, 16, 18, 모의 16, 17, 21]

> **관련판례**
> ① 이사회 승인 없이 한 자기거래행위는 회사와 이사 간에서는 무효이지만, 회사가 거래가 이사회승인을 얻지 못하여 무효라는 것을 제3자에게 주장하기 위해서는 이사회승인을 얻지 못하였다는 것 외에 제3자가 이사회승인 없음을 알았거나 이를 알지 못한 데 중과실이 있음을 입증하여야 한다(대판 2004.3.25. 2003다64688).(모의 14, 19)

② 이사와 회사 사이의 거래가 상법 제398조를 위반하였음을 이유로 무효임을 주장할 수 있는 자는 회사에 한정되고 특별한 사정이 없는 한 거래의 상대방이나 제3자는 그 무효를 주장할 이익이 없으므로, 거래 상대방인 이사가 거래의 무효를 주장하는 것은 허용되지 않는다(대판 2012.2.7. 2011다 67651).(변호 15, 모의 19)

(6) 이사 등의 책임
- 이사회 사전 승인이 없거나 승인이 있더라도 불공정한 자기거래를 한 이사는 제399조에 따라 회사에 손해배상책임을 부담한다.(변호 12, 모의 19) 해당 이사는 경영판단의 적용대상이 아니다.
- 해당 이사의 책임은 총주주의 동의로 면제할 수 있다.
- 불공정한 자기거래를 이사회에서 승인한 이사들은 제399조에 따라 회사에 손해배상책임을 부담한다. 승인한 이사들은 경영판단의 적용대상이 되고, 책임제한의 대상도 된다(제400조 제2항).
- 주요주주 등 이사 이외에 자기거래를 한 자는 이사회 승인이 없거나 거래가 불공정하여도 회사에 대하여 손해배상책임을 부담하지 않는다.

6. 회사기회유용 금지의무 [모의 16, 19]
- 이사(주요주주 X)는 이사회의 승인 없이 현재 또는 장래에 회사의 이익이 될 수 있는 회사의 사업기회를 자기 또는 제3자의 이익을 위하여 이용하여서는 아니 된다(제397조의2 제1항).
- 대상이 되는 사업기회는 ① 직무수행 과정에서 알게 되거나 회사의 정보를 이용한 사업기회 및 ② 회사가 수행하고 있거나 수행할 사업과 밀접한 관계가 있는 사업기회를 말한다.
- 회사 사업기회는 현재 또는 장래 회사에 이익이 될 수 있는 기회이면 되고, 반드시 유망한 사업기회가 아니어도 된다.(모의 16)
- 회사가 수행하고 있거나 수행할 사업과 밀접한 관계가 있는 사업기회는 회사의 영업부류에 속한 사업기회로서 정관상 사업목적에 한정되지 않고 사실상 회사가 행하는 모든 영업을 포함한다.
- 이사회 승인은 이사 3분의 2 이상의 수로써 하여야 한다.(변호 13, 21, 모의 14, 16)
- 이사의 자기거래의 경우와 달리 이사회 승인 없이 이루어진 회사기회 유용행위는 유효하다.
- 이사회승인이 있었더라도 회사기회 이용으로 회사가 손해를 입었다면 이사는 손해를 배상해야 한다. 자기거래와 달리 손해를 발생시킨 이사 및 승인 이사는 연대하여 손해배상책임이 있고 이로 인한 이사 또는 제3자의 이익은 손해로 추정된다(제397조의2 제2항).(모의 14, 16, 22)

VII 이사의 책임

1. 회사에 대한 손해배상책임 [변호 14, 16, 모의 16, 19]

(1) 의의(제399조)
- 이사가 고의 또는 과실로 법령 또는 정관에 위반한 행위를 하거나 그 임무를 게을리 한 경우 이사는 회사에 대하여 연대하여 손해배상책임을 부담한다.(모의 16)
- 이사회결의에 의한 경우 결의에 찬성한 이사도 손해배상책임을 부담한다.
- 이사회결의에 참가한 이사로서 이의 기재가 의사록에 없는 자는 결의에 찬성한 것으로 추정한다.

① 주식회사의 이사 또는 감사의 회사에 대한 임무해태로 인한 손해배상책임은 일반불법행위 책임이 아니라 위임관계로 인한 채무불이행책임이므로 그 소멸시효기간은 일반채무와 같이 10년이다(대판 1985.6.25. 84다카1954)(대판 2023.10.26. 2020다236848).(변호 13, 22)

② 주식회사의 이사가 회사에 대하여 손해배상채무를 부담하는 경우 특별한 사정이 없는 한 이행청구를 받은 때부터 지체책임을 부담한다(대판 2021.5.7. 2018다275888).(변호 24)

③ 이사가 결의에 기권하였다고 의사록에 기재된 경우 그 이사는 이의를 한 기재가 의사록에 없는 자에 해당하지 않으므로 상법 제399조 제3항에 따라 이사회 결의에 찬성한 것으로 추정할 수 없고, 따라서 같은 조 제2항의 책임을 부담하지 않는다(대판 2019.5.16. 2016다260455).(변호 22, 모의 21)

(2) 책임의 원인

1) 법령 또는 정관 위반

- 법령 또는 정관에 위반한 행위 : 재무제표 허위작성 후 이익배당, 이사회승인 없이 경업 또는 자기거래, 위법한 신주발행, 회사자금으로 뇌물 제공,(변호 20, 모의 13) 불공정거래행위.
- 법령 또는 정관 위반의 경우 이사가 자신에게 고의 및 과실이 없었음을 입증해야 한다.

2) 임무를 게을리 한 경우

- 이사의 선관주의의무 위반은 법령위반이 아닌 임무해태에 해당한다.
- 임무해태의 경우 손해배상책임을 주장하는 자가 이사의 고의, 과실을 입증해야 한다.(모의 14)

① 대표이사의 직무수행상 채무는 미회수금 손해 등의 결과가 전혀 발생하지 않도록 하여야 할 결과채무가 아니라, 회사의 이익을 위하여 선량한 관리자로서의 주의의무를 가지고 필요하고 적절한 조치를 다해야 할 채무이므로, 회사에게 대출금 중 미회수금 손해가 발생하였다는 결과만을 가지고 채무불이행 사실을 추정할 수 없다(대판 1996.12.23. 96다30465,30472).(모의 17)

② 이사가 다른 업무담당이사의 업무집행이 위법하다고 의심할 만한 사유가 있음에도 불구하고 이를 방치한 때에는 회사에 손해배상책임을 부담한다(대판 2018.3.22. 2012다74236 전합).(변호 22, 24)

③ 이사는 이사회의 일원으로서 다른 업무담당 이사의 업무집행을 전반적으로 감시할 의무가 있고 이러한 의무는 비상근 이사라고 하여 면할 수 있는 것은 아니므로 이사가 이사회에 참석하지도 않고 사후적으로 이사회의 결의를 추인하는 등으로 실질적으로 이사의 임무를 전혀 수행하지 않은 이상 그 자체로서 임무해태에 해당한다(대판 2008.12.11. 2005다51471).(변호 22)

④ 이사들이 주주 1인에 대한 기부를 결의하면서 기부금의 성격, 기부행위가 회사 설립목적과 공익에 미치는 영향, 회사 재정상황에 비추어 본 기부금 액수의 상당성, 회사와 기부상대방의 관계 등에 관해 합리적인 정보를 바탕으로 충분한 검토를 거치지 않았다면, 선관주의의무에 위배된다. 회사 자본이나 경영상태에 비추어 지나치게 큰 규모의 기부를 했다면 이는 이사의 충실의무에 위반되는 것으로서 이사의 손해배상책임의 원인이 된다(대판 2019.5.16. 2016다260455).(변호 12)

(3) 회사의 손해

> **관련판례**
> ① 배당가능이익이 없는데도 배당가능이익이 있는 것처럼 재무제표가 분식되어 이를 기초로 주주에 대한 이익배당금 지급과 법인세 납부가 이루어진 경우에는, 회사는 그 분식회계로 말미암아 지출하지 않아도 될 주주에 대한 이익배당금과 법인세 납부액 상당을 지출하게 되는 손해를 입게 되었다고 볼 수 있다(대판 2018.3.22. 2012다74236 전합). (모의 22)[모의 22]
> ② 부실대출 후 수차례 변제기한이 연장된 끝에 대출금을 회수하지 못하는 손해가 발생한 경우, 손해배상 책임은 원칙적으로 최초에 부실대출 실행을 결의한 이사들만 부담한다. 단순히 변제기한의 연장에만 찬성한 이사들은 기한연장 당시 대출금을 모두 회수할 수 있었으나 기한연장으로 채무자의 자금사정이 악화되어 대출금을 회수할 수 없게 된 경우가 아닌 한 손해배상책임을 부담하지 않는다(대판 2007.5.31. 2005다56995).
> ③ 상호신용금고의 대표이사가 대출한도를 초과하여 대출하면서 충분한 담보를 확보하지 않아 대출금을 회수하지 못하게 된 경우, 대표이사는 미회수 대출금 중 대출한도를 초과한 금액에 대한 손해배상책임이 있다(대판 2002.6.14. 2002다11441).

(4) 책임의 제한 [모의 16]

- 회사는 정관으로 이사의 손해배상책임을 이사가 그 행위를 한 날 이전 최근 1년간 보수액의 6배(사외이사의 경우는 3배)를 초과하는 금액에 대하여 면제할 수 있다(제400조 제2항). (모의 14)
- ① 고의·중과실로 인한 경우, ② 경업금지 및 겸직금지(제397조), ③ 회사기회유용금지(제397조의2) 및 ④ 자기거래(제398조) 위반의 경우 책임제한이 인정되지 않는다(제400조 제2항 단서).

> **관련판례**
> 이사의 법령 또는 정관 위반 내지 임무해태에 따른 회사에 대한 손해배상의 범위는 손해분담의 공평의 이념에 비추어 법원이 제반 사정을 참작하여 손해배상액을 제한할 수 있다(대판 2008.12.11. 2006다5550). (변호 22) 이때에 손해배상액 제한의 참작 사유에 관한 사실인정이나 제한비율의 결정은 그것이 형평의 원칙에 비추어 현저히 불합리한 것이 아닌 한 사실심의 전권사항이다(대판 2019.5.16. 2016다260455). (모의 13, 17)

(5) 주주 전원 동의에 의한 책임면제 [모의 13]

- 이사의 회사에 대한 손해배상책임은 주주 전원의 동의로 면제할 수 있다(제400조 제1항).

> **관련판례**
> ① 상법 제399조의 이사 책임을 면제할 수 있는 총주주의 동의는 묵시적 의사표시의 방법으로 할 수 있고 반드시 명시적, 적극적으로 이루어질 필요는 없다. 사실상의 1인 주주가 한 동의도 총주주의 동의에 해당한다(대판 2002.6.14. 2002다11441). (변호 12, 모의 14)
> ② 상법 제399조에 기한 손해배상청구의 소를 제기한 것은 불법행위로 인한 손해배상청구권에 대한 소멸시효 중단의 효력이 없다(대판 2002.6.14. 2002다11441).
> ③ 대표이사가 개인 목적으로 회사명의 수표를 발행하거나 타인이 발행한 약속어음에 회사명의 배서를 해주어 회사가 지급책임을 이행하여 손해를 입은 경우, 회사는 상법 제399조의 손해배상청구권을 행사할 수 있음은 물론 대표권 남용에 따른 불법행위를 이유로 한 손해배상청구권도 행사할 수 있다. 총주주의 동의로 대표이사의 행위로 입게 된 손해를 특별손실로 처리하기로 결의하였다면 상법 제400조의 면제에 해당되나 이로써 소멸되는 손해배상청구권은 상법 제399조에 따른 권리에 제한되고 불법행위로 인한 손해배상청구권까지 소멸되는 것으로는 볼 수 없다(대판 1989.1.31. 87누760).

(6) 재무제표 승인에 의한 책임해제(제450조)

- 정기주주총회에서 재무제표 등을 승인한 후 2년 내에 다른 결의가 없으면 회사는 이사와 감사의 책임을 해제한 것으로 본다.
- 해제되는 책임은 재무제표 등에 책임사유가 기재된 책임을 의미한다.
- '2년 내의 다른 결의'란 주주총회결의, 이사회결의, 회사의 소 제기 등을 포함한다.
- 이사 또는 감사의 부정행위는 재무제표 승인으로 이사와 감사의 책임이 해제되지 않는다.

> **관련판례**
>
> 상법 제450조에 따른 이사의 책임해제는 재무제표 등에 기재되어 정기총회에서 승인을 얻은 사항에 한정된다.(모의 17) 상호신용금고의 대표이사가 충분한 담보를 확보하지 아니하고 동일인 대출 한도를 초과하여 대출한 것은 재무제표 등을 통하여 알 수 있는 사항이 아니므로, 상호신용금고의 정기총회에서 재무제표 등을 승인한 후 2년 내에 다른 결의가 없었다고 하여 대표이사의 손해배상책임이 해제되었다고 볼 수 없다(대판 2002.2.26. 2001다76854).

2. 제3자에 대한 손해배상책임 [변호 14, 20, 모의 14, 16, 22]

- 이사가 고의 또는 중대한 과실로 임무를 게을리 한 때에는 제3자에 대하여 연대하여 손해배상책임을 부담한다(제401조 제1항). 임무해태는 법령, 정관 위반을 포함한다.
- 제3자에 대한 손해배상책임은 제3자 보호를 위한 법정책임으로 그 소멸시효기간은 10년이다.
- 주주 전원 동의에 의한 책임면제는 제3자에 대한 책임에 대해서는 적용되지 않는다.
- 회사의 단순한 채무불이행이나 불가피한 채무불이행은 이사의 임무해태에 해당하지 않는다.

> **관련판례**
>
> ① 대표이사가 타인에게 회사업무 일체를 맡긴 채 자신의 업무집행에 아무런 관심도 두지 아니하여 부정행위 내지 임무해태를 간과한 경우에는 상법 제401조 제1항에서 말하는 고의 또는 중과실에 의하여 그 임무를 소홀히 한 것에 해당한다(대판 2003.4.11. 2002다70044).(모의 13)
> ② 부동산의 매수인인 주식회사의 대표이사가 매도인과 매매잔금 지급방법으로 매수부동산을 금융기관에 담보로 제공하여 대출금으로 잔금을 지급하기로 하였으나, 대출 이후 해당 대출금 중 일부만을 잔금으로 지급하고 나머지는 다른 용도로 사용한 후 나머지 잔금이 지급되지 않은 상태에서 피담보채무도 변제하지 않아 부동산이 경매절차에서 경락되어 결과적으로 매도인이 손해를 입은 경우 대표이사가 악의 또는 중과실로 그 임무를 해태한 경우에 해당한다고 볼 수 있다(대판 2002.3.29. 2000다47316).
> ③ 이사가 회사재산을 횡령하여 회사재산이 감소함으로써 회사가 손해를 입고 결과적으로 주주의 경제적 이익이 침해되는 손해와 같은 간접 손해는 상법 제401조 제1항의 손해에 포함되지 아니하므로 위 법조항에 의한 손해배상을 청구할 수 없다(대판 2003.10.24. 2003다29661).[변호 20, 모의 14, 16, 22]
> ④ 회사 재산을 횡령한 이사가 악의 또는 중과실로 부실공시를 하여 재무구조의 악화 사실이 증권시장에 알려지지 아니함으로써 회사 발행주식의 주가가 정상주가보다 높게 형성되고, 주식매수인이 그러한 사실을 알지 못한 채 주식을 취득하였다가 그 후 그 사실이 증권시장에 공표되어 주가가 하락한 경우, 주주는 이사의 부실공시로 인하여 정상주가보다 높은 가격에 주식을 매수하였다가 주가가 하락함으로써 직접 손해를 입은 것이므로, 이사에 대하여 상법 제401조 제1항에 의하여 손해배상을 청구할 수 있다(대판 2012.12.13. 2010다77743).(변호 20)[모의 22]

3. 업무집행지시자 등의 손해배상책임 [변호 22]

- 회사에 대한 자신의 영향력을 이용하여 이사에게 업무집행을 지시한 자, 이사의 이름으로 직접 업무를 집행한 자, 이사가 아니면서 명예회장, 회장, 사장, 부사장, 전무, 상무, 이사 기타 회사의 업무를 집행할 권한이 있는 것으로 인정될 만한 명칭을 사용하여 회사의 업무를 집행한 자는 그 지시하거나 집행한 업무에 관하여 제399조, 제401조 및 제403조의 적용에 있어서 이사로 본다(제401조의2 제1항).(모의 16)
- 업무집행지시자는 법인인 지배회사도 포함된다(대판 2006.8.25. 2004다26119).(변호 15, 모의 16)
- 업무집행지시자 등은 대표소송 대상이 된다.[변호 22]
- 경업금지, 회사기회유용금지, 자기거래는 적용되지 않는다.

> **관련판례**
> ① 표현이사는 그 명칭에 이미 업무집행권한이 나타나 있으므로 회사에 대한 영향력이 있을 것까지 요구되지 않는다(대판 2009.11.26. 2009다39240).
> ② 상법 제401조의2 제1항에서 정한 업무집행지시자 등의 손해배상책임은 상법에 의하여 이사로 의제되는 데 따른 책임이므로 그에 따른 손해배상채권에 일반 불법행위책임의 단기소멸시효를 규정한 민법 제766조 제1항이 적용되지 않는다(대판 2023.10.26. 2020다236848).

Ⅷ 소수주주권

1. 이사회의사록 등의 열람·등사권

- 주주(채권자 ×)는 영업시간 내에 이사회의사록의 열람 또는 등사를 청구할 수 있다(제391조의3 제3항).(변호 22, 모의 13) 회사는 이유를 붙여 거절할 수 있으며, 주주는 법원의 허가를 얻어 이사회의사록 열람 또는 등사를 청구할 수 있다(제391조의3 제4항).(모의 13)
- 주주와 회사채권자는 영업시간 내에 회사의 정관, 주주총회의 의사록, 주주명부, 사채원부를 열람 또는 등사할 수 있다(제396조 제2항).(변호 22, 모의 13, 17, 18)

2. 회계장부 열람·등사권(제466조) [변호 17, 24]

- 비상장회사의 경우, 발행주식총수의 3% 이상을 보유한 주주는 이유를 붙인 서면으로 회계 장부와 서류의 열람등사를 청구할 수 있다.(변호 22)
- 상장회사의 경우, 6개월 전부터 계속하여 발행주식총수의 0.1%(자본금 총액 1,000억 이상인 경우 0.05%) 이상을 보유한 주주(제542조의6 제4항)는 회계장부열람등사권을 행사할 수 있다.
- 주주의 열람·등사청구의 대상이 되는 '회계의 장부와 서류'에는 소수주주가 열람·등사를 구하는 이유와 실질적으로 관련이 있는 회계장부와 그 근거자료가 되는 회계서류가 포함된다.(모의 17)

> **관련판례**
> ① 발행주식 총수 3% 이상의 주식을 가진 주주는 이유를 붙인 서면으로 회계장부와 서류의 열람 또는 등사를 청구할 수 있다. 열람·등사에 시간이 소요되는 경우에는 열람·등사를 청구한 주주가 전 기간을 통해 발행주식 총수의 100분의 3 이상의 주식을 보유하여야 하고, 회계장부의 열람·등사를 재판상 청구하는 경우에는 소송이 계속되는 동안 위 주식 보유요건을 구비해야 한다(대판 2017.11.9. 2015다252037).(변호 20, 21, 모의 18, 19, 22)[변호 24]

② 주식매수청구권을 행사한 주주도 회사로부터 주식 매매대금을 지급받지 아니하고 있는 동안에는 주주로서의 지위를 여전히 가지고 있으므로 특별한 사정이 없는 한 주주로서의 권리를 행사하기 위해 필요한 경우에는 회계장부열람·등사권을 가진다(대판 2018.2.28. 2017다270916).(변호 20, 24, 모의 23)
③ 자회사의 회계서류가 모회사에 보관되어 있고, 모회사의 회계상황을 파악하기 위한 근거자료로서 실질적으로 필요한 경우, 자회사의 회계장부는 모회사 회계서류로서 모회사 소수주주의 열람·등사청구의 대상이 될 수 있다(대판 2001.10.26. 99다58051).(변호 14, 모의 13, 17)

- 열람등사청구는 이유를 붙인 서면을 미리 회사에 제출하여야 한다(제466조 제1항).
- 열람·등사청구권은 권리행사에 필요한 범위 내에서 허용되며, 1회에 국한되지 않는다.(모의 17) [변호 24]

관련판례

① 주주가 제출하는 회계장부열람·등사청구서에 붙인 '이유'는 회사가 열람·등사에 응할 의무의 존부를 판단하거나 열람·등사에 제공할 회계장부와 서류의 범위 등을 확인할 수 있을 정도로 기재되면 충분하고, 그 이유가 사실일지도 모른다는 합리적 의심이 생기게 할 정도로 기재하거나 그 이유를 뒷받침하는 자료를 첨부할 필요는 없다. 회계장부열람등사를 청구한 주주가 제출한 이유 기재 자체로 그 내용이 허위이거나 목적이 부당함이 명백한 경우 등에는 열람·등사청구는 허용될 수 없고, 이른바 모색적 증거 수집을 위한 열람·등사청구도 허용될 수 없다(대판 2022.5.13. 2019다270163).
② 회계장부열람·등사청구권을 피보전권리로 하는 가처분도 허용되고, 이러한 가처분을 허용함에 있어서는 피신청인인 회사에 대하여 직접 열람·등사를 허용하라는 명령을 내리는 방법뿐만 아니라, 열람·등사의 대상 장부 등에 관하여 훼손, 폐기, 은닉, 개찬이 행하여질 위험이 있는 때에는 이를 방지하기 위하여 그 장부 등을 집행관에게 이전 보관시키는 가처분을 허용할 수도 있다(대판 1999.12.21. 99다137).(모의 13, 17, 18)
③ 소수주주의 회계장부 등에 대한 열람·등사청구권은 회사에 대하여 채무자 회생 및 파산에 관한 법률에 따른 회생절차가 개시되더라도 배제되지 않는다(대결 2020.10.20. 2020마6195).

- 회사는 주주의 청구가 부당함을 증명하여 거부할 수 있다.[변호 17, 24]

관련판례

① 주주의 열람·등사권 행사가 부당한 것인지 여부는 그 행사에 이르게 된 경위, 행사목적, 악의성 유무 등 제반 사정을 종합적으로 고려하여 판단하여야 하고, 특히 주주의 열람·등사권의 행사가 ㉠ 회사업무 운영 또는 주주 공동의 이익을 해치거나, ㉡ 주주가 회사의 경쟁자로서 그 취득한 정보를 경업에 이용할 우려가 있거나, ㉢ 회사에 지나치게 불리한 시기를 택하여 행사하는 경우 등에는 정당한 목적을 결하여 부당한 것이라고 보아야 한다(대결 2004.12.24. 2003마1575).(변호 14, 20, 모의 17)
② 주주가 적대적 인수·합병을 시도하고 있다는 사정만으로 청구가 정당한 목적을 결하여 부당한 것이라고 볼 수 없다(대결 2014.7.21. 2013마657).(모의 17, 18)[변호 24]

---

3. 유지청구권

- 이사가 법령 또는 정관에 위반한 행위를 하여 이로 인하여 회사에 회복할 수 없는 손해가 생길 염려가 있는 경우, 감사 또는 발행주식총수의 1% 이상에 해당하는 주식을 가진 주주는 회사를 위하여 이사에 대하여 그 행위를 유지할 것을 청구할 수 있다(제402조).(변호 14, 모의 16)
- 사전적 구제수단이며, 회사의 이익을 위한 공익적 성격을 가진다.
- 이사는 선관주의의무에 따라 그 행위를 중지할 것인지 여부를 결정하고, 이사가 유지청구를 무시하고 행위를 한 경우에도 해당 행위는 언제나 유효하다.

4. 대표소송(제403조) [변호 16, 22, 모의 14, 16, 17, 22]

(1) 의의

- 발행주식총수의 1% 이상에 해당하는 주식을 가진 주주는 회사에 대하여 서면으로 이사의 책임을 추궁할 소의 제기를 청구할 수 있다. 청구는 이유를 기재한 서면으로 하여야 한다.
- 회사란 감사 또는 감사위원회를 말한다(제394조 제1항, 제415조의2 제7항).(모의 19)
- 주주가 회사에 대한 소 제기 청구 없이 대표소송을 제기한 경우 각하된다.(변호 22, 모의 16, 20)
- 주주의 청구를 받은 날로부터 30일 내에 회사가 소를 제기하지 않는 경우 직접 소를 제기할 수 있다.(변호 12, 19, 모의 14, 16, 20) 회사의 이익을 위한 것으로서 이는 공익권이다.
- 회사에 회복할 수 없는 손해가 생길 염려가 있는 경우에는 30일을 기다리지 않고 즉시 소를 제기할 수 있다.
- 대표소송에서 승소한 경우 손해배상액은 주주가 아니라 회사에 귀속된다.(모의 14, 15, 16)

> **관련판례**
> ① ㉠ 상법 제403조 제2항에 따른 서면에 기재되어야 하는 '이유'에는 권리귀속주체인 책임추궁 대상 이사, 책임발생 원인사실에 관한 내용이 포함되어야 한다. ㉡ 주주가 제출한 서면에 대상 이사 성명이 기재되어 있지 않거나 책임발생 원인사실이 다소 개략적으로 기재되어 있더라도, 회사가 서면기재 내용, 이사회의사록 등 회사보유 자료 등을 종합하여 대상 이사, 책임발생 원인사실을 구체적으로 특정할 수 있다면, 상법 제403조 제2항에서 정한 요건을 충족하였다고 보아야 한다(대판 2021.5.13. 2019다291399).(모의 22)
> ② ㉠ 주주가 이유를 기재한 서면을 제출하지 않은 채 대표소송을 제기하거나 제소청구서를 제출하였더라도 대표소송에서 제소청구서에 기재된 책임발생 원인사실과 전혀 무관한 사실관계를 기초로 청구를 하였다면 대표소송은 상법 제403조 제4항의 사유가 있다는 등의 특별한 사정이 없는 한 부적법하다. ㉡ 주주가 대표소송에서 주장한 이사의 손해배상책임이 제소청구서에 적시된 것과 차이가 있더라도 제소청구서의 책임발생 원인사실을 기초로 하면서 법적 평가만을 달리한 것에 불과하다면 그 대표소송은 적법하다. ㉢ 주주는 적법하게 제기된 대표소송 계속 중에 제소청구서의 책임발생 원인사실을 기초로 하면서 법적 평가만을 달리한 청구를 추가할 수도 있다(대판 2021.7.15. 2018다298744).(변호 23)
> ③ 회사에 회복할 수 없는 손해가 생길 염려가 없음에도 회사에 대하여 이사의 책임을 추궁할 소의 제기를 청구하지 아니한 채 발행주식 총수의 1% 이상에 해당하는 주식을 가진 주주가 즉시 회사를 위하여 소를 제기하였다면 그 소송은 부적법한 것으로서 각하되어야 한다. 여기서 회복할 수 없는 손해가 생길 염려가 있는 경우란 이사에 대한 손해배상청구권의 시효가 완성된다든지 이사가 도피하거나 재산을 처분하려는 때와 같이 이사에 대한 책임추궁이 불가능 또는 무익해질 염려가 있는 경우 등을 의미한다(대판 2010.4.15. 2009다98058).

(2) 대표소송의 원고 [변호 22]

- 대표소송을 제기할 수 있는 주주인지 여부는 주주명부를 기준으로 판단한다.(변호 14, 모의 14)
- 소 제기 당시에 주주이면 되며, 이사 책임원인 발생 뒤 주식을 취득한 주주도 가능하다.(모의 15)
- 주식 보유 비율은 단독으로 또는 다른 주주와 합산할 수 있다.(변호 24)
- 의결권 없는 주식도 포함.
- 소 제기 이후 1% 미만으로 감소되었다고 하더라도 제소의 효력에 영향이 없다.(변호 12, 14, 18, 19, 21, 23, 모의 16, 18, 20)[변호 22]

① 대표소송을 제기한 주주 중 일부가 주식을 처분하는 등의 사유로 주식을 전혀 보유하지 아니하게 되어 주주 지위를 상실하면, 특별한 사정이 없는 한 그 주주는 원고적격을 상실하여 그가 제기한 부분의 소는 부적법하게 되고, 이는 함께 대표소송을 제기한 다른 원고들이 주주 지위를 유지하고 있더라도 달리 볼 것은 아니다(대판 2013.9.12. 2011다57869).(변호 14, 15, 16, 17, 21, 모의 15, 20)

② 대표소송 제기 당시 다른 공동원고들과 함께 A회사 발행주식의 약 0.7%를 보유한 주주였던 甲이 대표소송 계속 중 A회사와 B회사의 주식교환으로 인하여 B회사가 A회사의 100% 주주가 되고 甲이 A회사의 주주의 지위를 상실한 경우 甲은 원고적격이 상실된다(대판 2019.5.10. 2017다279326).[변호 22]

③ 주주는 이사를 상대로 그 이사의 행위에 대하여 유지청구권을 행사하여 그 행위를 유지시키거나, 또는 대표소송에 의하여 그 책임을 추궁하는 소를 제기할 수 있을 뿐 직접 제3자와의 거래관계에 개입하여 회사가 체결한 계약의 무효를 주장할 수는 없다(대결 2001.2.28. 2000마7839).(모의 13, 16, 19)

④ 신주발행무효의 소 계속 중 원고 적격의 근거가 되는 주식이 양도된 경우 양수인은 제소기간 등의 요건이 충족된다면 새로운 주주의 지위에서 신소를 제기할 수 있고, 양도인이 제기한 기존 소송을 승계할 수도 있다(대판 2003.2.26. 2000다42786).(모의 17, 23)

⑤ 주권상장법인 내지 협회등록법인의 주주는 증권거래법 제191조의13 제5항이 정하는 6월의 보유기간요건을 갖추지 못한 경우라 할지라도 상법 제366조의 요건을 갖추고 있으면 그에 기하여 주주총회소집청구권을 행사할 수 있다(대판 2004.12.10. 2003다41715).[변호 16, 22]

(3) 소송참가(제404조)

- 회사는 주주가 제기한 대표소송에 참가할 수 있으며, 대표소송을 제기한 주주는 소 제기 후 지체없이 회사에 소송고지를 하여야 한다.(변호 19)
- 회사의 소송참가는 공동소송참가에 해당된다.(변호 12, 14, 17, 18, 21, 모의 13, 14, 17, 19, 21, 22)
- 회사 소송참가 이후 주주가 소를 취하하거나 주주의 원고적격이 없어지더라도 회사를 당사자로 하여 소송은 계속된다.

① 회사의 대표소송 참가는 공동소송참가를 의미하고, 이는 민사소송법상 중복제소금지에 반하지 아니한다.(변호 21) 권리관계가 이사의 재직 중에 일어난 사유로 인한 것이더라도 이사가 이미 이사의 자리를 떠난 경우에 회사가 그 사람을 상대로 제소하는 것도 가능하고,(모의 13) 전 이사들을 상대로 하는 주주대표소송에 회사가 참가하는 경우, 상법 제394조 제1항의 적용이 배제되어 회사를 대표하는 자는 감사가 아닌 대표이사이다.(변호 19, 21, 모의 13, 17, 18, 19) 원고 주주들이 주주대표소송의 사실심 변론종결시까지 대표소송상의 원고 주주요건을 유지하지 못하여 종국적으로 소가 각하되는 운명에 있다고 할지라도 각하 판결 선고 이전에 회사가 원고 공동소송참가를 신청하였다면 그 참가 당시 피참가소송의 계속이 없다거나 그로 인하여 참가가 부적법하게 된다고 볼 수는 없다.(변호 13, 16, 23, 모의 14, 17, 19, 20) 공동소송참가는 항소심에서도 할 수 있고, 항소심절차에서 공동소송참가가 이루어진 이후에 피참가소가 소송요건 흠결로 각하된다고 할지라도 소송 목적이 당사자 일방과 제3자에 대하여 합일적으로 확정될 경우에 한하여 인정되는 공동소송참가의 특성에 비추어 볼 때, 심급이익 박탈의 문제는 발생하지 않는다(변호 13, 모의 14, 19, 20)(대판 2002.3.15. 2000다9086).

② 대표소송은 파산절차가 진행 중인 경우에는 그 적용이 없고, 주주가 파산관재인에 대하여 이사 또는 감사에 대한 책임을 추궁할 것을 청구하였는데 파산관재인이 이를 거부하였더라도 주주가 상법 제403조, 제415조에 근거하여 대표소송을 제기할 수 없으며, 이는 주주가 회사에 대하여 책임추궁의 소의 제기를 청구하였지만 회사가 소를 제기하지 않고 있는 사이에 회사에 대하여 파산선고가 있은 경우에도 마찬가지이다(대판 2002.7.12. 2001다2617).(변호 13, 14, 17, 21, 22, 모의 16, 20)

(4) 기타 소송법적 쟁점

- 대표소송은 회사 본점소재지 지방법원이 전속관할이다(제403조 제7항, 제186조).(변호 12)
- 회사가 주주의 청구에 따라 이사의 책임을 추궁하는 소송을 제기하거나 주주의 대표소송이 제기된 이후에는 당사자는 법원의 허가를 얻지 아니하고는 소의 취하, 청구의 포기, 인낙, 화해를 할 수 없다(제403조 제6항).(변호 12, 13, 19, 모의 17, 18, 19, 20)
- 주주대표소송의 주주와 같이 다른 사람을 위하여 원고가 된 사람이 받은 확정판결의 집행력은 확정판결의 당사자인 원고가 된 사람과 다른 사람 모두에게 미치므로, 주주대표소송의 주주는 집행채권자가 될 수 있다(대결 2014.2.19. 2013마2316).(변호 21, 22, 23, 모의 21)
- 회사가 주주 청구에 따라 이사책임을 추궁하는 소송을 제기하거나 대표소송이 제기된 경우 원고와 피고의 공모로 회사의 권리를 사해할 목적으로써 판결을 하게 한 때에는 회사 또는 주주는 종국판결에 대하여 재심의 소를 제기할 수 있다(제406조 제1항).(변호 14, 모의 14, 17)
- 대표소송을 제기한 주주가 승소한 때에는 그 주주는 회사에 대하여 소송비용 및 그 밖에 소송으로 인하여 지출한 비용 중 상당한 금액의 지급을 청구할 수 있다(제405조 제1항).
- 소를 제기한 주주가 패소한 때에는 악의인 경우 외에는 회사에게 손해를 배상할 책임이 없다(제405조 제2항).(변호 16, 19, 모의 20)

(5) 다중대표소송(제406조의2) [모의 13, 16]

- 모회사 발행주식총수의 1% 이상에 해당하는 주식을 가진 주주는 자회사에 대하여 자회사 이사의 책임을 추궁할 소를 제기할 것을 청구할 수 있다.(모의 21(2), 22)
- 자회사가 위 청구를 받은 날부터 30일 내에 소를 제기하지 아니한 때에는 위 주주는 즉시 자회사를 위하여 소를 제기할 수 있다.
- 주주의 소 제기 청구 이후 모회사 보유 자회사 주식이 자회사 발행주식총수 50% 이하로 감소한 경우(발행주식을 보유하지 않게 된 경우 제외)에도 다중대표소송의 효력에 영향이 없다.

Ⅸ 감사와 감사위원회

1. 감사

(1) 의의

- 회사의 업무 및 회계 감사를 주된 임무로 하는 주식회사의 필요적 상설기관이다.
- 자본금 10억 원 미만의 소규모회사는 감사를 선임하지 않을 수 있다(제409조 제4항).(변호 23)
- 자산총액 1천억 원 이상 2조 원 미만의 상장회사는 주주총회 결의에 의하여 회사에 상근감사를 1명 이상 두어야 한다(제542조의10 제1항).(변호 15, 모의 14, 16, 19) 자산총액 2조원 이상인 상장회사는 감사를 둘 수 없고 감사위원회를 설치하여야 한다(제542조의11 제1항).

(2) 감사의 선임(제409조)

- 감사는 주주총회의 보통결의로 선임한다.(모의 21)
- 회사가 전자적 방법으로 의결권을 행사할 수 있도록 한 경우 출석주주 의결권의 과반수로써 감사의 선임을 결의할 수 있다.(변호 23, 모의 21, 22)
- 의결권 없는 주식을 제외한 발행주식총수 3% 초과 주식을 가진 주주는 초과 주식에 관하여 감사 선임에 있어서 의결권을 행사하지 못한다.(변호 15, 18, 모의 16, 19, 21, 22)[모의 18]

- 회사는 정관에서 더 낮은 주식 보유비율을 정할 수 있다.(변호 23)
- 상장회사 감사를 선임 또는 해임할 때에는 의결권 없는 주식을 제외한 발행주식총수의 3%를 초과하는 수의 주식을 가진 주주는 그 초과하는 주식에 관하여 의결권을 행사하지 못한다.(변호 23)
- 상장회사의 경우 주주가 최대주주인 경우에는 특수관계인 등이 소유하는 주식을 합산한다(제542조의12 제7항, 제4항).(변호 23)
- 합산되는 주식은 주주가 직접 보유한 주식뿐만 아니라 의결권 행사를 위임받은 주식을 포함한다.

(3) 감사의 겸임금지(제411조)
- 감사는 회사 및 자회사의 이사, 지배인 기타 사용인의 직무를 겸하지 못한다.(변호 19, 모의 16)

> **관련판례**
> 감사가 회사 또는 자회사의 이사 또는 지배인 기타의 사용인에 선임되거나 반대로 회사 또는 자회사의 이사 또는 지배인 기타의 사용인이 회사의 감사에 선임된 경우에는 그 선임행위는 각각의 선임 당시에 있어 현직을 사임하는 것을 조건으로 하여 효력을 가지고, 피선임자가 새로이 선임된 지위에 취임할 것을 승낙한 때에는 종전의 직을 사임하는 의사를 표시한 것으로 해석해야 한다(대판 2007.12.13. 2007다60080).(변호 18, 19, 모의 14, 19, 21)

(4) 감사의 임기, 보수, 종임
- 감사 임기는 취임 후 3년 내의 최종의 결산기에 관한 정기총회의 종결시까지로 한다.(변호 19)
- 감사의 재직 중 직무수행 대가로서의 퇴직금에 관하여 정관에 그 액을 정하지 아니한 때에는 주주총회의 결의로 정한다(제415조, 제388조).(변호 16, 24)
- 감사의 종임사유, 주주총회 특별결의에 의한 해임, 소수주주의 해임청구권, 감사 결원의 처리 등 이사에 관한 규정이 준용된다(제415조, 제382조 제2항, 제385조, 제386조, 제407조).
- 비상장회사의 주주총회 특별결의로 감사를 해임하는 경우, 선임의 경우와 달리 3% 초과 주식의 의결권이 제한되지 않는다.(모의 21)
- 감사 업무추진비, 출장비의 부적절한 집행은 감사 해임사유 X(대판 2013.9.26. 2011다42348).

(5) 감사의 권한
- 감사는 이사의 직무집행에 대한 감사권을 가진다(제412조 제1항).
- 감사는 언제든지 이사에 대하여 영업에 관한 보고를 요구하거나 회사의 업무와 재산 상태를 조사할 수 있다(제412조 제2항).(변호 19) 이사는 정기총회회일의 6주간 전에 재무제표와 영업보고서를 감사에게 제출하여야 한다(제447조의3).(모의 19)
- 모회사의 감사는 그 직무를 수행하기 위하여 필요한 때에는 자회사에 대하여 영업의 보고를 요구할 수 있다. 모회사의 감사는 자회사가 지체 없이 보고를 하지 아니하거나 그 보고의 내용을 확인할 필요가 있는 경우 자회사의 업무와 재산 상태를 조사할 수 있다.(변호 19, 20)
- 감사는 이사회에 출석하여 의견을 진술할 수 있다.(모의 22)

> **관련판례**
> 감사의 이사회 출석 및 의견 진술은 감사의 본래 업무와 밀접 불가분의 관계에 있는 부수 업무로 볼 수 없다. 이사들이 공모하여 이사회에서 급여 규정 개정안에 대하여 허위로 설명한 행위는 감사의 업무에 대한 업무방해죄에 해당하지 않는다(대판 2023.9.27. 2023도9332).

- 감사는 필요하면 회의의 목적사항과 소집이유를 적은 서면으로 이사에게 이사회 소집을 청구할 수 있다(제412조의4 제1항).
- 감사는 회의의 목적사항과 소집의 이유를 기재한 서면을 이사회에 제출하여 임시총회 소집을 청구할 수 있다(제412조의3 제1항).
- 이사가 법령 또는 정관에 위반한 행위를 하여 회사에 회복할 수 없는 손해가 생길 염려가 있는 경우 감사는 회사를 위하여 이사에게 그 행위를 유지할 것을 청구할 수 있다.(모의 21)
- 소 제기 권한 : ① 회사설립무효의 소(제328조), ② 주주총회결의 취소의 소(제376조 제1항), ③ 신주발행무효의 소(제429조), ④ 감자무효의 소(제445조), ⑤ 합병무효의 소(제529조), ⑥ 분할·분할합병무효의 소(제530조의11)를 제기할 수 있다.

(6) 이사와 회사 사이의 소에 관한 회사대표권(제394조)

- 회사가 이사에 대하여 또는 이사가 회사에 대하여 소를 제기하는 경우에 감사는 그 소에 관하여 회사를 대표한다.(모의 21)
- 감사위원회가 설치된 경우 감사위원회가 회사를 대표한다(제415조의2 제7항, 제394조 제1항).
- 감사위원회의 위원이 소의 당사자인 경우 감사위원회 또는 이사는 법원에 회사를 대표할 자를 선임하여 줄 것을 신청하여야 한다.(변호 20, 모의 17, 20)
- 자본금 총액 10억 원 미만으로 감사를 선임하지 않은 회사가 이사에게 또는 이사가 회사에 대해 소를 제기하는 경우 회사, 이사 또는 이해관계인은 법원에 회사 대표자를 선임해 줄 것을 신청해야 한다(제409조 제5항).

관련판례

① 소송의 목적이 되는 권리관계가 이사의 재직 중에 일어난 사유인 경우에도 이미 자리를 떠난 전 이사들을 상대로 하는 주주대표소송에 회사가 참가하는 경우 회사의 대표자는 대표이사이다(대판 2002.3.15. 2000다9086).(변호 19, 22, 모의 13, 17, 18, 19, 21)

② 일시대표이사가 선임된 회사에서 해당 회사가 이사를 상대로 이사지위의 부존재 확인을 구하는 소송을 제기할 경우 감사가 회사를 대표하지 않는다(대판 2018.3.15. 2016다275679).(모의 19)

③ 이사가 회사를 상대로 사임을 주장하면서 이사직을 사임한 취지의 변경등기를 구하는 소에서 상법 제394조 제1항은 적용되지 아니하므로 그 소에 관하여 회사를 대표할 사람은 감사가 아니라 대표이사이다(대결 2013.9.9. 2013마1273).(변호 19, 모의 18)

④ 피고 회사 이사가 피고 회사에 대하여 소를 제기하면서 대표이사를 대표자로 표시한 소장을 제출하고, 법원도 대표이사에게 소장 부본을 송달하여 대표이사로부터 위임받은 변호사들에 의하여 소송이 수행되었다면, 피고 회사를 대표할 권한이 대표이사에게 없기 때문에 소장이 피고에게 적법 유효하게 송달되었다고 볼 수 없고 대표이사가 피고를 대표하여 한 소송행위나 대표이사에 대하여 이사가 한 소송행위는 무효이다. 이 경우에도 피고 회사 대표자를 감사로 표시를 정정하여 흠결을 보정할 수 있고 감사가 무효인 종전 소송행위를 추인하는지와 관계없이 소송은 유효하게 된다. 이러한 보정은 항소심에서도 할 수 있다(대판 1990.5.11. 89다카15199).(모의 22)

⑤ 소송당사자인 법인 대표자의 대표권 여부는 소송요건으로서 법원의 직권조사사항이므로, 법원은 제출된 자료들에 의하여 대표권의 적법성에 의심이 갈 만한 사정이 있다면, 상대방이 이를 구체적으로 지적하여 다투지 않더라도 심리·조사할 의무가 있다. 자본금 총액 10억 원 미만으로 감사를 선임하지 아니한 주식회사가 이사에 대하여 소를 제기하는 경우에 법원이 대표이사를 소송에서 회사를 대표할 자로 선임하였다는 등의 특별한 사정이 없는 이상 대표이사는 그 소송에 관하여 회사를 대표할 권한이 없다(대판 2023.6.29. 2023다210953).

(7) 감사의 의무와 책임

- 감사는 회사와 위임관계에 있으므로 선관주의의무를 부담한다.
- 감사는 재임 중 뿐만 아니라 퇴임 후에도 직무상 알게 된 회사의 영업상 비밀에 대한 비밀유지 의무를 부담한다.
- 감사는 충실의무는 부담하지 않으며, 경업금지,(모의 21) 회사기회유용금지, 자기거래 등에 이사회 승인이 요구되지 않는다. 감사에 대하여 위법행위유치청구권은 적용되지 않는다.
- 감사는 회사 또는 제3자에 대한 손해배상책임을 부담하고, 대표소송의 대상이 된다.(변호 15)
- 총주주의 동의로 감사의 책임이 면제될 수 있고, 정관으로 감사의 책임이 제한될 수 있다.

> **관련판례**
> ① 감사가 실질적으로 감사의 직무를 수행할 의사가 전혀 없으면서도 자신의 도장을 이사에게 맡기는 등 명의만을 빌려줌으로써 이사로 하여금 어떠한 간섭이나 감독도 받지 않고 재무제표 등에 허위사실을 기재하고 분식된 재무제표 등을 이용하여 제3자에게 손해를 입히도록 묵인하거나 방치한 경우, 감사는 악의 또는 중과실로 임무를 해태한 때에 해당하여 제3자가 입은 손해를 배상할 책임이 있다.(변호 18, 모의 22) 감사가 결산업무를 수행하였으나 재무제표의 허위기재를 과실로 알지 못한 경우, 분식결산이 쉽게 발견 가능한 것이어서 조금만 주의를 기울였더라면 허위작성 사실을 알아내 이사가 허위의 재무제표 등을 주주총회에서 승인받는 것을 저지할 수 있었다는 등 중과실을 추단할 만한 사정이 인정되어야 제3자에 대한 손해배상책임을 인정할 수 있고, 분식결산이 회사의 다른 임직원들에 의하여 조직적으로 교묘하게 이루어져서 감사가 쉽게 발견할 수 없었던 때에는 분식결산을 발견하지 못하였다는 사정만으로 중과실이 있다고 할 수는 없고, 감사에게 분식결산으로 인하여 제3자가 입은 손해에 대한 배상책임을 인정할 수 없다(대판 2008.2.14. 2006다82601).(모의 20)
> ② 대규모 상장기업에서 일부 임직원의 전횡이 방치되고 있거나 중요한 재무정보에 대한 감사의 접근이 조직적·지속적으로 차단되고 있는 상황이라면, 감사의 주의의무는 경감되는 것이 아니라 오히려 현격히 가중된다(대판 2008.9.11. 2006다68636).(모의 20)

2. 감사위원회

(1) 의의

- 회사는 정관으로 감사에 갈음하여 감사위원회를 설치할 수 있다(제415조의2 제1항).
- 감사위원회를 설치한 경우 감사를 둘 수 없다(제415조의2 제1항 단서).(변호 13)
- 자산총액 2조 원 이상인 상장회사는 감사위원회를 설치해야 한다(제542조의11 제1항).

(2) 비상장회사의 감사위원회

- 비상장회사의 감사위원의 자격에 대한 특별한 제한이 없으며, 3인 이상의 이사로 구성되고 사외이사가 감사위원의 3분의 2 이상이 되어야 한다(제415조의2 제2항).(변호 15, 23)
- 비상장회사 감사위원의 선임은 이사회결의로 하고, 해임은 이사 총수의 3분의 2 이상의 이사회 결의로 한다(제415조의2 제2항, 제3항).(변호 13, 20)

(3) 자산총액 2조 원 이상 상장회사의 감사위원회

- ① 감사위원 중 최소한 1명은 회계 또는 재무전문가이어야 하고, ② 감사위원회 대표는 사외이사이어야 한다(제542조의11 제2항). ③ 상근감사의 결격사유는 사외이사가 아닌 감사위원에게도 적용된다(제542조의11 제1항, 제542조의10 제2항).

- 주주총회가 감사위원을 선임, 해임한다(제542조의12 제1항).(변호 23, 모의 13, 20, 21, 22) 전자적 방법으로 의결권을 행사할 수 있도록 한 경우 출석주주 의결권의 과반수로써 감사위원회 위원의 선임을 결의할 수 있다(제542조의12 제8항).(모의 22)
- 감사위원회 위원 중 1명은 주주총회 결의로 다른 이사들과 분리하여 감사위원회 위원이 되는 이사로 선임하여야 한다(제542조의12 제2항).(변호 22, 모의 21, 22)
- 분리 선임된 감사위원회 위원이 해임되는 경우 이사와 감사위원회 위원의 지위를 모두 상실한다(제542조의12 제3항).
- 감사위원회 위원을 선임 또는 해임할 때에는 의결권 없는 주식을 제외한 발행주식총수의 3%를 초과하는 수의 주식을 가진 주주는 그 초과하는 주식에 관하여 의결권을 행사하지 못한다(제542조의12 제4항).(변호 23, 모의 22) 정관에서 더 낮은 주식 보유비율을 정할 수 있다.
- 최대주주인 경우 사외이사가 아닌 감사위원회 위원을 선임 또는 해임할 때에 그의 특수관계인 등이 소유하는 주식을 합산한다.

> **관련판례**
>
> 최대주주가 아닌 주주와 그 특수관계인 등에 대하여도 일정 비율을 초과하여 소유하는 주식에 관하여 감사의 선임 및 해임에 있어서 의결권을 제한하는 내용의 정관 규정이나 주주총회결의 등은 무효이다(대판 2009.11.26. 2009다51820).

(4) 기타 상장회사의 감사위원회
- 자산총액 2조 원 미만 1천억 원 이상인 회사가 감사위원회를 두는 경우 자산총액 2조 원 이상인 회사의 감사위원회만 가능하다(제542조의10 제1항 단서).(변호 15, 모의 22)
- 자산총액 1천억 원 미만 상장회사는 비상장회사의 감사위원회(제415조의2)를 둘 수 있으므로, 비상장회사의 감사위원회에 관한 규정이 적용된다.

(5) 감사위원회의 운영
- 감사위원회의 소집과 결의방법 등은 위원회에 관한 규정이 적용된다(제393조의2 제4항, 제5항).
- 감사위원회가 결의한 사항에 대해서는 이사회가 다시 결의할 수 없다(제415조의2 제6항, 제393조의2 제4항 후단).(변호 15)
- 감사의 권한과 의무 및 책임에 관한 조항은 감사위원회에 준용된다(제415조의2 제7항).
- 임기 중 해임 시 손해배상청구에 관한 조항(제415조, 제385조)은 준용되지 않는다.

3. 5천억 이상 상장회사의 준법지원인(제542조의13)
- 최근 사업연도 말 현재의 자산총액이 5천억 원 이상인 상장회사는 준법통제기준을 마련하고, 준법지원인을 1명 이상 두어야 한다.(모의 14, 18, 19)
- 준법지원인은 준법통제기준 준수여부를 점검하여 결과를 이사회에 보고하여야 한다.(모의 18)
- 준법지원인의 임면은 이사회 결의를 거쳐야 한다.(모의 14, 18, 19)
- 준법지원인의 임기는 3년으로 하고, 상근으로 하여야 한다.
- 회사는 준법지원인이 그 직무를 독립적으로 수행할 수 있도록 하여야 하고, 준법지원인이었던 자에 대하여 그 직무수행과 관련된 사유로 부당한 인사상의 불이익을 주어서는 아니 된다.

제6관 신주발행, 사채, 회계

Ⅰ 신주발행

1. 추상적 신주인수권

(1) 의의 [모의 14, 21]

- 주주는 그가 가진 주식 수에 따라서 신주의 배정을 받을 권리가 있다(제418조 제1항).
- 추상적 신주인수권이란 다른 자에 우선하여 신주를 인수할 수 있는 권리를 의미한다.
- 회사는 신주인수권자의 청약에 대하여 각 청약자가 가진 신주인수권에 비례하여 신주를 배정하여야 한다(제418조 제1항).(변호 18)
- 추상적 신주인수권은 주식과 분리하여 양도할 수 없다.

(2) 경영상 필요에 의한 제3자 배정 (변호 13, 18, 20)[변호 18]

- 회사는 신기술의 도입, 재무구조의 개선 등 회사의 경영상 목적을 달성하기 위하여 필요한 경우에 한하여 정관에 정하는 바에 따라 주주 외의 자에게 신주를 배정할 수 있다(제418조 제2항).

> **관련판례**
> ① 신주발행에서 주주배정과 제3자 배정을 구별하는 기준은 회사가 신주를 발행하면서 주주들에게 그들의 지분비율에 따라 신주를 우선적으로 인수할 기회를 부여하였는지 여부에 따라 객관적으로 결정되고, 신주인수권을 부여받은 주주들이 실제로 인수권을 행사함으로써 신주를 배정받았는지 여부에 좌우되는 것은 아니다(대판 2012.11.15. 2010다49380).(변호 15, 모의 17, 20)[변호 24]
> ② 회사의 경영권 분쟁이 현실화된 상황에서 경영진의 경영권이나 지배권 방어라는 목적을 달성하기 위하여 제3자에게 신주를 배정하는 것은 주주의 신주인수권을 침해하는 것이다(대판 2009.1.30. 2008다50776).(변호 12, 15, 22, 모의 15, 17, 19, 20)
> ③ 현물출자자에게 발행하는 신주에는 일반주주의 신주인수권이 미치지 않는다(대판 1989.3.14. 88누889).(변호 17, 22, 모의 19)

(3) 실권주의 처분 [변호 15, 16]

> **관련판례**
> ① 회사는 이사회 결의로 실권된 신주를 자유로이 제3자에게 처분할 수 있고, 이 경우 실권된 신주를 제3자에게 발행하는 것에 관하여 정관에 반드시 근거 규정이 있어야 하는 것은 아니다(대판 2012.11.15. 2010다49380).(변호 18, 22, 모의 18)[변호 24]
> ② 단일한 기회에 발행되는 전환사채의 발행조건은 동일해야 하므로, 주주배정으로 전환사채를 발행하는 경우 주주가 인수하지 않아 실권된 부분을 주주가 인수한 부분과 별도로 취급하여 전환가액 등 발행조건을 변경하여 발행할 여지가 없다. 주주배정방법으로 전환사채를 발행하는 경우 실권주를 제3자에게 발행하더라도 주주의 경우와 같은 조건으로 발행할 수밖에 없고, 이는 실권의 규모에 따라 달라지는 것은 아니다. 주주배정방식으로 신주를 발행함에 있어 실권주를 제3자에게 배정한 경우, 발행가액이 시가보다 현저하게 낮아 기존 주식의 가치가 희석되었더라도 이사가 회사에 대한 관계에서 임무를 위배하여 회사에 손해를 끼친 것으로 볼 수 없다(대판 2009.5.29. 2007도4949).(변호 15, 모의 13)[변호 24]

2. 구체적 신주인수권

(1) 의의

- 구체적 신주인수권이란 이사회가 신주발행과 관련하여 구체적으로 주주 배정 또는 제3자 배정을 결정함으로써 주주 또는 제3자가 취득하는 신주인수의 청약을 할 수 있는 권리를 의미한다.

> **관련판례**
>
> 주식회사가 주주총회나 이사회의 결의로 신주를 발행할 경우에 발생하는 구체적 신주인수권은 주주의 고유권이 아니고 주주총회나 이사회의 결의에 의하여 발생하는 구체적 권리에 불과하므로, 그 신주인수권은 주주권의 이전에 수반되어 이전되지 아니 한다(대판 2016.8.29. 2014다53745).(모의 17)

(2) 구체적 신주인수권의 양도 [변호 15, 모의 19]

- 정관 또는 이사회 결의로 신주인수권의 양도를 정한 경우, 신주인수권증서의 교부만으로 양도할 수 있다(제420조의3 제1항).
- 정관 규정이나 이사회결의가 없는 경우 주주의 신주인수권을 양도할 수 있는지 문제된다.
- 학설 : ① '양도긍정설'(신주인수권 양도는 주주의 이익을 보호하기 위한 것), ② '양도부정설'(신주인수권증서 이외의 방법에 의하여 양도를 인정하는 것은 제420조의3 제1항에 반함).

> **관련판례**
>
> 회사가 정관이나 이사회의 결의로 신주인수권의 양도에 관한 사항을 결정하지 않았다고 해서 신주인수권의 양도가 허용되지 않는 것은 아니고, 회사가 양도를 승낙한 경우에는 회사에 대하여도 효력이 있다. 신주인수권증서가 발행되지 아니한 신주인수권의 양도 또한 지명채권 양도의 일반원칙에 따른다. 회사가 신주인수권증서를 발행하지 아니한 경우 신주인수권자로 통지받은 주주가 신주인수권을 양도하려면 제3자에 대한 대항요건으로 확정일자 있는 증서에 의한 양도통지 또는 회사의 승낙을 요한다(대판 1995.5.23. 94다36421).
> (변호 15, 18, 19, 22, 모의 15, 17, 21, 22)

3. 신주발행사항결정, 청약 및 납입

- 회사가 성립 후에 주식을 발행하는 경우 신주발행사항 중 정관에 규정이 없는 것은 이사회가 결정한다(제416조 본문).(변호 19, 모의 18)
- 신주인수권증서가 발행된 경우, 청약은 신주인수권증서로 한다.(변호 19, 모의 17) 신주인수권증서를 상실한 경우, 주식청약서로 청약을 할 수 있다(제420조의5 제1항, 제2항).(모의 18)
- 이사는 신주인수인이 납입기일에 인수가액 전액 납입하도록 해야 한다(제421조 제1항).[변호 15]
- 신주인수인은 회사의 동의 없이 인수가액 납입채무와 주식회사에 대한 채권을 상계할 수 없다(제421조 제2항).(변호 15, 18, 모의 13, 19, 20, 21, 22)[변호 13] 회사가 동의하면 상계 가능하다.
- 신주인수인이 납입기일에 납입 또는 현물출자의 이행을 하지 아니한 때에는 실권절차 없이 바로 그 권리를 잃는다(제423조 제2항).(모의 21)

> **관련판례**
>
> 주식회사의 현물출자에 있어서 이사는 법원에 검사인의 선임을 청구하여 일정한 사항을 조사하도록 하고 법원은 그 보고서를 심사하도록 되어 있으나 이와 같은 절차를 거치지 아니한 신주발행 및 변경등기가 당연 무효가 된다고 볼 수 없다(대판 1980.2.12. 79다509).

4. 신주의 효력발생 및 이사의 인수담보책임

- 신주인수인은 납입기일 다음날부터 주주의 권리의무가 있다(제423조 제1항).(변호 19, 모의 18, 19)
- 신주 발행으로 인한 변경등기 후에 아직 인수하지 아니한 주식이 있거나 주식인수의 청약이 취소된 때에는 이사가 이를 공동으로 인수한 것으로 본다(제428조 제1항).(모의 19, 21)
- 이사의 인수담보책임은 무과실책임으로 총주주의 동의로도 면책되지 않는다.(모의 21)

5. 액면미달발행

- 회사의 설립시에는 액면미달발행이 금지된다(제330조).
- 회사가 성립한 날로부터 2년을 경과한 후의 신주발행의 경우, 회사는 주주총회의 특별결의와 법원의 인가를 얻어 주식을 액면미달의 가액으로 발행할 수 있다(제417조 제1항).(모의 18, 19, 20)

6. 신주발행유지청구권 [모의 14]

- 회사가 법령 또는 정관에 위반하거나 현저하게 불공정한 방법에 의하여 주식을 발행함으로써 주주가 불이익을 받을 염려가 있는 경우 주주는 회사에 대하여 그 발행을 유지할 것을 청구할 수 있다(제424조).(변호 12, 17, 24, 모의 13, 22)
- 불이익을 받을 염려가 있는 주주이면 1주만 보유한 주주라도 청구권자가 된다.(모의 19)
- 주주가 신주발행유지청구를 하였음에도 회사가 신주를 발행한 경우, 신주발행유지청구를 하였다는 사정만으로 신주발행이 무효가 되지는 않는다.(모의 21)

7. 신주발행무효의 소 [변호 13, 18, 모의 21]

(1) 의의 및 무효사유

- 주주, 이사 또는 감사에 한하여 신주를 발행한 날로부터 6월 내에 소로써 신주발행의 무효를 주장할 수 있다(제429조).(변호 12, 15, 18, 23, 모의 17, 18) 신주발행무효의 소는 형성의 소이다.
- 신주발행의 내용이나 절차가 단순히 법령이나 정관에 위배된다는 것만으로 무효가 되지 않는다.
- 구체적인 무효사유 : ① 발행예정주식 초과 신주발행, ② 액면미달발행의 절차를 거치지 않은 액면미달발행, ③ 회사의 계산으로 자기주식 인수 방식으로 이루어진 신주발행, ④ 경영상 목적이 인정되지 않는 제3자 배정 신주발행.

> **관련판례**
> ① 신주발행의 무효원인은 가급적 엄격하게 해석해야 하고, 법령이나 정관의 중대한 위반 또는 현저한 불공정이 있어 주식회사의 본질이나 회사법 기본원칙에 반하거나 기존 주주들의 이익과 회사 경영권 내지 지배권에 중대한 영향을 미치는 경우로서 신주와 관련된 거래안전, 주주 기타 이해관계인의 이익을 고려하더라도 도저히 묵과할 수 없는 정도라고 평가되는 경우에 한하여 신주의 발행을 무효로 할 수 있다(대판 2019.4.3. 2018다289542).(변호 15, 모의 17)
> ② 경영권 방어를 위해 제3자 배정으로 된 신주발행은 상법과 정관을 위반하여 기존 주주의 신주인수권을 침해하고, 그로 인해 회사 지배구조에 심대한 변화가 초래되어 주주의 회사에 대한 지배권이 현저하게 약화되는 중대한 영향을 받게 되었으므로 무효이다(대판 2009.1.30. 2008다50776).
> ③ 회사 자산 처분자금을 횡령하여 설립한 다른 회사 명의로 신주를 인수한 경우 현저히 불공정한 방법에 의한 신주발행이므로 무효이다(대판 2003.2.26. 2000다42786).
> ④ 신주발행을 결의한 이사들을 이사로 선임한 주주총회결의가 취소되고 신주발행금지가처분이 된 상태에서 문제된 이사들에 의하여 이사회를 진행하고 신주를 인수한 경우 현저히 불공정한 방법에 의한 신주발행이므로 무효이다(대판 2010.4.29. 2008다65860).(모의 21)

⑤ 신주발행은 주식회사의 업무집행에 준하는 것으로서 대표이사가 그 권한에 기하여 신주를 발행한 이상 신주발행은 유효하고, 설령 신주발행에 관한 이사회의 결의가 없거나 이사회의 결의에 하자가 있더라도 이사회결의는 회사의 내부적 의사결정에 불과하므로 신주발행의 효력에는 영향이 없다(대판 2007.2.22. 2005다77060,77077).(변호 12, 15, 18, 모의 13, 20)

⑥ 주주가 회사로부터 신주배정 통지를 받고도 그 주식대금을 납입하지 아니하여 실권된 경우, 발행주식 총수를 현저하게 증가시키는 신주발행이 이루어짐으로써 회사에 대한 그 주주의 지배력이 현저하게 약화되고, 그로 인하여 그 주주가 대표이사에게 적정한 주식대금을 받고 주식을 양도하는 것이 더욱 어려워지게 되었다고 하더라도, 그러한 사유만으로는 신주발행이 현저하게 불공정한 방법에 의한 신주발행으로서 무효라고 볼 수 없다(대판 1995.2.28. 94다34579).[변호 24]

⑦ 회사가 유상증자 참여 직원들에게 한 손실보전약정이 주주평등 원칙에 위배되어 무효라는 이유로 신주인수까지 무효로 보아 주식인수대금을 부당이득으로서 반환받을 수 있도록 한다면 오히려 투하자본 회수를 보장하는 결과가 되어 주주평등의 원칙에 반하는 결과를 초래하게 되므로, 신주인수계약까지 무효라고 보아서는 아니 된다(대판 2007.6.28. 2006다38161,38178).

(2) 제소권자

- 신주발행무효의 소는 주주, 이사, 감사만이 제기할 수 있고(제429조), 회사는 피고가 된다.

> **관련판례**
>
> ㉠ 신주발행무효의 소 계속 중 주식이 양도된 경우에 양수인은 제소기간 등의 요건이 충족된다면 새로운 주주의 지위에서 신소를 제기할 수 있고, 양도인이 제기한 기존소송을 승계할 수도 있다.(변호 12, 모의 17, 22) ㉡ 승계참가가 인정되는 경우 소가 제기된 당초에 소급하여 기간준수의 효력이 발생하므로, 신주발행무효의 소에 승계참가하는 경우 제소기간의 준수 여부는 승계참가시가 아닌 원래의 소 제기시를 기준으로 판단한다.(변호 12, 15, 모의 22) ㉢ 주식양수인이 이미 제기된 신주발행무효의 소에 승계참가하는 것을 피고 회사에 대항하기 위해서는 주주명부에 명의개서를 해야 하는데, 주식양수인이 명의개서를 거치지 않은 채 승계참가를 신청하여 피고 회사에 대항할 수 없는 상태로 소송절차가 진행되었더라도, 사실심 변론종결 이전에 명의개서를 마친 후 소송관계를 표명하고 증거조사 결과에 대해 변론함으로써 이전의 소송절차를 그대로 유지하고 있다면 명의개서 이전의 소송행위를 추인한 것으로 보아 소송절차상 하자는 치유되었다고 보아야 한다(변호 12, 모의 17)(대판 2003.2.26. 2000다42786).

(3) 제소기간

- 신주 발행일로부터 6개월 이내에 제기하여야 한다.(변호 23)
- 신주의 효력이 발생하기 전에는 신주발행무효의 소를 제기하지 못하나, 신주의 효력이 발생한 경우 신주발행무효의 소만을 제기할 수 있다.[변호 20]

> **관련판례**
>
> ① 주주 아닌 자들이 개최한 임시주주총회에서 발행예정주식총수에 관한 정관변경결의와 이사선임결의를 하고, 그와 같이 선임된 이사들이 모인 이사회에서 대표이사 선임 및 신주발행결의를 하였다면 그 이사회는 부존재한 주주총회에서 선임된 이사들로 구성된 부존재한 이사회에 지나지 않고 그 이사들에 의하여 선임된 대표이사도 역시 부존재한 이사회에서 선임된 자이어서 그 이사회의 결의에 의한 신주발행은 의결권한이 없는 자들에 의한 부존재한 결의와 회사를 대표할 권한이 없는 자에 의하여 이루어진 것으로서 그 발행에 있어 절차적, 실체적 하자가 극히 중대하여 신주발행이 존재하지 않으므로 회사의 주주는 위 신주발행에 관한 이사회결의에 대하여 상법 제429조 소정의 신주발행무효의 소의 제기기간에 구애되거나 신주발행무효의 소에 의하지 않고 부존재확인의 소를 제기할 수 있다(대판 1989.7.25. 87다카2316).(모의 17, 19)

② 정관에 근거하여 주주총회에서 신주발행을 결의하였는데 그 주주총회 결의에 취소사유가 있는 경우, 주주는 신주발행 결의일로부터 2개월 이후에 신주발행무효의 소를 제기하면서 주주총회결의 취소사유를 신주발행 무효사유로 주장할 수 없다(대판 1995.2.28. 94다34579).(모의 18)

③ 상법 제429조가 신주발행무효는 신주발행일부터 6월 내에 소만으로 주장할 수 있다고 규정하고 있는 것은 무효사유의 주장시기도 제한하는 것으로 해석해야 하므로, 신주발행무효의 소에서 신주를 발행한 날부터 6월의 출소기간이 경과한 후에는 새로운 무효사유를 추가하여 주장할 수 없다(대판 2012.11.15. 2010다49380).(변호 12, 15, 모의 17, 19, 20)

(4) 재량기각 및 신주발행무효 판결의 효력

- 신주발행무효의 소가 그 심리 중에 원인이 된 하자가 보완되고 회사의 현황과 제반사정을 참작하여 신주발행을 무효 또는 취소하는 것이 부적당하다고 인정한 때에는 법원은 그 청구를 기각할 수 있다(제430조, 제189조, 제190조 본문).(모의 17)
- 신주발행무효의 판결이 확정된 때 신주는 장래에 대하여 그 효력을 잃는다(제431조 제1항).
- 신주발행 이후 무효판결이 확정될 때까지 이루어진 의결권행사, 주식양도, 입질, 이익배당 등은 영향을 받지 않는다.(모의 22)

8. 불공정한 가액으로 주식을 인수한 자의 책임

- 이사와 통모하여 현저하게 불공정한 발행가액으로 주식을 인수한 자는 공정한 발행가액과의 차액에 상당한 금액을 회사에 지급하여야 한다(제424조의2 제1항). 이사회가 결정한 발행가액이 현저히 불공정했더라도 실제 발행가액이 공정하였다면 주식인수인의 의무가 성립되지 않는다.
- 통모한 이사도 회사에 대한 손해배상책임을 부담한다(제424조의2 제3항, 제399조).
- 주주대표소송에 관한 규정이 준용된다(제424조의2 제2항, 제403조 내지 제406조).
- 주주는 자신의 신주인수권을 침해하여 신주를 발행한 대표이사와 회사에 대하여 손해배상을 청구할 수 있다(제389조 제3항, 제210조).

> **관련판례**
>
> 주주배정방식에서는 모든 주주가 평등하게 취급되므로 어느 주주가 다른 주주에 대하여 회사에 대한 차액 지급을 청구할 여지가 없고 따라서 주주배정방식에는 상법 제424조의2가 적용되지 않는다고 보아야 한다. 다만 주주 중 일부에게만 신주를 배정, 발행하거나 주주들 사이에 발행조건에 차등을 두어 발행하는 것은 여기에서의 주주배정방식에 해당하지 않는다(대판 2009.5.29. 2007도4949).

Ⅱ 사채

1. 사채의 발행

- 사채의 발행은 이사회의 결의에 의한다(제469조 제1항).(모의 14, 20)
- 정관으로 정하는 바에 따라 이사회는 대표이사에게 사채의 금액 및 종류를 정하여 1년을 초과하지 아니하는 기간 내에 사채를 발행할 것을 위임할 수 있다(제469조 제4항).(모의 14)

2. 전환사채

(1) 의의

- 발행회사의 주식으로 전환할 수 있는 권리가 부여된 사채를 의미한다.

- 전환사채에 질권 설정 후 전환에 따라 전환사채권자가 주식을 받는 경우 질권자는 그 주식에 대해 질권을 행사할 수 있다.(변호 21)
- 전환사채 인수 과정에서 그 납입을 가장하였더라도 납입가장죄는 성립하지 않는다.(변호 21)
- 전환사채는 발행예정주식총수의 잔여수량 내에서만 발행할 수 있다. 회사는 전환청구에 따라 발행되는 주식 수만큼은 전환청구기간 동안 신주를 발행할 수 없다(제516조 제1항, 제346조 제4항).

(2) 제3자에 대한 전환사채 발행 [변호 20, 모의 14, 17]

- 정관에 주주 외의 자에게 전환사채를 발행할 수 있다는 규정이 있는 경우, 그 발행할 수 있는 전환사채의 액, 전환조건, 전환으로 발행할 주식의 내용과 전환청구기간에 관한 사항은 정관의 규정이 없으면 주주총회 특별결의로 정하여야 한다(제513조 제3항).(변호 21, 모의 22(2))
- 제3자에 대한 전환사채 발행은 신기술 도입, 재무구조 개선 등 회사의 경영목적을 달성하기 위하여 필요한 경우에 한한다(제513조 제3항).(변호 12, 모의 17, 18, 20)

> **관련판례**
> ① 정관에 일응의 기준을 정한 다음 실제로 발행할 전환사채의 구체적인 전환조건 등은 발행시마다 정관의 범위에서 이사회에서 결정하도록 위임하는 것도 허용된다. 전환사채의 전환가액은 주식 액면금액 또는 그 이상의 가액으로 사채발행시 이사회가 정한다는 정관 조항은 전환가액 등 전환조건의 결정방법과 관련하여 고려되어야 할 특수성을 감안할 때 상법 제513조 제3항이 요구하는 최소한도의 요건을 충족하는 것으로 유효하다(대판 2004.6.25. 2000다37326).(모의 22(2))
> ② 회사의 경영권 분쟁이 현실화된 상황에서 경영진의 경영권이나 지배권 방어라는 목적을 달성하기 위하여 제3자에게 신주를 배정하는 것은 주주의 신주인수권을 침해하는 것이다(대판 2009.1.30. 2008다50776).(모의 22)
> ③ 전환사채 관련 거래안전, 주주 기타 이해관계인의 이익 등을 고려하더라도 도저히 묵과할 수 없는 정도라고 평가되는 경우에 한하여, 전환사채발행 또는 그 전환권행사에 의한 주식의 발행을 무효로 할 수 있다. 전환사채 인수인이 회사의 지배주주와 특별한 관계에 있는 자라거나 전환가액이 발행시점의 주가 등에 비추어 다소 낮은 가격이라는 것과 같은 사유는 이미 발행된 전환사채 또는 전환권의 행사로 발행된 주식의 무효사유에 해당하지 않는다(대판 2004.6.25. 2000다37326).
> ④ 정관에 신주발행 및 인수에 관한 사항은 주주총회에서 결정하고 자본의 증가 및 감소는 발행주식 총수의 과반수에 상당한 주식을 가진 주주의 출석과 출석주주가 가진 의결권의 2/3 이상의 찬성으로 의결하도록 규정되어 있는 경우, 전환사채는 전환권의 행사에 의하여 장차 주식으로 전환될 수 있어 이를 발행하는 것은 사실상 신주발행으로서의 의미를 가지므로, 회사가 전환사채를 발행하기 위해서는 주주총회의 특별결의를 요한다(대판 1999.6.25. 99다18435).(모의 14, 17)
> ⑤ 회사가 주주배정 방법으로 신주 등을 발행하는 경우 발행가액을 반드시 시가에 의하여야 하는 것은 아니다. 회사의 이사는 주주배정 방법으로 신주를 발행하는 경우 원칙적으로 액면가를 하회하여서는 아니 된다는 제약 외에는 시가보다 낮게 발행가액을 정하였다고 하여 배임죄의 구성요건인 임무위배, 즉 회사의 재산보호의무를 위반하였다고 볼 것은 아니다(대판 2009.5.29. 2007도4949).

(3) 전환사채의 전환

- 전환사채의 발행가액총액은 전환으로 발행되는 신주식의 발행가액총액으로 한다(제516조 제2항, 제348조).(모의 21) 액면미달발행이 제한되므로 전환가액은 액면가액 이상이어야 한다.
- 전환청구는 형성권이므로 전환사채권자가 전환권을 행사하면 전환의 효력이 발생하고 사채권자는 주금납입 없이 전환 청구시에 주주의 지위를 취득한다.(모의 14, 20, 21, 22)

(4) 전환사채 발행 하자에 대한 구제수단 [모의 17]

- 전환사채의 발행에는 신주발행유지청구(제424조), 이사와 통모하여 불공정한 가액으로 인수한 자의 책임(제424조의2 제1항), 이사의 손해배상책임(제424조 제3항)이 준용된다(제516조 제1항).(모의 22)
- 전환사채발행유지청구는 전환사채발행의 효력발생 전, 전환사채의 납입기일까지 행사할 수 있다.(변호 21, 모의 13)
- 상법상 전환사채발행 무효의 소는 별도로 규정되어 있지 않으나, 判例는 신주발행무효의 소에 관한 규정이 전환사채의 발행에 유추적용 된다고 본다.(변호 21, 모의 22)[변호 20]

> **관련판례**
>
> 전환사채 발행은 주식회사의 물적 기초와 기존 주주들의 이해관계에 영향을 미친다는 점에서 신주발행과 유사하므로, 전환사채발행의 경우에도 신주발행무효 소에 관한 상법 제429조가 유추적용 된다(대판 2004.6.25, 2000다37326).

3. 신주인수권부사채

- 발행회사의 주식을 인수할 수 있는 권리가 부여된 사채를 의미한다.
- 신주의 발행가액총액은 신주인수권부사채의 총액을 초과할 수 없다.(변호 24, 모의 14, 17, 20, 22)
- 신주인수권을 행사하려는 자는 신주의 발행가액의 전액을 납입해야 한다(제516조의9 제1항).
- 신주인수권부사채의 상환에 갈음하여 그 발행가액으로 신주 발행가액의 납입이 있는 것으로 보는 이른바 대용납입의 경우에는 별도의 납입이 요구되지 않는다(제516조의2 제2항 제5호).
- 분리형 신주인수권부사채의 경우 사채권자가 아닌 신주인수권증권의 정당한 소지인이 신주인수권을 행사할 수 있다.(모의 20)
- 신주인수권을 행사한 자는 신주의 발행가액을 납입한 때에 주주가 된다(제516조의10).(모의 20, 21, 22)
- 신주인수권은 형성권이므로 회사의 승낙 여부와 무관하게 효력이 발생한다.(모의 22)
- 신주인수권부사채의 질권자는 신주에 대하여 대용납입이 이루어지지 않는 이상 원칙적으로 물상대위권이 인정되지 않는다.(모의 20)

> **관련판례**
>
> ① 신주인수권부사채의 신주인수권이 행사되어 신주가 발행되더라도 사채는 그대로 존속한다. 신주인수권부사채의 인수대금이 대여금이나 투자금 명목으로 인출되어 회사가 인수인이나 그와 이해관계가 있는 제3자 등에 대해 외형적으로 인수대금 상당의 금전채권을 취득하게 되었더라도, 그러한 거래가 인수인이 인수자금을 조달하는 과정에서 부담하게 된 차용금 채무를 변제하기 위한 것이라면 인수대금이 회사에 실질적으로 납입되었다고 볼 수 없다(대판 2022.6.30, 2022도3784).
>
> ② ㉠ 신주인수권부사채 발행의 경우에도 신주발행무효의 소에 관한 상법 제429조가 유추적용된다(대판 2015.12.10, 2015다202919).(모의 13, 17, 19, 21, 22)[변호 20] ㉡ 신주인수권부사채 발행일로부터 6월 내에 신주인수권부사채발행무효의 소가 제기되지 않거나 6월 내에 제기된 소가 적극적 당사자의 패소로 확정된 경우, 이후 신주인수권부사채 발행의 무효를 주장할 수 없다.(변호 24) ㉢ 이 경우 신주인수권부사채에 부여된 신주인수권의 행사나 그로 인한 신주 발행에는 상법 제429조를 유추적용하여 신주발행무효의 소로써 다툴 수 있다. ㉣ 주식회사가 대주주의 경영권이나 지배권을 방어할 목적으로 제3자에게 신주인수권부사채를 발행한 경우, 발행일로부터 6월 이내에 신주인수권부사채발행무효의 소로써 다툴 수 있다. ㉤ 대주주가 위와 같은 경위로 발행된 신주인수권부사채나

그에 부여된 신주인수권을 양수한 다음 신주인수권부사채 발행일부터 6월이 지난 후 신주인수권을 행사하여 신주를 취득한 경우, 신주발행무효의 소로 신주발행의 무효를 주장할 수 있다. 이 경우 제소기간의 기산점은 신주의 발행일이다(대판 2022.10.27. 2021다201054).(변호 24)

☞ 전환사채의 경우에도 동일한 내용의 판결이 선고되었다(대판 2022.11.17. 2021다205650).

Ⅲ 회사의 회계

1. 재무제표 승인(제449조)

- 이사는 결산기마다 재무제표, 손익계산서, 영업보고서를 작성하여 이사회 승인을 얻어야 한다. (모의 14, 17)
- 재무제표의 승인은 주주총회 결의로 한다.(모의 14, 17)
- 회사는 정관 규정에 따라 이사회결의로 재무제표를 승인할 수 있으며,(모의 14, 17) 이 경우 재무제표가 적정하다는 외부감사인의 의견과 감사(감사위원회 설치회사의 경우에는 감사위원) 전원의 동의가 있어야 한다.(모의 19, 22)
- 이사회에 의한 재무제표 승인의 경우 이사는 재무제표와 손익계산서의 내용을 주주총회에 보고하여야 한다.(모의 19)

2. 준비금

(1) 의의

- 법정준비금은 법률로 적립이 강제되는 준비금으로 이익준비금과 자본준비금으로 구성된다.
- 법정준비금은 배당의 재원이 될 수 없으나, 임의준비금은 배당의 재원이 될 수 있다.
- 회사는 자본금의 1/2에 달할 때까지 매결산기 이익배당액의 1/10 이상 금액을 이익준비금으로 적립해야 한다. 주식배당에는 적립이 요구되지 않는다(제458조).(모의 22)
- 이익배당액은 금전배당액과 현물배당액을 말한다.(변호 18, 모의 14, 17, 19, 20)
- 자본금의 1/2을 초과하여 이익배당액이 적립되는 경우 초과된 금액은 임의적립금이 된다.
- 회사는 자본거래에서 발생한 잉여금을 대통령령으로 정하는 바에 따라 자본준비금으로 적립하여야 한다(제459조 제1항).(모의 20) 자본준비금은 적립한도가 없다.
- 이익준비금과 자본준비금은 자본금의 결손 보전에 충당하는 경우 외에는 처분하지 못한다(제460조).(변호 18, 21, 모의 19, 22)

(2) 자본금전입(제461조)

- 회사는 이사회결의로 준비금의 전부 또는 일부를 자본금에 전입하여야 한다. 정관으로 준비금 자본금 전입을 주주총회에서 결정하기로 정한 경우 주주총회결의에 의한다.(변호 16, 모의 19, 20)
- 법정준비금의 자본금 전입에 따라 발행되는 신주에 대하여도 종전의 주식을 목적으로 한 질권을 행사할 수 있다.(모의 20, 21)
- 이사회 결의로 준비금의 자본전입을 결정하는 경우, 이사회 결의로 정한 배정기준일에 신주의 효력이 발생한다.(모의 18, 20)
- 주주총회결의로 준비금의 자본전입을 결정하는 경우, 주주총회 결의가 있는 때로부터 신주의 주주가 된다(제461조 제4항).(변호 21)

(3) 준비금의 감소

- 회사는 적립된 자본준비금 및 이익준비금의 총액이 자본금의 1.5배를 초과하는 경우 주주총회 결의에 따라 그 초과한 금액 범위에서 자본준비금과 이익준비금을 감액할 수 있다(제461조의2). (변호 18, 21, 모의 14, 17, 19, 20, 22) 준비금 감소의 주주총회결의는 주주총회 보통결의이다.
- 정관상 이사회가 재무제표를 승인하는 경우에도 준비금 감소는 주주총회 결의로 하여야 한다.
- 준비금 감소에는 채권자보호절차가 요구되지 않는다.(모의 22)

3. 이익배당

- 회사는 대차대조표의 순자산액으로부터 ① 자본금의 액, ② 그 결산기까지 적립된 자본준비금과 이익준비금의 합계액, ③ 그 결산기에 적립하여야 할 이익준비금의 액 및 ④ 미실현이익의 합계액을 공제한 금액을 한도로 하여 이익배당을 할 수 있다(제462조 제1항).
- "이익배당에 관한 우선주에 대해서는 상법 제462조 제1항에 따른 배당가능이익이 없는 경우에도 배당한다."라는 정관 규정은 허용되지 않는다.(변호 17, 20)
- 이익배당은 각 주주가 가진 주식의 수에 따라 하여야 한다(제464조).
- 이익배당에 관하여 내용이 다른 종류주식을 발행한 경우 정관의 규정으로 종류주식에 대하여 배당을 달리 할 수 있다(제464조 단서).(모의 20)
- 이익배당은 주주총회의 결의로 정하나, 정관으로 재무제표의 승인을 이사회가 하도록 정한 경우 이익배당을 이사회 결의로 정한다(제462조 제2항).(변호 22, 24, 모의 19, 20, 22)
- 회사는 이익배당 결의일부터 1달 내에 이익배당금을 지급해야 한다(제464조의2 제1항).(모의 22)
- 주주의 이익배당금 지급청구권의 소멸시효기간은 5년이다(제464조의2 제2항).(변호 23)

> **관련판례**
>
> 주주의 이익배당청구권은 장차 이익배당을 받을 수 있다는 의미의 권리에 지나지 아니하여 이익잉여금처분계산서가 주주총회에서 승인됨으로써 이익배당이 확정될 때까지는 주주에게 구체적이고 확정적인 배당금지급청구권이 인정되지 아니한다.(변호 13, 모의 20) 다만 정관에서 회사에 배당의무를 부과하면서 배당금의 지급조건이나 배당금액을 산정하는 방식 등을 구체적으로 정하고 있어 정관에 따라 개별 주주에게 배당할 금액이 일의적으로 산정되고, 대표이사나 이사회가 경영판단에 따라 배당금지급 여부나 시기, 배당금액 등을 달리 정할 수 있도록 하는 규정이 없다면, 정관에서 정한 지급조건이 갖추어지는 때에 주주에게 구체적이고 확정적인 배당금지급청구권이 인정될 수 있다.(변호 24) 이 경우 회사는 주주총회의 이익배당결의가 없다거나 이익배당거부결의를 하였다는 이유로 주주에게 이익배당금 지급을 거절할 수 없다(대판 2022.8.19. 2020다263574).

4. 중간배당(제462조의3)

- 연 1회 결산기를 정한 회사는 정관으로 정하는 바에 따라 이사회 결의로 영업연도 중 1회에 한하여 중간배당을 할 수 있다.(변호 13, 23, 24, 모의 18, 19, 20)
- 이익배당을 주주총회에서 결정하는 회사도 중간배당은 이사회 결의에 의한다.(모의 20)
- 당해 결산기에 배당가능이익이 없을 우려가 있으면 중간배당은 허용되지 않는다.(모의 20)
- 중간배당을 하였으나 당해 결산기에 회사에 배당가능이익이 없는 것으로 확정되어 중간배당을 행한 이사에게 손해배상책임을 묻는 경우 해당 이사의 과실을 증명하지 않아도 된다.(모의 18)

중간배당에 관한 이사회의 결의가 성립하면 추상적으로 존재하던 중간배당청구권이 구체적인 중간배당금 지급청구권으로 확정되므로, 중간배당에 관한 이사회결의가 있으면 중간배당금이 지급되기 전이라도 당해 영업연도 중 1회로 제한된 중간배당은 이미 결정된 것이고, 같은 영업연도 중 다시 중간배당에 관한 이사회 결의를 하는 것은 허용되지 않는다. 이사회결의로 주주의 중간배당금 지급청구권이 구체적으로 확정된 이상 그 청구권의 내용을 수정 내지 변경하는 내용의 이사회 결의도 허용될 수 없다(대판 2022.9.7. 2022다223778).

5. 주식배당(제462조의2)

- 금전 대신 회사가 발행하는 주식으로 하는 이익배당을 의미한다.(변호 14)
- 주식배당은 회사가 가지고 있는 자기주식으로는 할 수 없고, 신주 발행으로만 가능하다.(변호 24)
- 주식배당은 배당가능이익이 존재해야 하며, 이익준비금 적립의무는 없다.(모의 21)
- 이익배당총액의 1/2을 초과할 수 없다.(변호 13, 18, 21, 22, 24)
- 주식배당을 하는 경우, 이익배당도 함께 이루어져야 하고 주식배당만 할 수는 없다.(모의 22)
- 주식배당은 주주총회의 결의로 하며,(변호 22, 24) 주주평등원칙에 따라야 한다.
- 주주총회 보통결의로 주식배당을 하는 경우 발행하는 주식의 가액은 권면액으로 하고,(모의 21) 회사가 종류주식을 발행한 때에는 그와 같은 종류의 주식으로 할 수 있다.(모의 14, 18, 19)
- 주식배당을 받은 주주는 주식배당 결의가 있는 주주총회가 종결한 때(주주총회 결의시 ×)부터 주주의 지위를 취득한다.(변호 18, 21, 모의 21)
- 주식배당의 경우 회사의 재산이 유출되지 않으므로 채권자보호가 문제되지 않는다.

6. 현물배당(제462조의4)

- 회사는 정관으로 금전 외의 재산으로 배당을 할 수 있음을 정할 수 있다.(변호 13, 18, 23, 모의 18) 현물배당은 이익배당을 결정하는 주주총회 또는 이사회 결의로 정한다.

7. 위법배당 [변호 16]

(1) 의의

- 위법배당이란 법령과 정관을 위반한 이익배당을 말한다.
- 위법배당의 예 : ① 배당가능이익 초과 배당, ② 배당가능이익이 없음에도 실시된 배당, ③ 이익배당에 관한 이사회나 주주총회 결의에 하자가 존재하는 경우, ④ 정관 근거 없이 실시된 중간배당, ⑤ 주주평등원칙에 반하는 차등배당.
- 배당가능이익 없이 이익배당을 하는 것은 강행법규 위반으로 무효이다.

(2) 회사의 반환청구

- 배당가능이익에 관한 제한을 위반한 배당은 무효이므로 회사는 배당을 받은 주주에게 배당금의 반환을 청구할 수 있다.(변호 23)

> **관련판례**
>
> 이익의 배당이나 중간배당은 회사가 획득한 이익을 내부적으로 주주에게 분배하는 행위로서 회사가 영업으로 또는 영업을 위하여 하는 상행위가 아니므로 배당금지급청구권은 상법 제64조가 적용되는 상행위로 인한 채권이라고 볼 수 없다. 이에 따라 위법배당에 따른 부당이득반환청구권 역시 근본적으로 상행위에 기초하여 발생한 것이라고 볼 수 없다. 특히 배당가능이익이 없는데도 이익배당이나 중간배당이 실시된 경우 회사나 채권자가 주주로부터 배당금을 회수하는 것은 회사의 자본충실을 도모하고 회사 채권자를 보호하는 데 필수적이므로, 회수를 위한 부당이득반환청구권 행사를 신속하게 확정할 필요성이 크다고 볼 수 없다. 따라서 위법배당에 따른 부당이득반환청구권은 민법 제162조 제1항이 적용되어 10년의 민사소멸시효에 걸린다고 보아야 한다(대판 2021.6.24. 2020다208621).(변호 23, 모의 22)

(3) 채권자의 반환청구

- 배당가능이익에 관한 제한을 위반한 경우 채권자도 배당한 이익을 회사에 반환할 것을 청구할 수 있다(제462조 제3항).(변호 13, 22, 24, 모의 18, 19, 20)
- 채권자가 회사에 대한 반환을 청구할 수 있는 금액은 배당한 이익 전부이다.
- 채권자의 반환청구권은 배당가능이익에 대한 제한을 위반한 경우에만 인정되므로 배당가능이익의 범위 내에서 배당이 이루어진 경우 다른 위법배당의 사유가 존재하더라도 채권자의 반환청구권은 인정되지 않는다.(변호 24)

제7관 회사의 구조조정

I 합병

1. 의의

- 두 회사가 청산절차를 거치지 않고 합쳐지면서 존속회사 또는 신설회사가 소멸하는 회사의 권리의무를 포괄적으로 승계하는 것을 의미한다.
- 피합병회사의 권리·의무는 사법상·공법상 관계를 불문하고 성질상 이전을 허용하지 않는 것 이외에는 별도 이전행위 없이 합병으로 존속한 회사에 승계된다(대판 2019.12.12. 2018두63563).
- 합병은 존속회사 또는 설립회사가 합병에 관한 등기를 함으로써 효력이 발생한다.
- 존속회사 이사와 감사 중 합병 전에 취임한 자는, 합병계약서에 달리 정한 경우를 제외하고, 합병 후 최초로 도래하는 결산기의 정기총회가 종료하는 때에 퇴임한다(제527조의4).(모의 18, 20)
- 흡수합병의 경우 소멸회사가, 신설합병의 경우 각 회사가 청산절차 없이 소멸된다.(모의 20)

2. 합병계약서의 비치와 주주총회 특별결의에 의한 승인

- 이사는 합병결의를 위한 주주총회의 2주 전부터 합병을 한 날 이후 6개월이 지나는 날까지 합병계약서 등 서면을 본점에 비치해야 한다(제522조의2 제1항).(변호 21, 모의 19)
- 합병계약서는 주주총회 특별결의에 의한 승인을 얻어야 한다(제522조 제1항, 제3항).(변호 12)

3. 합병반대주주의 주식매수청구권

- 합병계약서에 대한 주주총회 결의사항에 반대하는 주주(의결권이 없거나 제한되는 주주 포함 (변호 23, 모의 20))는 주주총회 전에 회사에 대하여 서면으로 결의에 반대하는 의사를 통지한 경우 총회결의일로부터 20일 이내에 주식의 종류와 수를 기재한 서면으로 회사에 대하여 자기가 소유하고 있는 주식의 매수를 청구할 수 있다(제522조의3 제1항).(변호 12, 16, 23, 24, 모의 21)
- 회사는 주주총회 소집통지시 주식매수청구권의 내용과 행사방법을 미리 통지해야 한다.(변호 20)
- 간이합병의 경우, 간이합병에 대한 공고 또는 주주에 대한 통지일로부터 2주 내에, 회사에 대하여 서면으로 합병 반대 의사를 통지한 주주는 그 기간이 경과한 날부터 20일 이내에 회사에 대하여 자기가 소유하고 있는 주식의 매수를 청구할 수 있다(제522조의3 제2항).(모의 19, 20)
- 소규모합병의 경우 존속회사 주주에게 주식매수청구권이 인정되지 않는다(제527조의3 제5항).(변호 21, 모의 20)

> **관련판례**
> ① 합병에 반대하는 주주가 주식매수를 청구하고 주주와 회사 간에 매수가격에 대한 협의가 이루어지지 아니하여 주주 또는 회사가 법원에 매수가격의 결정을 청구한 경우, 법원은 원칙적으로 회사의 시장주가를 참조하여 매수가격을 산정하여야 한다. 법원은 당사자의 주장에 구애되지 아니하고 주식의 공정한 가격이 얼마인지 직권으로 사실조사를 하여 산정할 수 있다(대결 2022.4.14. 2016마5394).
> ② 회사가 합병반대주주의 주식매수청구권의 내용과 행사방법을 명시하지 않은 소집통지서를 발송하여 임시주주총회를 개최하여 합병 안건을 통과시킨 경우, 총회 전 서면으로 합병에 반대하는 의사를 통지하지 않은 주주가 위 안건에 대하여 기권을 한 후 총회 결의일로부터 20일 내에 회사에 주식매수청구권을 행사할 수 있다(서울고등법원 2011.12.9. 2011라1303).(변호 20)

4. 채권자보호절차 [변호 19]

- 회사는 합병계약에 대한 주주총회의 승인결의가 있은 날부터 2주 내에 채권자에 대하여 합병에 이의가 있으면 1월 이상의 기간 내에 이를 제출할 것을 공고하고, 알고 있는 채권자에 대하여는 따로 최고해야 한다(제527조의5 제1항).(변호 18, 22)
- 간이합병과 소규모합병의 경우에도 채권자보호절차를 거쳐야 하고, 이 경우 이사회 승인결의를 주주총회 승인결의로 본다(제527조의5 제2항).(변호 23)

5. 합병비율 [모의 16]

- 합병의 대가로 소멸회사의 주식 1주에 대해 지급되는 존속회사의 주식의 비율을 의미한다.
- 합병비율이 현저하게 불공정한 경우 존속회사 또는 소멸회사의 주주는 합병무효의 소를 제기할 수 있다.(변호 22, 모의 21)

> **관련판례**
>
> ㉠ 합병비율은 합병계약의 가장 중요한 내용으로 공정해야 하므로 만일 그 비율이 어느 회사의 일방에게 불리한 경우에는 회사의 주주가 합병 전 회사재산에 대해 가지고 있던 지분비율을 합병 후에 유지할 수 없게 되어 실질적으로 주식의 일부를 상실케 되는 결과가 되므로, 현저하게 불공정한 합병비율을 정한 합병계약은 신의성실의 원칙이나 공평의 원칙 등에 비추어 무효이고, 따라서 합병비율이 현저하게 불공정한 경우 합병할 각 회사의 주주 등은 소로써 합병의 무효를 구할 수 있다.(변호 22, 모의 21)
> ㉡ 소멸회사가 주권상장법인이든 주권비상장법인이든 어느 경우나 존속회사가 발행할 합병신주의 액면총액이 소멸회사의 순자산가액을 초과할 수 있으므로 존속회사의 증가 자본액이 반드시 소멸회사의 순자산가액 범위 내로 제한된다고 할 수 없다(대판 2008.1.10. 2007다64136).(모의 13, 18)

6. 자기주식

- 포합주식이란 존속회사가 보유하던 소멸회사 발행 주식을 의미한다. 존속회사가 보유하던 소멸회사의 주식에 대하여 반드시 신주를 배정하여야 한다고 볼 수 없다(대판 2004.12.9. 2003다69355).
- 존속회사가 보유하던 자기주식은 합병대가로 소멸회사 주주에게 배정할 수도 있고, 존속회사가 그대로 보유할 수도 있다.
- 소멸회사가 보유하던 자기주식은 합병으로 소멸하고, 소멸회사에 대하여 존속회사의 주식을 배정할 수도 없으므로 그에 대해서 존속회사의 주식이 배정되지도 않는다.
- 존속회사는 합병에 의하여 소멸회사가 보유하던 존속회사 발행 주식을 승계 취득하게 되며, 존속회사의 입장에서는 이러한 자기주식의 취득은 제341조의2 제1호에 해당된다.(모의 18)

7. 합병대가의 제공

- 존속회사는 소멸회사 주주에게 합병신주 또는 자기주식을 제공해야 한다(제523조 제3호).
- 합병대가 전부를 자기주식으로 제공하는 경우 무증자 합병이 된다.(모의 18, 20)
- 교부금합병이란 합병 후 존속회사가 소멸회사의 주주에게 합병대가의 전부를 주식 이외의 금전이나 기타의 재산으로 제공하는 것을 의미한다(제523조 제4호).(변호 22, 모의 13, 14, 16, 18)
- 합병대가의 전부를 금전으로 지급하는 경우 신주가 발행되지 않는 무증자 합병이 된다.

8. 삼각합병(Triangular Merger)(제523조의2)

- 존속회사가 보유하는 모회사 발행주식을 합병 대가로 소멸회사 주주에게 제공하는 방식의 합병.
- 삼각합병을 위하여 자회사가 모회사의 주식을 취득하는 것은 자회사의 모회사 주식 취득금지(제342조의2)의 예외로서 허용된다.
- 존속회사가 삼각합병을 위해 취득한 모회사 주식을 합병 후에도 계속 보유하고 있는 경우 합병 효력이 발생하는 날부터 6개월 이내에 그 주식을 처분해야 한다.(모의 18, 19, 22)
- 상법상 모회사가 직접 소멸회사의 주주에게 신주를 발행하는 것은 허용되지 않는다.(모의 13, 18)
- 삼각합병의 경우 모회사는 소멸회사의 책임이나 의무를 승계하지 않아도 되고, 주주총회 특별결의 절차, 채권자보호절차를 거치지 않고 합병의 효과를 얻게 된다.(모의 18)

9. 간이합병(제527조의2)

- 합병으로 소멸하는 회사 총주주의 동의가 있거나 그 회사의 발행주식 총수의 100분의 90 이상을 합병 후 존속하는 회사가 소유하고 있는 경우 합병으로 소멸하는 회사의 주주총회 승인은 이사회 승인으로 갈음할 수 있다.(변호 12, 16, 17, 모의 16, 18, 20)
- 존속회사는 주주총회 승인을 얻어야 하는 등 간이합병으로 인해 달라지는 것은 없다.
- 신설합병에서는 간이합병을 할 수 없다.(모의 14)
- 소멸회사는 총주주 동의가 있는 때를 제외하고 합병계약서 작성일로부터 2주 내에 간이합병 사실을 공고하거나 주주에게 통지해야 하며 반대주주의 주식매수청구권이 인정된다.

10. 소규모합병(제527조의3) [모의 16]

- 합병 후 존속하는 회사가 합병으로 인하여 발행하는 신주의 총수 및 합병으로 이전하는 자기주식의 총수가 존속회사의 발행주식 총수의 100분의 10 을 초과하지 않는 경우 존속회사의 주주총회의 승인은 이를 이사회의 승인으로 갈음할 수 있다.(변호 23, 모의 13, 20, 21)
- 소규모합병의 경우 존속회사의 반대주주에게 주식매수청구권이 인정되지 않는다.(변호 21, 23)
- 소규모합병의 경우 존속회사의 합병계약서에는 주주총회의 승인을 얻지 아니하고 합병을 한다는 뜻을 기재해야 한다.(변호 21, 23)
- 소멸회사는 주주총회 승인을 얻어야 하는 등 소규모합병으로 인해 달라지는 것은 없다.

> **관련판례**
> ① 소규모합병에서 '합병으로 인하여 발행하는 신주'란 합병 당시에 실제로 발행하는 신주를 말하는 것으로, 존속회사가 그에 갈음하여 이미 보유하고 있던 자기주식을 이전하는 경우 이를 '합병으로 인하여 발행하는 신주'에 해당한다고 볼 수는 없다(대판 2004.12.9. 2003다69355).(모의 13)
> ② 합병교부금은 합병결의로 실제로 소멸회사 주주에게 지급된 금전을 말하고 존속회사가 미리 소멸회사의 주식을 취득하면서 지급한 매매대금은 이에 해당하지 않는다(대판 2004.12.9. 2003다69355).

- 소멸회사의 주주에게 지급하는 합병교부금 기타 재산의 가액이 존속회사의 순자산액의 5%를 초과하는 경우 소규모합병을 할 수 없다.(모의 13, 19, 20, 21)
- 존속회사 발행주식총수의 20% 이상 주식을 소유한 주주가 공고 또는 통지일로부터 2주 내에 회사에 서면으로 소규모합병에 반대하는 의사를 통지한 때에는 소규모합병을 할 수 없다.

11. 합병무효의 소 [모의 15, 16]

- 합병무효는 합병무효의 소로써만 주장할 수 있으며(제529조 제1항), 이는 형성의 소이다.
- 합병무효 예 : ① 합병제한 관한 법률 규정 위반, ② 합병계약의 하자, ③ 합병비율의 불공정,(변호 22) ④ 주주총회 승인결의 하자, ⑤ 반대주주 주식매수청구권 침해, ⑥ 채권자보호절차 불이행.
- 주식회사와 유한회사의 경우 주주(사원), 이사, 감사, 청산인, 파산관재인 또는 합병을 승인하지 아니한 채권자가 소를 제기할 수 있다(제529조 제1항, 제603조).(변호 20, 모의 14, 18, 19)
- 피고는 존속회사 또는 신설회사가 된다.
- 제소기간은 합병등기일로부터 6월 이내이다.(변호 20, 모의 14, 18, 19)
- 원고승소 합병무효 판결은 제3자에 대하여도 그 효력이 있다. 그러나 판결확정 전에 생긴 회사와 주주 및 제3자간의 권리의무에 영향을 미치지 아니한다.(변호 22)

> **관련판례**
> 주식매수청구권은 분할합병 반대주주의 투하자본 회수를 위한 것인데 분할합병무효의 소를 제기한 소수주주가 자신이 보유하고 있던 주식을 제3자에게 매도하여 투하자본을 이미 회수하였다고 볼 수 있고, 분할합병의 목적이 상호출자관계 해소를 위한 것이어서 분할합병을 무효로 하더라도 회사와 주주들에게 이익이 되지도 않으므로 분할합병무효청구를 기각하는 것이 타당하다(대판 2010.7.22. 2008다37193).

Ⅱ 주식의 포괄적 교환

1. 의의

- 완전자회사가 되는 회사의 주주가 가지는 주식 전부를 완전모회사가 되는 회사에 이전하고, 완전자회사가 되는 회사의 주주는 완전모회사가 되는 회사가 발행하는 신주를 배정받거나 그 회사의 자기주식을 이전받아 그 회사의 주주가 되는 방법으로 완전모자관계를 형성하는 것이다(제360조의2 제2항).(변호 17, 20, 모의 14, 18)
- 주식의 포괄적 교환은 완전모회사가 되는 회사는 자본금의 감소가 없고, 완전자회사가 되는 회사 또한 주주만 변동될 뿐 회사 자산의 변동이 없어 채권자를 해할 염려가 없으므로, 채권자보호절차가 요구되지 않는다.(변호 18, 24, 모의 14, 21, 22, 23)
- 회사의 주주 전체가 소유한 주식은 주식교환계약서에서 정한 '주식을 교환할 날'에 이전되고,(모의 21) 주권의 교부는 필요하지 않다.(모의 18)
- 주식교환계약서는 주주총회 특별결의에 의한 승인을 얻어야 한다.(모의 18)
- 주식교환으로 인하여 주식교환에 관련되는 각 회사의 주주의 부담이 가중되는 경우에는 주주총회 특별결의 외에 그 주주 전원의 동의가 있어야 한다(제360조의3 제5항).(변호 24)
- 주식교환에 의하여 완전모회사가 되는 회사의 이사 및 감사로서 주식교환 전에 취임한 자는 주식교환계약서에 다른 정함이 있는 경우를 제외하고는 주식교환 후 최초로 도래하는 결산기에 관한 정기총회가 종료하는 때 퇴임한다(제360조의13).(변호 20)

2. 반대주주의 주식매수청구권(합병의 경우와 동일)

- 주식교환에 관한 주주총회 특별결의에 반대하는 주주(의결권이 없거나 제한되는 주주 포함)는 주주총회 전에 회사에 대하여 서면으로 그 결의에 반대하는 의사를 통지한 경우에는 그 총회의

결의일부터 20일 이내에 주식의 종류와 수를 기재한 서면으로 회사에 대하여 자기가 소유하고 있는 주식의 매수를 청구할 수 있다(제360조의5 제1항).(변호 18, 모의 16, 21)

3. 자기주식

- 완전모회사가 되는 회사가 보유하던 자기주식은 그대로 보유할 수도 있고 완전자회사의 주주에게 교환대가로 지급할 수 있다.(모의 18)
- 완전자회사가 되는 회사가 보유하던 완전모회사가 되는 회사 발행 주식은 그대로 유지되어 상호주에 해당하게 되고, 6개월 이내 처분하여야 한다(제342조의2 제2항).(모의 18, 21)
- 완전자회사가 되는 회사가 보유하던 자기주식의 경우 완전모회사가 되는 회사의 주식으로 교환 되더라도 상호주에 해당하게 되므로 6개월 이내 처분하여야 한다(제342조의2 제2항).

4. 주식교환 대가의 지급 [변호 22]

- 완전모회사가 완전자회사의 주주에게 주식교환의 대가로 신주를 발행해 주는 경우, 발행되는 신주의 액면총액에 해당하는 만큼 완전모회사의 자본금이 증가하고, 주주 구성이 변경된다.
- 주식교환 대가를 전부 완전모회사의 자기주식으로 제공하게 되면 무증자 주식교환이며, 주식교환 대가 전부를 금전 등 교부금으로 제공하는 경우에도 무증자 주식교환이다.
- 주식교환대가로 완전자회사가 되는 회사의 주주에게 금전이나 그 밖의 재산을 제공할 수 있다.
- 완전자회사가 되는 회사의 주주에게 제공하는 재산이 완전모회사가 되는 회사의 모회사 주식을 포함하는 경우 완전모회사가 되는 회사는 모회사 주식을 취득할 수 있다.(변호 24, 모의 16, 18)
- 삼각주식교환에서는 주식교환 당사 회사의 주주총회승인만 있으면 되고, 모회사의 주주총회승 인은 필요하지 않다.(모의 16)
- 완전모회사가 되는 회사가 위에 따라 취득한 모회사 주식을 주식교환 후에도 계속 보유하고 있는 경우, 주식교환의 효력발생일로부터 6개월 이내에 주식을 처분하여야 한다.

5. 간이주식교환(제360조의9)

- 완전자회사가 되는 회사의 총주주의 동의가 있거나 그 회사의 발행주식총수의 100분의 90 이상을 완전모회사가 되는 회사가 소유하고 있는 때에는 완전자회사가 되는 회사의 주주총회의 승인은 이를 이사회의 승인으로 갈음할 수 있다.(변호 15, 20, 24, 모의 14)
- 완전모회사가 되는 회사는 주주총회승인이 요구되는 등 간이주식교환으로 달라지는 것이 없다.
- 완전자회사가 되는 회사의 반대주주에게는 주식매수청구권이 인정된다.(모의 22)

6. 소규모주식교환(제360조의10)

- 완전모회사가 되는 회사가 주식교환을 위하여 발행하는 신주 및 이전하는 자기주식의 총수가 그 회사의 발행주식총수의 100분의 10을 초과하지 아니하는 경우 완전모회사가 되는 회사의 주주총회의 승인은 이사회 승인으로 갈음할 수 있다.(변호 17, 20, 모의 14, 22)
- 완전자회사가 되는 회사는 주주총회 승인을 얻어야 하는 등 달라지는 것이 없다.
- 완전자회사가 되는 회사의 주주에게 지급하는 교부금 기타 재산의 가액이 완전모회사가 되는 회사의 순자산액의 5%를 초과하는 경우 소규모주식교환 할 수 없다.
- 완전모회사가 되는 회사 발행주식총수 20% 이상 주주가 공고 또는 통지일로부터 2주 내에 회사에 서면으로 반대의사를 통지한 때 소규모주식교환을 할 수 없다.

7. 주식교환의 무효(제360조의14)

- 주식의 포괄적 교환의 무효원인 : 교환계약의 하자, 주주총회 승인결의 하자, 교환비율의 불공정(채권자보호절차 불이행 ×).(변호 24, 모의 18, 22)
- 주식교환의 무효는 각 회사의 주주, 이사, 감사, 감사위원회의 위원 또는 청산인에 한하여 주식교환의 날부터 6월 이내에 소로써만 주장할 수 있다.(변호 20, 21, 모의 22)
- 주식교환 무효판결 : 대세효 ○.(변호 24, 모의 14) 소급효 ×.(모의 14, 21)

Ⅲ 주식의 포괄적 이전

1. 의의

- 완전자회사가 되는 회사의 주주가 소유하는 그 회사의 주식은 주식이전에 의하여 설립하는 완전모회사에 이전하고, 그 완전자회사가 되는 회사의 주주는 그 완전모회사가 발행하는 주식의 배정을 받음으로써 그 완전모회사의 주주가 되는 것이다(제360조의15 제2항).(변호 21, 모의 14, 18)
- 주식의 포괄적 이전의 경우 완전모회사가 되는 회사는 신설회사이고, 완전자회사가 되는 회사 또한 주주만 변동될 뿐 회사 자산의 변동이 없는 관계로 채권자를 해할 염려가 없으므로, 채권자보호절차가 요구되지 않는다.(변호 18, 모의 22)
- 주식의 포괄적 이전의 경우에는 주식발행절차가 진행된다(제360조의15 제2항).(모의 14)

2. 주식의 포괄적 이전의 효과

- 주식의 포괄적 이전의 경우 완전모회사가 신설된다.
- 주식교환에 있어서의 간이주식교환이나 소규모주식교환과 같은 법리가 적용되지 않는다.
- 주식의 포괄적 이전의 효력은 포괄적 이전으로 설립된 완전모회사가 그 본점소재지에서 설립등기를 한 날에 발생한다(제360조의21).(모의 14, 21)
- 주식의 포괄적 이전으로 완전자회사가 되는 회사 주식의 등록질권자는 완전모회사에 대하여 포괄적 이전으로 발행하는 주식의 주권을 자신에게 교부해 줄 것을 청구할 수 있다.(모의 14)

3. 주식이전무효의 소(제360조의23)

- 주식이전의 무효는 각 회사의 주주, 이사, 감사, 감사위원회의 위원 또는 청산인에 한하여(채권자 ×) 주식이전의 날부터 6월 이내에 소로써만 주장할 수 있다.(모의 22)
- 주식이전무효의 판결 : 대세효 ○. 소급효 ×.(모의 21)

Ⅳ 회사분할

1. 의의

- 하나의 회사의 영업을 둘 이상으로 분리하여 분리된 영업재산으로 회사를 신설하거나 다른 회사와 합병시키는 방법으로 그 영업에 관한 권리의무를 신설회사 또는 승계회사에 승계시키는 것을 목적으로 하는 회사의 행위이며, 회사분할은 주식회사에 대해서만 인정된다(제530조의2).
- 단순분할신설회사, 분할승계회사 또는 분할합병신설회사는 분할회사의 권리와 의무를 분할계획서 또는 분할합병계약서에서 정하는 바에 따라 포괄 승계한다(제530조의10).
- 회사분할에 따른 재산이전은 개별적인 이전절차 없이 분할등기일에 자동으로 이전된다.

2. 분할의 유형

(1) 단순분할 [변호 18, 20]

- 회사의 영업을 수개로 분리 후 분리된 영업을 출자하여 회사를 설립하는 것과 같이 분리된 영업이 독립하여 신설회사로 남는 분할을 의미한다(제530조의2 제1항).
- 분할회사 : 영업을 분리하는 회사.
- 신설회사 : 분리된 영업으로 설립되는 회사.
- 분할회사가 소멸하는 소멸분할과 존속회사가 소멸하지 않는 존속분할로 나뉜다.

(2) 분할합병 [모의 13]

- 회사에서 분리된 영업이 다른 회사에 흡수되는 것을 의미한다(제530조의2 제2항). (변호 17)
- 분할회사 : 영업을 분리하는 회사.
- 승계회사 : 분리된 영업을 승계하는 회사.
- 분할회사에서 분리된 영업을 승계회사에 흡수합병시키는 흡수분할합병과 분할회사에서 분리된 영업을 가지고 다른 회사와 별도의 회사를 설립하는 신설분할합병으로 나뉜다.

(3) 인적 분할과 물적 분할 (변호 13, 17, 19, 20, 모의 14, 17)

- 인적분할 : 신설회사, 승계회사가 발행하는 분할신주를 분할회사 주주에게 교부하는 회사분할.
- 물적분할 : 신설회사 또는 승계회사가 발행하는 분할신주를 분할회사에게 교부하는 회사분할.

(4) 교부금분할합병과 삼각분할합병

- 교부금분할합병은 승계회사가 분할대가로 승계회사의 주식 대신 분할교부금 또는 기타 재산을 교부하는 분할합병을 의미한다.
- 삼각분할합병은 승계회사가 자신의 모회사의 주식을 분할대가로 지급하는 분할합병을 의미한다.
- 분할승계회사는 분할회사의 주주에게 제공하는 재산이 분할승계회사의 모회사 주식을 포함하는 경우 모회사 주식을 취득할 수 있다(제530조의6 제4항).
- 분할승계회사가 위에 따라 취득한 모회사 주식을 분할합병 후에도 계속 보유하고 있는 경우 분할합병 효력이 발생하는 날부터 6개월 이내에 주식을 처분해야 한다(제530조의6 제5항). (모의 20)

3. 분할결의 [모의 13]

- 분할계획서, 분할합병계약서는 주주총회 특별결의에 의한 승인을 얻어야 한다(제530조의3 제1항, 제2항). (변호 17)
- 의결권 없는 주주도 의결권이 인정된다. (변호 13, 19, 23, 모의 14, 16, 17, 18, 19, 20)
- 분할 또는 분할합병에 관련되는 각 회사의 주주의 부담이 가중되는 경우 주주총회 특별결의 이외에 그 주주 전원의 동의가 있어야 한다(제530조의3 제6항). (변호 13, 19)

> **관련판례**
>
> 회사 분할 또는 분할합병으로 인하여 그에 관련되는 주주의 부담이 가중되는 경우에는 주주총회의 승인 결의 외에 그 주주 전원의 동의가 있어야 하는데, 이 규정은 주주를 보호하기 위한 규정으로 회사 채권자는 이 규정을 근거로 분할로 인하여 신설된 회사가 분할 전 회사의 채무를 연대하여 변제할 책임이 있음을 주장할 수는 없다(대판 2010.8.19. 2008다92336).

4. 반대주주의 주식매수청구 [모의 13]

- 분할결의에 반대하는 주주에게 주식매수청구권이 인정된다.(변호 20, 모의 16)
- 단순분할의 경우 주식매수청구권이 인정되지 않는다.(변호 13, 23, 모의 17, 18)
- 소규모합병의 경우와 마찬가지로 소규모분할합병의 경우에도 승계회사의 주주에게 주식매수청구권이 인정되지 않는다(제530조의11 제2항, 제527조의3 제5항).

5. 채권자보호절차 [변호 18, 모의 13]

- 단순분할 신설회사는 분할 전 분할회사의 채무에 대해 연대책임을 지므로(모의 21) 채권자의 입장에서는 책임재산의 변동이 없고 이익이 침해되지 않으므로 채권자보호절차가 요구되지 않는다.
- 다만 연대책임이 배제되는 경우에는 단순분할을 하더라도 채권자보호절차가 요구된다(제530조의9 제4항, 제527조의5).(변호 23, 모의 21)
- 분할합병의 경우, 분할회사와 분할합병승계회사 모두 채권자보호절차를 거쳐야 한다(제530조의11 제2항, 제527조의5).(모의 14, 16, 18)

6. 간이분할합병과 소규모분할합병

- 승계회사가 분할회사 발행주식총수의 90% 이상을 소유하고 있거나 분할회사 총주주의 동의가 있는 경우 분할회사의 주주총회 승인은 이사회의 승인으로 갈음할 수 있다.(모의 16, 18)
- 승계회사가 분할합병으로 인하여 발행하는 신주가 승계회사 발행주식총수의 10% 이하인 경우 승계회사의 주주총회승인은 이사회의 승인으로 갈음할 수 있다.

7. 분할 전 분할회사 채무에 대한 연대책임 [모의 13]

- 분할회사, 단순분할신설회사, 분할승계회사 또는 분할합병신설회사는 분할 또는 분할합병 전의 분할회사 채무를 연대하여 변제할 책임을 부담한다(제530조의9 제1항).(모의 21)
- 분할 전이란 분할등기 전을 의미한다.
- 채무가 분할 전에 발생하면 변제기가 분할 이후에 도래하더라도 연대책임이 인정된다.(모의 19)

관련판례

① 회사의 분할 또는 분할합병으로 인하여 설립되는 회사와 존속하는 회사가 회사 채권자에게 연대하여 변제할 책임이 있는 분할 또는 분할합병 전의 회사 채무에는 분할 또는 분할합병의 효력발생 전에 발생하였으나 분할 또는 분할합병 당시에는 아직 그 변제기가 도래하지 아니한 채무도 포함된다(대판 2008.2.14. 2007다73321).(변호 23, 모의 19)

② 신설회사 또는 승계회사가 부담하는 채무는 분할 이전의 분할회사의 채무와 동일성을 유지하는 것으로서 그 소멸시효나 기산점도 본래 채무를 기준으로 판단하여야 하며,(변호 19) 분할회사와 분할합병신설회사와 분할 또는 분할합병 전의 회사가 부담하는 연대책임은 법정책임으로 부진정연대책임이다(대판 2017.5.30. 2016다34687).(변호 23)

③ 채권자가 분할 후에 분할회사를 상대로 분할 전 채무에 관한 소를 제기하여 시효가 중단되거나 연장되는 경우 이러한 소멸시효 중단이나 연장의 효과는 다른 채무자인 신설회사에 효력이 미치지 아니 한다(대판 2017.5.30. 2016다34687).

8. 연대책임의 배제 [모의 13]

- 분할회사가 주주총회 특별결의로 분할로 회사를 설립하는 경우 단순분할신설회사는 분할회사의 채무 중 분할계획서 또는 분할계약서에서 승계하기로 정한 채무에 대한 책임만을 부담하는 것으로 정할 수 있다(제530조의9 제2항).(변호 19, 23, 모의 14, 17, 18, 19, 20, 21)
- 분할회사가 분할 후에 존속하는 경우에는 단순분할신설회사, 분할승계회사 또는 분할합병신설회사가 부담하지 않는 채무에 대한 책임만 부담한다(제530조의9 제2항, 제3항).
- 이 경우 분할회사는 채권자보호절차를 거쳐야 한다(제530조의9 제4항, 제530조의11 제2항, 제527조의5).(변호 13, 18, 23, 모의 14, 20)

> **관련판례**
> ① 분할회사와 신설회사의 채무관계가 분할채무관계로 바뀌는 것은 분할회사가 자신이 알고 있는 채권자에게 개별최고를 거쳤어야 하므로, 개별최고를 누락한 경우에는 그 채권자에 대하여 분할채무관계의 효력이 발생할 수 없고 신설회사와 분할회사가 연대하여 변제책임을 지게 된다(대판 2004.8.30. 2003다25973). (변호 23)
> ② 개별최고가 필요한 회사가 알고 있는 채권자란 채권자와 채권 내용이 대체로 회사에게 알려져 있는 채권자를 말하고, 회사에 알려져 있는지는 제반 사정을 고려하되, 회사의 장부 등에 의하여 성명과 주소가 회사에 알려져 있는 자는 물론 대표이사가 알고 있는 채권자도 포함된다(대판 2011.9.29. 2011다38516). (모의 17)

9. 회사분할무효의 소(제530조의11) [모의 13]

- 회사분할의 무효는 각 회사의 주주, 이사, 감사, 청산인, 파산관재인 또는 합병을 승인하지 아니한 채권자에 한하여 분할등기의 날로부터 6월 이내에(변호 13, 19, 모의 13, 22) 소만으로 주장할 수 있다.(변호 20)
- 주식 전부를 양도한 주주는 분할합병무효의 소를 제기할 원고적격이 없다.(변호 20, 모의 22)
- 분할 회사를 공동피고로 하여야 한다.(변호 13, 19, 모의 13)
- 회사분할무효의 판결 : 대세효 ○. 소급효 X.

> **관련판례**
> ① 주주가 회사를 상대로 제기한 분할합병무효의 소에서 당사자 사이에 분할합병계약을 승인한 주주총회결의 자체가 있었는지 및 그 결의에 이를 부존재로 볼 만한 중대한 하자가 있는지 등 주주총회결의의 존부에 관하여 다툼이 있는 경우, 주주총회결의 자체가 있었다는 점에 관해서는 회사가 증명책임을 부담하고 그 결의에 이를 부존재로 볼 만한 중대한 하자가 있다는 점에 관해서는 주주가 증명책임을 부담한다(대판 2010.7.22. 2008다37193).(변호 20, 23)
> ② 법원이 분할합병무효의 소를 재량기각하기 위해서는 원칙적으로 소 제기 전이나 심리 중에 원인된 하자가 보완되어야 하나, 그 하자가 추후 보완될 수 없는 성질의 것인 경우 그 하자가 보완되지 아니하였더라도 회사의 현황 등 제반 사정을 참작하여 분할합병무효의 소를 재량기각 할 수 있다(대판 2010.7.22. 2008다37193).(변호 20, 23, 모의 22)

제8관 주식회사 이외의 회사

Ⅰ 합명회사

1. 의의 및 설립

- 인적회사로서 2인 이상의 무한책임사원으로만 구성되는 회사를 의미한다.
- 자본금 개념이 없으며, 설립절차도 정관 작성과 설립등기만으로 이루어진다.
- 회사의 설립에 관한 사원 개인의 주관적 하자로 인해 회사 설립이 취소, 무효가 될 수 있다.
- 회사는 합명회사의 사원이 될 수 없다(제173조).
- 사원이 무한책임을 지므로 노무와 신용의 출자도 가능하다.
- 정관에서 사원과 출자가 확정되고, 사원이 회사의 업무집행기관과 대표기관이 된다.

2. 설립의 취소와 무효 및 회사계속

- 합명회사 설립의 무효는 그 사원, 설립의 취소는 그 취소권 있는 자에 한하여 회사성립의 날로부터 2년 내에 소로써만 주장할 수 있다(제184조 제1항).(변호 21, 모의 14, 17)
- 설립 무효, 취소의 소의 심리 중 원인된 하자가 보완되고 회사 현황과 제반사정을 참작하여 설립을 무효 또는 취소하는 것이 부적당하다고 인정한 때 법원은 청구를 기각할 수 있다(제189조).
- 설립무효의 판결 또는 설립취소의 판결이 확정된 때에는 해산의 경우에 준하여 청산하여야 한다(제193조 제1항).(변호 21)

3. 지분 및 내부관계

- 합명회사의 사원은 다른 사원의 동의를 얻지 않으면 지분의 전부 또는 일부를 타인에게 양도하지 못한다(제197조).
- 양도인은 등기 후 2년간 등기 이전의 회사 채무에 대하여 무한책임을 부담한다(제225조 제2항).
- 합명회사 사원이 사망한 경우 지분은 상속되지 않고 사원은 퇴사된다(제218조 제3호).(변호 19)
- 사원은 각자 독립하여 회사의 업무를 집행한다. 각 사원의 업무집행에 관한 행위에 대하여 다른 사원의 이의가 있는 경우, 총사원 과반수의 결의에 의하여야 한다(제200조 제2항).
- 정관으로 회사 존립기간을 정하지 아니하거나 어느 사원의 종신까지 존속할 것을 정한 때에는 사원은 6개월 전 예고 후 영업년도 말에 한하여 퇴사할 수 있으며(제217조 제1항), 사원은 부득이한 사유가 있는 경우 언제든지 퇴사할 수 있다(다른 사원 전원 동의 필요 ×).(변호 22)

> **관련판례**
> 합명회사의 내부관계에 관한 상법 규정은 원칙적으로 임의규정이고, 정관에서 상법 규정과 달리 정하는 것이 허용된다.(모의 17) 상법상 합명회사 사원 또는 업무집행사원의 업무집행권한은 첫째, 상법 제205조 제1항에 따라 다른 사원의 청구에 의한 법원의 선고에 의하여 상실시키거나, 둘째, 상법 제195조에 의해 준용되는 민법 제708조에 따라 총사원이 일치하여 업무집행사원을 해임함으로써 권한을 상실시킬 수 있다. 상법 제205조 제1항이 민법 제708조의 준용을 배제하고 있다고 보기 어려우므로 정관에서 달리 정하고 있지 않는 이상, 합명회사의 사원은 두 가지 중 어느 하나의 방법으로 다른 사원 또는 업무집행사원의 업무집행권한을 상실시킬 수 있다(대판 2015.5.29. 2014다51541).

4. 외부관계

- 각 사원이 업무집행권을 가진 대표기관이다.
- 회사를 대표하는 사원이 그 업무집행으로 인하여 타인에게 손해를 가한 때에는 회사는 그 사원과 연대하여 배상책임을 부담한다(제210조).
- 회사의 재산으로 회사의 채무를 완제할 수 없는 때 각 사원은 연대하여 변제할 책임이 있으며, (변호 13, 모의 13, 20) 사원은 회사채권자에게 직접·연대·무한책임을 진다(제212조).
- 사원의 책임은 정관이나 총사원의 동의로 면제할 수 없다.
- 회사성립 후에 가입한 사원은 가입 전에 생긴 회사 채무에 대하여 다른 사원과 동일한 책임을 부담한다(제213조).(모의 17, 22)
- 퇴사 또는 지분을 전부 양도한 사원도 2년간 동일한 책임을 부담한다(제225조).

> **관련판례**
> 합명회사 사원의 책임은 회사가 채무를 부담하면 법률 규정에 기해 당연히 발생하는 것이고, 회사의 재산으로 회사의 채무를 완제할 수 없는 때 또는 회사재산에 대한 강제집행이 주효하지 못한 때에 비로소 발생하는 것은 아니다(대판 2009.5.28. 2006다65903).(모의 17, 21)

Ⅱ 합자회사

1. 의의와 설립

- 무한책임사원과 유한책임사원으로 구성된 인적회사이다.
- 합자회사의 법률관계에는 합명회사에 관한 규정이 준용된다(제269조).(변호 21)
- 합자회사는 무한책임사원이 존재하므로 회사 설립 단계에서 재산적 기초를 요구하지 않는다.
- 합자회사는 합명회사와 마찬가지로 정관작성과 설립등기만으로 회사가 설립된다.
- 합자회사가 설립등기를 할 때에는 각 사원의 무한책임 또는 유한책임인 것을 등기하여야 한다(제271조 제1항).(모의 14)

2. 내부관계

- 유한책임사원은 신용 또는 노무를 출자의 목적으로 하지 못한다(제272조).(변호 22, 모의 20)
- 무한책임사원은 합명회사의 사원과 같이 노무와 신용도 출자할 수 있다.
- 무한책임사원 지분의 양도는 유한책임사원을 포함한 총사원의 동의를 요한다.(변호 19, 모의 21)
- 유한책임사원 지분의 양도는 무한책임사원 전원의 동의만 있으면 된다(제276조).(모의 16, 20, 21)
- 새로운 사원이 입사한 경우 정관변경의 절차를 거쳐야 한다(제270조, 제179조).
- 합자회사 유한책임사원의 입사는 총사원의 동의가 있으면 정관인 서면의 경정이나 등기부기재를 기다리지 않고 동의가 있는 시점에 곧바로 사원의 지위를 취득한다.(모의 21)

> **관련판례**
> ① 유한책임사원의 업무집행이나 대표행위를 인정하지 않고 있는 상법 제278조에 불구하고 정관 또는 내부규정으로서 유한책임사원에게 업무집행권을 부여할 수는 있더라도 유한책임사원에게 대표권까지를 부여할 수는 없다(대판 1977.4.26. 75다1341).(모의 22)

② 무한책임사원 1인 뿐인 합자회사에서 업무집행사원에 대한 권한상실신고는 회사의 업무집행사원 및 대표사원이 없는 상태로 돌아가게 되어 권한상실제도의 취지에 어긋나게 되어 회사를 운영할 수 없으므로 이를 할 수 없다(대판 1977.4.26. 75다1341).(모의 21)

③ 합자회사의 경우 무한책임사원 뿐만 아니라 유한책임사원도 각자 업무집행사원에 대한 권한상실선고를 청구할 수 있다고 해석하는 것이 타당하다(대판 2012.12.13. 2010다82189).(모의 17)

④ ㉠ 합자회사 업무집행사원의 권한상실판결은 형성판결로서 판결로 업무집행권이 상실되면 대표권도 상실된다. ㉡ 무한책임사원의 업무집행권한 상실판결 이후 그 무한책임사원이 유일한 무한책임사원이 되었다는 사정만으로는 상실판결의 효력이 당연히 상실되고 해당 무한책임사원의 업무집행권 및 대표권이 부활한다고 볼 수 없다. ㉢ 업무집행권한 상실 선고받은 무한책임사원이 다시 업무집행권이나 대표권을 갖기 위해서는 정관이나 총사원 동의로 새로 권한을 부여받아야 한다.(변호 24) ㉣ 무한책임사원들만으로 업무집행사원이나 대표사원을 선임하도록 정한 정관은 유효하고, 그 후의 사정으로 무한책임사원이 1인이 된 경우에도 특별한 사정이 없는 한 여전히 유효하다. ㉤ 다만 판결로 업무집행권한 상실을 선고받은 무한책임사원이 이후 유일한 무한책임사원이 되더라도 위 정관을 근거로 단독으로 의결권을 행사하여 자신을 업무집행사원이나 대표사원으로 선임할 수는 없다(대판 2021.7.8. 2018다225289).

⑤ 정관에 기재된 합자회사 사원의 책임 변경은 정관변경의 절차에 의하여야 하고, 정관에 그 의결정족수 내지 동의정족수 등에 관하여 별도로 정하고 있다는 등의 특별한 사정이 없는 한 총 사원의 동의가 필요하다. 합자회사 유한책임사원의 지분양도가 정관상 요건을 갖추지 못한 경우에는 무효이다(대판 2010.9.30. 2010다21337).(모의 17)

⑥ 합자회사의 무한책임사원으로 甲이 등재되어 있는 상태에서 총사원의 동의로 乙을 무한책임사원으로 가입시키기로 합의하였으나 그에 관한 변경등기가 이루어지기 전에 甲이 등기부상의 총사원의 동의를 얻어 제3자에게 자신의 지분 및 회사를 양도하고 사원 및 지분 변경등기까지 마친 경우, 만약 제3자가 甲만이 유일한 무한책임사원이라고 믿은 데 대하여 선의라면, 회사나 乙로서는 제3자가 乙의 동의를 받지 아니하였음을 주장하여 그 지분양도계약이 효력이 없다고 주장할 수 없다(대판 1996.10.29. 96다19321).

3. 외부관계

- 무한책임사원이 회사를 대표하며, 유한책임사원은 대표권을 가질 수 없다(제278조).(모의 21, 22)
- 무한책임사원은 회사 채무에 대하여 직접·연대·무한책임을 부담한다.(모의 17, 21)
- 유한책임사원은 출자의무를 부담하는 금액 중에서 아직 회사에 출자하지 않은 금액을 한도로 채권자에게 직접 변제할 책임을 부담한다(제279조 제1항).(모의 13)
- 회사에 이익이 없음에도 유한책임사원이 배당을 받은 금액은 변제책임을 정함에 있어서 이를 가산한다(제279조 제2항).

> **관련판례**
>
> 합자회사의 무한책임사원 책임은 회사가 채무를 부담하면 법률의 규정에 기해 당연히 발생하는 것이고, 회사의 재산으로 회사의 채무를 완제할 수 없는 때 또는 회사재산에 대한 강제집행이 주효하지 못한 때에 비로소 발생하는 것은 아니다(대판 2012.4.12. 2010다27847).(모의 21, 22)

Ⅲ 유한책임회사

1. 의의

- 출자금액을 한도로 유한책임을 지는 사원만으로 구성된 회사이다.
- 유한책임회사는 업무집행, 지분양도, 손익분배, 사원의 가입과 퇴사 등 내부관계는 인적회사와 유사하면서 대외적으로는 유한책임을 부담하는 형태이다.

- 유한책임회사는 내부 법률관계에서 민법상 조합의 법리에 따라 운영되나, 유한책임회사 설립시 1인의 사원도 가능하며, 법인도 사원이 될 수 있고, 사원의 총수에 제한이 없다.(변호 13)
- 유한책임회사에서도 사원의 개성이 중요하므로 설립의 무효 이외에 사원의 주관적 하자로 인한 설립의 취소가 인정된다.
- 사원은 신용, 노무를 출자목적으로 하지 못한다(제287조의4 제1항).(변호 22, 모의 13, 14, 20)
- 사원은 정관 작성 후 설립등기를 하는 때까지 금전이나 그 밖의 재산의 출자를 전부 이행하여야 하며(제287조의4 제2항),(모의 20) 현물출자도 가능하다.(모의 20)
- 상법은 현물출자 관련 원칙만을 정하고 있을 뿐 검사인의 조사, 현물출자 불이행시 설립관여자의 책임에 대해서는 규정하지 않고 있다.(모의 20)
- 사원은 등기사항이 아니지만, 업무집행자 또는 대표자의 인적사항은 등기사항이다(제287조의5 제1항 제4호, 제5호).(모의 20)

2. 지분양도 및 업무집행자

- 사원은 다른 사원의 동의를 받지 아니하면 지분의 전부 또는 일부를 타인에게 양도하지 못한다. 다만 정관에서 다르게 정할 수 있다(제287조의8 제1항, 제3항).(변호 19, 모의 20)
- 업무를 집행하지 않는 사원은 업무집행사원 전원 동의가 있으면 지분의 전부 또는 일부를 타인에게 양도할 수 있다.(변호 19, 모의 22) 업무집행사원이 없는 경우 사원 전원의 동의를 받아야 한다(제287조의8 제2항).(변호 19)
- 유한책임회사는 그 지분의 전부 또는 일부를 양수할 수 없다(제287조의9).(변호 24) 유한책임회사가 지분을 취득하는 경우에 그 지분은 취득한 때에 소멸한다(제287조의9).(변호 24)
- 유한책임회사는 정관으로 사원 또는 사원이 아닌 자를 업무집행자로 정하여야 하며(제287조의12 제1항),(변호 13, 22, 모의 17) 사원의 전부를 업무집행자로 할 수도 있다.
- 업무집행자는 사원 전원의 동의를 받지 아니하고는 자기 또는 제3자의 계산으로 회사의 영업부류에 속한 거래를 하지 못하며, 같은 종류의 영업을 목적으로 하는 다른 회사의 업무집행자·이사 또는 집행임원이 되지 못한다(제287조의10 제1항).(변호 18)
- 업무집행자는 다른 사원 과반수의 결의가 있는 경우에만 자기 또는 제3자의 계산으로 회사와 거래를 할 수 있다(제287조의11).(변호 18)
- 업무집행사원이 업무를 집행함에 현저하게 부적임하거나 중대한 업무 위반행위가 있는 경우 법원은 사원의 청구에 의해 업무집행권한의 상실 선고할 수 있다(제287조의17, 제205조).(변호 18)

3. 외부관계

- 업무집행자는 유한책임회사를 대표하며, 사원이 아닌 자도 업무집행자로 선임할 수 있다.
- 업무집행자가 둘 이상인 경우 정관 또는 총사원의 동의로 유한책임회사를 대표할 업무집행자를 정할 수 있다(제287조의19 제2항).(변호 18)
- 유한책임회사를 대표하는 업무집행자가 그 업무집행으로 타인에게 손해를 입힌 경우에는 회사는 그 업무집행자와 연대하여 배상할 책임이 있다(제287조의20).(변호 18)
- 유한책임회사의 사원은 회사채권자에 대하여 간접·유한책임을 진다(제287조의7).
- 유한회사의 사원이 부담하는 출자전보책임도 없고, 합자회사의 유한책임사원이 출자를 이행하지 않은 범위에서 직접, 연대책임을 지는 것과도 다르다(제279조 제1항).

Ⅳ 유한회사

1. 의의

- 사원이 균등액 단위로 출자하여 자본금을 형성하고 사원은 회사에 대해 출자금액을 한도로 유한책임을 부담하며 채권자에 대해 직접적으로 어떠한 책임도 부담하지 않는 회사를 말한다.
- 유한회사도 물적 회사이므로 사원의 출자재산으로 회사채권자보호를 위한 책임재산을 형성한다.
- 주식회사와 마찬가지로 자본금확정, 자본금충실, 자본금불변의 원칙이 적용된다.
- 자본금은 정관의 기재사항이고, 자본금 증감은 사원총회 결의에 의한 정관변경 절차를 요한다.
- 의사결정기관은 사원총회이고, 업무집행기관은 이사이며, 유한회사에는 이사회가 없다.
- 이사는 각자 회사를 대표하고, 사원총회에서 회사를 대표할 이사를 선정할 수 있으며, 수인의 이사를 공동대표로 정할 수 있다.
- 이익배당은 정관에 달리 정하는 경우 외에는 각 사원의 출자좌수에 따른다.(변호 22)
- 유한회사 재산으로 유한회사 채무 변제에 부족하더라도 채권자는 출자금액의 납입을 완료하지 않은 사원에게 납입부족액을 한도로 자신에게 직접 변제할 것을 청구할 수 없다.(모의 16)

2. 설립절차 및 기관

- 발기설립만 가능하다. 발기인이 별도로 존재하지 않고 정관을 작성함으로써 사원이 확정되고, 1인 회사의 설립이 가능하며, 사원의 자격과 수에 제한이 없다.
- 원칙적으로 대표이사가 없고 각 이사가 회사를 대표한다(제562조 제1항).
- 사원총회의 결의는 총사원의 동의가 있는 경우 서면결의를 할 수 있다(제577조 제1항).
- 사원총회는 각 사원이 소집하고, 감사는 임의기관이다.(모의 20)
- 유한회사의 설립무효도 2년 내에 소로써만 주장할 수 있다(제552조 제1항). 설립취소의 소 역시 제186조 이하의 일반 규정이 준용된다.

3. 지분의 양도와 입질

- 지분 전부 또는 일부의 양도, 상속이 가능하다.
- 다만, 정관으로 지분의 양도를 제한할 수 있다.(변호 13, 22, 모의 13, 22)
- 유한회사는 사원 지분에 관해 지시식 또는 무기명식의 증권을 발행하지 못한다.(모의 16, 22)
- 유한회사는 자기지분취득이 원칙적으로 금지된다(제560조, 제341조의2).
- 사원은 정관에 제한이 없는 한 자유롭게 지분에 질권을 설정할 수 있다(제559조 제1항).(변호 19)
- 주식의 입질과 달리 유한회사 지분의 경우 약식질은 인정되지 않고 등록질만 인정된다.

제4편

보험법

Ⅰ 보험계약의 의의 및 개념요소

1. 보험계약과 보험의 목적

- 당사자 일방이 약정한 보험료를 지급하고 재산, 생명 또는 신체에 불확정한 사고가 발생할 경우에 상대방이 일정한 보험금이나 급여를 지급할 것을 약정하는 계약이다(제638조).
- 보험계약 당시에 보험사고가 이미 발생하였거나 또는 발생할 수 없는 것인 때 계약은 무효로 한다(제644조 본문).(모의 14, 18, 23) 보험계약체결 당시 당사자가 위험사실을 알지 못하는 경우 계약이 유효하다(제644조 단서).(변호 12, 모의 23)
- 상법 제644조 규정은 보험사고의 불확정성이라는 보험 본질에 따른 강행규정으로, 당사자합의로 이에 반하는 보험계약을 체결하더라도 무효이다(대판 2002.6.28. 2001다59064).(변호 12, 모의 14)
- 보험계약 당사자나 피보험자가 보험사고 발생 사실을 알고도 소급보험을 체결한 경우 그 계약은 무효이고 보험계약자는 납입한 보험료를 반환받을 수 없다(제648조).(모의 18)
- 보험사고 발생 이후에 보험계약이 해지되는 경우 보험자는 위험의 인수를 면하게 된 보험료를 기준으로 미경과기간의 보험료를 산정·반환할 의무가 있다(대판 2008.1.31. 2005다57806).

2. 손해보험에서의 피보험자

- 피보험자는 피보험이익의 주체로서 보험사고 발생시 보험금을 지급받을 자이다.
- 보험계약자와 피보험자가 동일한 경우 자기를 위한 손해보험, 그렇지 않은 경우 타인을 위한 손해보험이다. 피보험자가 보험금을 청구하게 되므로 보험수익자가 별도로 존재하지 않는다.

3. 인보험에서의 피보험자와 보험수익자

- 피보험자는 보험사고의 객체로서 자신의 생명 또는 신체를 보험에 붙인 자연인이다.
- 보험계약자와 피보험자가 동일한 경우 자기의 보험, 그렇지 않은 경우 타인의 보험이다.
- 보험수익자는 피보험자에게 보험사고가 발생한 경우 보험금을 지급받을 자로 지정된 자이다.

4. 보험중개사, 보험설계사의 권한

- 보험중개사는 보험자의 대리인이 아니므로 계약 체결권한, 고지 수령권한, 보험료 수령권한 등 보험자를 대리할 어떠한 권한도 인정되지 않는다.(변호 21)
- 보험설계사에게는 체약대리권한과 고지수령권한이 인정되지 않으나,(변호 13) 보험료(제1회 보험료 포함) 수령권한, 명시설명의무가 인정된다.

Ⅱ 보험계약의 체결 및 효과

1. 보험자의 낙부통지의무(제638조의2)

- 보험자가 보험계약자로부터 보험계약의 청약과 함께 보험료 상당액의 전부 또는 일부의 지급을 받은 때에는 다른 약정이 없으면 30일 내에 그 상대방에 대해 낙부의 통지를 발송하여야 한다. (모의 18, 23)
- 인보험계약의 피보험자가 신체검사를 받아야 하는 경우 그 기간은 신체검사를 받은 날부터 기산한다.(변호 12, 모의 18, 23)
- 보험자가 30일 내에 낙부통지를 해태한 때 승낙한 것으로 본다.(모의 18, 21)

2. 승낙 전 보험사고

- 보험자가 보험계약자로부터 보험계약의 청약과 함께 보험료 상당액의 전부 또는 일부를 받은 경우 청약을 승낙하기 전에 보험계약에서 정한 보험사고가 생긴 때에는 청약을 거절할 사유가 없는 한 보험자는 보험계약상의 책임을 진다(제638조의2 제3항 본문).(모의 23)
- 인보험계약의 피보험자가 받아야 하는 신체검사를 받지 아니한 때에는 보험자가 보험계약자로부터 보험계약의 청약과 함께 보험료 상당액의 전부 또는 일부를 받은 뒤 그 청약을 승낙하기 전에 보험사고가 발생한 경우 보험자는 책임을 지지 않는다(제638조의2 제3항 단서).(모의 21)

3. 보험약관 교부·설명의무

- 보험자는 보험계약을 체결할 때 보험계약자에게 보험약관을 교부하고, 중요한 내용을 설명해야 한다(제638조의3 제1항).
- 보험자가 보험약관 교부 및 설명의무를 위반한 경우 보험계약자는 보험계약이 성립한 날부터 3개월 이내에 그 계약을 취소할 수 있다(제638조의3 제2항).(변호 19, 21, 모의 17, 23)

> **관련판례**
>
> ① 보험약관의 중요한 내용에 해당하는 사항이라 하더라도 ㉠ 보험계약자나 대리인이 그 내용을 충분히 잘 알고 있거나, ㉡ 거래상 일반적이고 공통된 것이어서 보험계약자가 별도의 설명 없이도 충분히 예상할 수 있었거나, ㉢ 이미 법령에 의하여 정하여진 것을 되풀이하거나 부연하는 사항은 명시·설명의무가 인정되지 않는다(대판 2006.1.26. 2005다60017,60024).(변호 19)
> ② 보험자의 책임은 당사자 간에 다른 약정이 없으면 최초의 보험료를 지급받은 때로부터 개시한다고 규정하고 있는 상법의 일반 조항과 다른 내용으로 보험자의 책임개시시기를 정한 경우, 그 약관 내용은 보험자가 구체적이고 상세한 명시·설명의무를 지는 보험계약의 중요한 내용이고, 그 약관의 내용이 거래상 일반적이고 공통된 것이어서 보험계약자가 별도의 설명 없이도 충분히 예상할 수 있었던 내용이라 할 수 없다(대판 2005.12.9. 2004다26164,26171).(변호 19)
> ③ 보험약관 내용이 추상적·개괄적으로 소개되어 있는 안내문 송부만으로 약관 설명의무를 다했거나 보험계약자가 그 내용을 알게 되어 설명의무를 인정할 필요가 없다고 할 수 없으며, 보험약관 명시·설명의무는 보험료율이 낮거나 보험계약체결방식이 통신판매방식이더라도 동일하다(대판 1999.3.9. 98다43342,43359).(변호 19)
> ④ 보험계약의 중요사항은 반드시 보험약관에 규정된 것에 한정된다고 할 수 없으므로, 보험약관만으로 보험계약의 중요사항을 설명하기 어려운 경우에는 보험회사 또는 보험모집종사자는 상품설명서 등 적절한 추가 자료를 활용하는 등의 방법으로 개별 보험상품의 특성과 위험성에 관한 보험계약의 중요사항을 고객이 이해할 수 있도록 설명해야 한다(대판 2018.4.12. 2017다229536).(변호 19)
> ⑤ 피보험자동차의 양도에 관한 통지의무를 규정한 보험약관은 거래상 일반인들이 보험자의 개별적인 설명 없이도 충분히 예상할 수 있었던 사항인 점 등에 비추어 보험자의 개별적인 명시·설명의무의 대상이 되지 않는다(대판 2007.4.27. 2006다87453).(모의 17)
> ⑥ 보험약관의 명시·설명의무에 위반하여 보험계약이 체결된 때에는 그 약관의 내용을 보험계약의 내용으로 주장할 수 없으므로, 보험계약자나 그 대리인이 그 약관에 규정된 고지의무를 위반하였다 하더라도 이를 이유로 보험계약을 해지할 수는 없다(대판 1998.4.10. 97다47255).(변호 21, 모의 18, 19, 21)

4. 고지의무

(1) 의의

- 보험계약 당시에 보험계약자 또는 피보험자가 고의 또는 중대한 과실로 중요한 사항을 고지하지 아니하거나 부실의 고지를 한 때 보험자는 그 사실을 안 날로부터 1월 내에, 계약을 체결한 날로부터 3년 내에 한하여 계약을 해지할 수 있다(제651조 본문).(변호 16, 24, 모의 21, 23)

- 보험자가 계약 당시에 고지사항을 알았거나 중대한 과실로 인하여 알지 못한 때에는 고지의무 위반을 이유로 계약을 해지할 수 없다(제651조 단서).(모의 21)
- 고지의무자는 보험계약자와 피보험자이며, 인보험 보험수익자는 고지의무자가 아니다.(변호 22)
- 대리인이 보험계약을 체결한 경우 대리인이 안 사유는 본인이 안 것과 동일한 것으로 한다 (제646조).(변호 12, 모의 18, 23)
- 타인을 위한 손해보험의 경우, 타인의 위임이 없는 때에는 보험계약자는 이를 보험자에게 고지 하여야 하며, 그 고지가 없는 때에는 타인은 보험계약이 체결된 사실을 알지 못하였다는 사유로 보험자에게 대항하지 못한다(제639조 제1항 단서).
- 고지의 시기는 보험계약 성립시이다.(모의 18, 23)

(2) 고지사항

- 보험계약상 중요한 사항이더라도 보험자가 당연히 알 수 있는 일반적인 사항은 고지의무의 대상이 되지 않는다.(모의 20)
- 중요한 사항이란 객관적으로 보험자가 그 사실을 안다면 그 계약을 체결하지 않든가 또는 적어도 동일한 조건으로는 계약을 체결하지 않으리라고 생각되는 사항을 말한다.(모의 18, 19)
- 보험자의 서면 질문사항은 중요한 사항으로 추정된다(제651조의2).(변호 13, 21, 24, 모의 14, 18, 19, 21, 23(2))

> **관련판례**
> ① 보험자가 서면으로 질문한 사항은 보험계약에 있어서 **중요한 사항에 해당하는 것으로 추정되고**, 여기의 서면에는 보험청약서도 포함될 수 있으므로, 보험청약서에 일정한 사항에 관하여 답변을 구하는 취지가 포함되어 있다면 그 사항은 상법 제651조에서 말하는 중요한 사항으로 추정된다(대판 2004.6.11. 2003다18494).(변호 13, 21, 24, 모의 14, 18, 19, 21, 23(2))
> ② 보험자가 생명보험계약을 체결함에 있어 다른 보험계약의 존재 여부를 청약서에 기재하여 질문한 경우 다른 보험계약의 존재 여부는 고지의무 대상이 된다(대판 2001.11.27. 99다33311).
> ③ 손해보험에 있어 다수 보험계약 체결사실을 고지하도록 한 취지는 사기 보험계약의 체결을 방지하고 보험자로 하여금 보험사고 발생시 손해조사 또는 책임범위 결정을 다른 보험자와 공동으로 할 수 있도록 하기 위한 것일 뿐 보험사고발생 위험을 측정하여 계약 체결 여부 및 계약 조건을 판단할 수 있는 자료를 제공하기 위한 것이 아니므로 **중복보험 체결사실은 고지의무의 대상이 되는 중요한 사항에 해당되지 아니 한다**(대판 2003.11.13. 2001다49623).(모의 14, 19, 21(2))

(3) 고지의무 위반의 효과

- 보험계약당시에 보험계약자 또는 피보험자가 고의 또는 중대한 과실로 인하여 중요한 사항을 고지하지 아니하거나 부실의 고지를 한 때에는 보험자는 그 사실을 안 날로부터 1월 내에, 계약을 체결한 날로부터 3년 내에 한하여 계약을 해지할 수 있다(제651조).(변호 16, 24, 모의 21, 23)
- 보험사고 발생 후라도 보험자가 계약을 해지하는 경우 보험자는 보험금 지급책임이 없고 이미 지급한 보험금의 반환을 청구할 수 있다(제655조 본문).(모의 18)
- 고지의무 위반사실이 보험사고 발생에 영향을 미치지 아니하였음이 증명된 경우 보험자는 보험금을 지급하여야 한다(제655조 단서).(변호 16, 모의 23)
- 인과관계가 존재하지 않는다는 점에 대한 입증책임은 보험계약자가 부담한다.(모의 19)

5. 보험계약자의 의무

(1) 보험료 지급의무

- 보험자의 책임은 당사자 간 다른 약정이 없으면 최초 보험료 지급 시로부터 개시한다(제656조).
- 보험계약자는 계약 체결 후 지체 없이 보험료의 전부 또는 제1회 보험료를 지급해야 하며, 보험계약자가 이를 지급하지 아니하는 경우에는 계약 성립 후 2월이 경과하면 그 계약은 해제된 것으로 본다(제650조 제1항).(변호 17, 모의 20, 21)
- 계속보험료가 약정한 시기에 지급되지 아니한 때 보험자는 상당한 기간을 정하여 보험계약자에게 최고하고 그 기간 내에 지급되지 아니한 때에는 그 계약을 해지할 수 있다(제650조 제2항).
- 타인을 위한 보험의 경우에 보험계약자가 보험료의 지급을 지체한 때 보험자는 그 타인에게도 상당한 기간을 정하여 보험료의 지급을 최고한 후가 아니면 그 계약을 해제 또는 해지하지 못한다(제650조 제3항).(변호 17, 모의 20, 22)
- 계속보험료 미지급으로 인하여 보험계약이 해지되고 해지환급금이 지급되지 아니한 경우에 보험계약자는 일정한 기간 내에 연체보험료에 약정이자를 붙여 보험자에게 지급하고 그 계약의 부활을 청구할 수 있다(제650조의2).(변호 17, 모의 22)

(2) 위험변경·증가의 통지의무

- 보험기간 중에 보험계약자 또는 피보험자가 사고발생의 위험이 현저하게 변경 또는 증가된 사실을 안 때에는 지체 없이 보험자에게 통지해야 하며, 이를 해태한 때에는 보험자는 그 사실을 안 날로부터 1월내에 한하여 계약을 해지할 수 있다(제652조 제1항).
- 보험사고가 발생한 후라도 보험자는 보험계약을 해지할 수 있고, 보험자는 보험금을 지급할 책임이 없으며 이미 지급한 보험금의 반환을 청구할 수 있다(제655조 본문).
- 위험이 현저하게 변경되거나 증가된 사실이 보험사고 발생에 영향을 미치지 아니하였음이 증명된 경우에는 보험금을 지급할 책임을 부담한다(제655조 단서).
- 보험자가 보험계약자로부터 위험변경증가의 통지를 받은 때 1개월 내에 보험료의 증액을 청구하거나 계약을 해지할 수 있다(제652조 제2항).

6. 보험자의 의무

- 보험사고가 보험계약자 또는 피보험자나 보험수익자의 고의 또는 중대한 과실로 인하여 생긴 경우 보험자는 보험금액을 지급할 책임이 없다(제659조).
- 보험계약자 등의 고의 또는 중과실에 대한 입증책임은 보험자가 부담한다.(모의 13)
- 보험금청구권은 3년의 소멸시효가 적용된다(제662조).(변호 12, 13, 14, 모의 20)
- 보험료 반환청구권은 3년의 소멸시효가 적용된다(제662조).(변호 12, 13, 14, 모의 20)

7. 타인을 위한 보험계약

- 보험계약자는 위임을 받거나 위임을 받지 아니하고 특정 또는 불특정 타인을 위하여 보험계약을 체결할 수 있으며, 손해보험계약의 경우, 그 타인의 위임이 없는 때에는 보험계약자는 이를 보험자에게 고지하여야 하며, 그 고지가 없는 때에는 타인이 그 보험계약이 체결된 사실을 알지 못하였다는 사유로 보험자에게 대항하지 못한다(제639조 제1항).(변호 24, 모의 16, 18, 19, 20, 22)

> **관련판례**
>
> ① 임차인이 임차건물과 그 안에 있는 시설 및 집기비품에 대하여 피보험자에 대하여는 명확한 언급이 없이 자신을 보험목적의 소유자로 기재하여 화재보험을 체결한 경우, 이러한 화재보험은 다른 특약이 없는 한 피보험자가 그 목적물의 소유자인 타인에게 손해배상 의무를 부담하게 됨으로써 입게 되는 손해까지 보상하기로 하는 책임보험의 성격을 갖는다고는 할 수 없다(대판 2009.12.10. 2009다56603,56610).(모의 13, 19)
>
> ② 임가공업자가 소유자로부터 공급받은 원·부자재 및 이를 가공한 완제품에 대하여 동산종합보험을 체결한 경우, 그 보험계약은 임가공업자가 자신이 보관하고 있는 그 보험목적물의 멸실·훼손으로 인하여 손해가 생긴 때의 손해배상책임을 담보하는 소극적 이익을 피보험이익으로 한 책임보험의 성격을 가지므로, 소유자가 동일한 목적물에 대한 소유의 이익을 부보하기 위하여 체결한 동산종합보험계약과는 피보험이익이 서로 달라 중복보험에 해당하지 않는다(대판 1997.9.5. 95다47398).(모의 19)
>
> ③ 타인을 위한 보험계약에 있어서 피보험자는 직접 자기 고유의 권리로서 보험자에 대한 보험금지급청구권을 취득하는 것이므로 특별한 사정이 없는 한 피보험자는 보험계약자의 동의가 없어도 임의로 권리를 행사하고 처분할 수 있다(대판 1992.11.27. 92다20408).
>
> ④ 생명보험의 보험계약자가 스스로를 피보험자로 하면서, 수익자는 만기까지 자신이 생존할 경우에는 자기 자신을, 자신이 사망한 경우에는 '상속인'이라고만 지정하고 그 피보험자가 사망하여 보험사고가 발생한 경우, 보험금청구권은 상속인들의 고유재산으로 보아야 할 것이고, 이를 상속재산이라 할 수 없다(대판 2001.12.28. 2000다31502).

Ⅲ 손해보험 개요

1. 손해보험의 보험가액과 보험금액

- 손해보험계약은 우연한 사고로 인한 피보험자의 재산상의 손해를 보험자가 보상하기로 하고 보험계약자는 약정한 보험료를 보험자에게 지급하기로 하는 것을 내용으로 하는 계약을 말한다.
- 보험가액 : 손해보험의 피보험이익을 금전적으로 평가한 것으로 보험금액의 최고한도.(모의 16)
- 보험금액 : 보험사고 발생시 보험자가 지급하기로 약정한 최고한도액.(모의 16)
- 전부보험이란 보험가액과 보험금액이 일치하는 보험이며, 초과보험이란 보험금액이 보험가액을 초과하는 보험이고 일부보험이란 보험금액이 보험가액에 미달하는 보험이다.

2. 기평가보험과 미평가보험(제670조, 제671조) (변호 23, 모의 14, 16, 19, 20)

- 기평가보험이란 당사자 사이에 보험가액을 미리 정한 보험을 말하고, 미평가보험이란 당사자 사이에 보험가액을 미리 정하지 않은 보험을 말한다.
- 당사자 간에 보험가액을 정한 때에는 그 가액은 사고발생시 가액으로 정한 것으로 추정한다.
- 그 가액이 사고발생시 가액을 현저하게 초과할 때 사고발생시 가액을 보험가액으로 한다.
- 당사자 간에 보험가액을 정하지 않은 때 사고발생시 가액을 보험가액으로 한다.
- 기평가보험제도는 보험가액을 당사자 간에 미리 정하는 제도로서 그 가액이 사고발생시의 가액을 현저하게 초과하지 않는 한 유효하다(대판 2002.3.26. 2001다6312).

3. 초과보험(제669조)

- 보험금액이 보험계약의 목적의 가액을 현저하게 초과한 때 보험자 또는 보험계약자는 보험료와 보험금액의 감액을 청구할 수 있다.(모의 14, 16) 보험료의 감액은 장래에 대하여서만 효력이 인정된다.(모의 14, 16)
- 보험금액의 가액은 계약 당시의 가액에 의한다.(모의 14, 16) 보험가액이 보험기간 중에 현저하게 감소된 때 보험자는 보험금액의 감액을 청구할 수 있다.(모의 20)
- 보험계약이 보험계약자의 사기로 체결된 때 그 계약은 무효이다.(모의 14)
- 보험자는 그 사실을 안 때까지의 보험료를 청구할 수 있다.

4. 중복보험(제672조)

- 수인의 보험자와 동일한 피보험자가 동일한 피보험이익에 대하여 보험사고와 보험기간을 공통으로 하는 수개의 보험계약을 체결하여 그 보험금액의 합계가 보험가액을 초과하는 보험이다.
- 수개의 보험계약을 체결하더라도 모두 단일한 보험자와 체결하였다면 초과보험일 뿐 중복보험에 해당되지 않고, 피보험이익, 보험사고, 보험기간이 다른 경우에도 중복보험에 해당되지 않는다.
- 수개의 보험계약을 체결한 경우, 보험자 1인에 대한 권리의 포기는 다른 보험자의 권리의무에 영향을 미치지 아니한다(제673조).(모의 14, 15, 21)
- 중복보험의 각 보험자는 각자의 보험금액의 한도에서 연대책임을 부담하며,(모의 21) 각 보험자의 보상책임은 각자의 보험금액의 비율에 따른다.(모의 21(2))
- 각 보험자는 보험금액 비율에 따른 보상한도를 초과하더라도 자신의 보험금액 한도 내에서는 보험금을 지급해야 하며, 자신의 보상한도 초과지급 부분을 다른 보험자에게 구상할 수 있다.
- 중복보험계약이 보험계약자의 사기로 체결된 경우 그 계약은 무효이다. 보험자는 그 사실을 안 때까지의 보험료를 청구할 수 있다.(모의 15, 20)

> **관련판례**
> ① 두 개의 책임보험계약의 피보험이익과 보험사고의 내용 및 범위가 상당 부분 중복되고, 발생한 사고가 중복되는 피보험이익에 관련된 보험사고에 해당하는 경우, 중복보험에 해당한다(대판 2009.12.24. 2009다53499).(모의 13)
> ② 중복보험의 보험자가 다른 보험자에게 부담비율에 따른 구상권을 행사하는 경우, 보험계약은 상행위에 속하고, 보험자와 다른 보험자는 상인이므로 중복보험에 따른 구상관계는 가급적 신속하게 해결할 필요가 있으므로 구상금채권은 상사소멸시효가 적용된다(대판 2006.11.10. 2005다35516).(모의 15)

5. 일부보험(제674조)

- 보험가액의 일부를 보험에 붙인 경우 보험자는 보험금액의 보험가액에 대한 비율에 따라 보상할 책임을 부담한다.(모의 14, 16, 20, 21)
- 당사자 사이에 다른 약정이 있는 때 보험자는 보험금액의 한도 내에서 그 손해를 보상할 책임을 부담한다.(모의 14, 16, 20)

6. 사고발생 후의 보험목적 멸실과 보상책임 및 보험액 산정기준

- 보험의 목적에 관하여 보험자가 부담할 손해가 생긴 경우 그 후 그 목적이 보험자가 부담하지 아니하는 보험사고의 발생으로 인하여 멸실된 때에도 보험자는 이미 생긴 손해를 보상할 책임을 면하지 못한다(제675조).(변호 23, 모의 19)
- 보험자가 보상할 손해액은 그 손해가 발생한 때와 곳의 가액에 의하여 산정하고, 당사자 간에 다른 약정이 있는 때에는 그 신품가액에 의하여 손해액을 산정한다(제676조 제1항).(변호 23)

7. 보험계약자와 피보험자의 손해방지·경감의무(제680조)

- 보험계약자와 피보험자는 손해의 방지와 경감을 위하여 노력하여야 한다.
- 손해방지의무를 위하여 필요 또는 유익하였던 비용과 보상액이 보험금액을 초과한 경우라도 보험자가 이를 부담하여야 한다.(변호 15, 모의 20)
- 피보험자가 손해방지의무를 위반하였다고 하더라도 보험자는 계약을 해지할 수 없다.(모의 20)

관련판례

① 보험계약자와 피보험자가 고의 또는 중대한 과실로 손해방지의무를 위반한 경우에는 보험자는 손해방지의무 위반과 상당 인과관계가 있는 손해에 대하여 배상을 청구하거나 지급할 보험금과 상계하여 이를 공제한 나머지 금액만을 보험금으로 지급할 수 있으나, 경과실로 위반한 경우에는 그러하지 아니하다(대판 2016.1.14. 2015다6302).(모의 20)

② 손해보험의 일종인 책임보험에 있어서 보험자가 보상책임을 지지 않는 사고에 대하여는 손해방지의무가 없으므로 이로 인한 보험자의 비용부담의 문제도 발생할 수 없으나, 사고발생시 피보험자의 법률상 책임 여부가 판명되지 아니한 상태에서 피보험자가 손해확대방지를 위한 긴급행위를 하였다면 이로 인하여 발생한 필요·유익한 비용도 보험자가 부담하여야 한다(대판 1993.1.12. 91다42777).(변호 15, 18, 모의 20, 21)

③ 공동불법행위자들과 각각 보험계약을 체결한 보험자들은 그 피보험자 또는 보험계약자에 대한 관계에서 뿐 아니라 보험계약 관계가 없는 다른 공동불법행위자에 대한 관계에서도 그들이 지출한 손해방지비용 상환의무를 부담한다. 또한 보험자들 상호간에는 손해방지비용 상환의무에 관하여 공동불법행위에 기한 손해배상채무와 마찬가지로 부진정연대채무의 관계에 있으므로, 공동불법행위자 1인과 보험계약을 체결한 보험자가 그 피보험자에게 손해방지비용을 모두 상환하였다면, 손해방지비용을 상환한 보험자는 다른 공동불법행위자의 보험자가 부담할 부분에 대하여 직접 구상권을 행사할 수 있다(대판 2007.3.15. 2004다64272).

④ 손해방지비용은 보험자가 담보하고 있는 보험사고가 발생한 경우에 보험사고로 인한 손해발생을 방지하거나 손해확대를 방지함은 물론 손해를 경감할 목적으로 행하는 행위에 필요하거나 유익하였던 비용을 말하는 것이고, 방어비용은 피해자가 보험사고로 인적·물적 손해를 입고 피보험자를 상대로 손해배상청구를 한 경우 그 방어를 위하여 지출한 재판상 또는 재판 외의 필요비용을 말하는 것으로서, 두 비용은 서로 구별되므로, 보험계약에 적용되는 보통약관에 손해방지비용과 관련한 별도의 규정을 두고 있다고 하더라도, 그 규정이 당연히 방어비용에 대하여도 적용된다고 할 수는 없다(대판 2006.6.30. 2005다21531).(변호 15, 모의 20)

Ⅳ 보험자대위(청구권대위)

1. 의의

- 보험자가 보험사고로 인한 보험금을 피보험자에게 지급한 경우 보험자가 피보험자의 지위에 서서 보험의 목적이나 제3자에 대하여 피보험자 또는 보험계약자가 가지는 권리를 법률상 당연히 취득한다(제681조, 제682조).
- 보험의 목적의 전부가 멸실한 경우 보험금액의 전부를 지급한 보험자는 그 목적에 대한 피보험자의 권리를 취득한다(제681조 본문).(모의 14, 20) 보험가액의 일부를 보험에 붙인 경우 보험자가 취득할 권리는 보험금액의 보험가액에 대한 비율에 따라 정한다(제681조 단서).
- 상해보험계약의 경우에 당사자 간에 다른 약정이 있는 때에는 보험자는 피보험자의 권리를 해하지 아니하는 범위 안에서 그 권리를 대위하여 행사할 수 있다(제729조 단서).(변호 20)

2. 요건

(1) 제3자의 행위에 의한 보험사고 발생(제682조 제2항)

- 보험계약자나 피보험자의 제3자에 대한 권리가 그와 생계를 같이 하는 가족에 대한 것인 경우 보험자는 그 권리를 취득하지 못한다.(모의 14, 16, 21, 22)
- 손해가 그 가족의 고의로 인하여 발생한 경우에는 그러하지 아니하다.(변호 16, 20, 모의 14)

> **관련판례**
> ① 보험사고로 손해가 발생하고 피보험자가 손해에 관하여 제3자에게 손해배상청구권을 갖게 되면 보험금을 지급한 보험자는 제3자의 귀책사유를 입증할 필요 없이 법률에 의해 손해배상청구권을 취득하므로, 상법 제682조의 '제3자의 행위'란 '피보험이익에 대하여 손해를 일으키는 행위'를 뜻하는 것으로 고의·과실에 의한 행위만 해당하는 것은 아니다(대판 1995.11.14. 95다33092).(변호 20, 모의 15)
> ② 화재보험의 피보험자가 보험사고를 일으킨 경우 피보험자는 청구권대위의 상대방이 아니다(대판 1995.6.9. 94다4813).(모의 16)
> ③ 타인을 위한 손해보험계약은 타인의 이익을 위한 계약으로서 피보험이익의 주체가 아닌 보험계약자는 비록 보험자와의 사이에서는 계약당사자이고 약정된 보험료를 지급할 의무자이지만 그 지위의 성격과 보험자대위의 취지에 비추어 보면 보험자대위에 있어서 보험계약자와 제3자를 구별하여 취급할 법률상 이유는 없다. 따라서 타인을 위한 손해보험계약자는 제3자에 포함 된다(대판 1989.4.25. 87다카1669).(변호 20, 모의 16)

(2) 보험자의 보험금 지급

> **관련판례**
> ① 보험약관상 보험자가 면책되는 무면허운전 사고에 대한 보험회사의 보험금지급은 보험약관을 위배하여 부적법하므로, 보험회사는 구상권을 대위행사 할 수 없다(대판 1994.4.12. 94다200).(모의 15)
> ② 보험자가 보험약관에 따라 면책되거나 피보험자에게 보험사고에 과실이 없어 보험자가 피보험자에게 보험금을 지급할 책임이 없는 경우에는 보험자대위를 할 수 없다(대판 2009.10.15. 2009다48602).(모의 14, 22)
> ③ 보험자대위가 인정되려면 보험자가 피보험자에게 보험금을 지급할 책임이 있어야 한다. 보험자가 보험약관상 면책약관에 대한 설명의무를 위반하여 약관규제법에 따라 해당 면책약관을 계약의 내용으로 주장하지 못하고 보험금을 지급하게 되었더라도, 이는 보험자가 피보험자에게 보험금을 지급할 책임이 있는 경우에 해당하므로 보험자는 보험자대위를 할 수 있다(대판 2014.11.27. 2012다14562).

(3) 제3자에 대한 보험계약자 또는 피보험자의 권리 존재

- 보험자가 보험금을 지급하기 전에, 보험계약자나 피보험자가 그 권리를 행사 또는 처분하였거나 소멸시효 등으로 그 권리가 소멸한 경우 보험자대위가 인정되지 않는다.(모의 22)
- 책임보험의 피보험자가 공동불법행위의 가해자인 경우 피해자에게 보험금을 지급한 보험자는 피보험자가 다른 공동불법행위자에게 가지는 구상권을 보험자대위에 의해 행사할 수 있다.(모의 14)

> **관련판례**
> ① 상법 제682조의 보험자대위에 의하여 보험자가 취득하는 권리는 당해 사고의 발생자체로 인하여 피보험자가 제3자에 대하여 가지는 불법행위로 인한 손해배상청구권이나 채무불이행으로 인한 손해배상청구권에 한한다(대판 1988.12.13. 87다카3166).(모의 15)
> ② 보험자대위에 따라 보험자가 취득하는 권리에는 피해자에게 인정되는 직접청구권도 당연히 포함되나,(모의 20) 보험계약의 해석상 보험사고를 일으킨 자가 법에서 정한 제3자가 아닌 피보험자에 해당될 경우에는 보험자는 그 보험사고자에 대하여 보험자대위권을 행사할 수 없다(대판 2016.5.27. 2015다237618).

3. 법률에 의한 권리의 이전

- 보험자의 보험금 지급과 동시에 보험계약자 또는 피보험자가 제3자에 대하여 가지는 권리는 보험자에게 이전되고,(모의 14, 17, 18) 법률에 의한 이전이므로 별도의 의사표시나 대항요건은 필요하지 않다.(모의 21)
- 보험자가 보험금을 지급한 이후 보험계약자 또는 피보험자는 권리를 행사하거나 처분할 수 없다.
- 보험자가 보험금을 지급한 이후에 피보험자가 제3자에 대한 손해배상청구권을 포기하더라도 이러한 포기는 무권한자의 처분행위로서 효력이 없다.(변호 16, 모의 18, 22)
- 보험자의 피보험자에 대한 부당이득반환청구는 인정되지 않는다.
- 제3자가 선의·무과실로 피보험자에게 손해를 배상하여 채권의 준점유자에 대한 변제로서 유효한 경우, 보험자는 피보험자를 상대로 부당이득반환청구 또는 손해배상청구를 할 수 있다.(변호 16, 모의 18)
- 보험자가 보험금을 지급하기 전에는 피보험자는 자유로이 제3자로부터 손해배상을 받을 수 있고, 권리를 처분할 수도 있다.

> **관련판례**
> ① 보험자대위에 의하여 피보험자 등의 제3자에 대한 권리는 동일성을 잃지 않고 그대로 보험자에게 이전한다. 보험자가 취득하는 채권의 소멸시효 기간과 그 기산점 또한 피보험자 등이 제3자에 대하여 가지는 채권 자체를 기준으로 판단하여야 한다(대판 1999.6.11. 99다3143).(변호 16, 모의 14, 18, 21)
> ② 보험자가 보험금액을 지급하여 대위효과가 발생하기 전에 피보험자 등이 제3자에 대한 권리를 행사하거나 처분한 경우에는 그 부분에 대하여는 보험자가 대위할 수 없다(대판 1981.7.7. 80다1643).(모의 22)

4. 대위권행사와 피보험자의 권리(제682조 제1항)

- 보험금을 지급한 보험자는 그 지급한 금액의 한도에서 그 제3자에 대한 보험계약자 또는 피보험자의 권리를 취득하고, 보험자가 보상할 보험금의 일부를 지급한 경우 피보험자의 권리를 침해하지 아니하는 범위에서 그 권리를 행사할 수 있다.(변호 16, 모의 14, 15, 18)
- 학설 : ① 절대설(보험자가 먼저 전액 지급 받는다고 보는 견해), ② 차액설(피보험자가 보험가액과 보험금 차액을 먼저 지급 받는다고 보는 견해)

피보험자는 보험자로부터 수령한 보험금으로 전보되지 않고 남은 손해에 관하여 제3자를 상대로 손해배상을 청구할 수 있다. 전체 손해액에서 보험금으로 전보되지 않고 남은 손해액이 제3자의 손해배상책임액보다 많을 경우에는 제3자에 대하여 손해배상책임액 전부 이행을 청구할 수 있고, 남은 손해액이 제3자의 손해배상책임액보다 적을 경우에는 그 남은 손해액의 배상을 청구할 수 있다. 후자의 경우에 보험자가 제3자의 손해배상책임액과 위 남은 손해액의 차액 상당액을 보험자대위에 의하여 제3자에게 청구할 수 있다. 이는 일부보험의 경우에도 마찬가지이다(대판 2012.8.30. 2011다100312)(대판 2021.1.14. 2020다261776).(모의 17, 21)

5. 손해보험계약에 따른 피보험자의 보험금과 제3자의 손해배상책임의 관계

손해보험의 보험사고에 관하여 동시에 불법행위나 채무불이행에 기한 손해배상책임을 지는 제3자가 있어 피보험자가 그를 상대로 손해배상청구를 하는 경우에, 피보험자가 손해보험계약에 따라 보험자로부터 수령한 보험금은 보험계약자가 스스로 보험사고의 발생에 대비하여 그때까지 보험자에게 납입한 보험료의 대가적 성질을 지니는 것으로서 제3자의 손해배상책임과는 별개의 것이므로 이를 그의 손해배상책임액에서 공제할 것이 아니다(대판 2015.1.22. 2014다46211).(모의 17)

Ⅴ 책임보험

1. 의의

- 피보험자가 보험기간 중의 사고로 인하여 제3자에게 배상할 책임을 진 경우 보험자가 이를 보상하는 손해보험이다(제719조).

- 책임보험에서는 보험가액을 정할 수 없어 보험가액 개념이 없으므로, 초과보험, 일부보험이 문제되지 않는다.

- 피보험자가 동일한 사고로 제3자에게 배상책임을 짐으로써 입은 손해를 보상하는 수개의 책임보험계약이 체결된 경우 그 보험금액의 총액이 피보험자의 제3자에 대한 손해배상액을 초과하는 때 각자의 보험금액의 비율에 따른 보상책임을 연대하여 부담한다(제725조의2).(변호 18)

- 책임보험은 제3자에게 발생한 손해를 보상하는 것이 아니라, 그 손해발생으로 인하여 피보험자가 지게 되는 배상책임을 보상하는 것이다. 제3자에게 손해가 발생했더라도 피보험자가 배상책임을 부담하지 않는 경우 보험자가 보험금을 지급할 의무가 없다.

- 피보험자의 무과실 등 피보험자의 책임이 아닌 사유로 인한 사고 내지 제3자의 손해에 대해서는 보험자가 보상의무를 부담하지 않으며, 보험자의 보상의무는 약정된 보험금액의 범위 내에서 피보험자가 제3자에게 지급한 손해배상액을 한도로 한다.

- 피보험자가 보험자의 동의 없이 제3자에 대하여 변제, 승인 또는 화해를 한 경우 보험자가 그 책임을 면하게 되는 합의가 있는 때에도 그 행위가 현저하게 부당한 것이 아니면 보험자는 보상할 책임을 부담한다(제723조 제3항).(변호 18)

2. 방어비용(제720조)

- 피보험자가 제3자의 청구를 방어하기 위하여 지출한 재판상 또는 재판 외의 필요비용 즉, 방어비용은 보험의 목적에 포함된다.(변호 15)
- 피보험자는 보험자에 대하여 방어비용의 선급을 청구할 수 있다.
- 보험자의 지시에 의하여 방어비용이 지출된 경우 그 금액에 손해액을 가산한 금액이 보험금액을 초과하는 때에도 보험자가 이를 부담한다.(모의 14)

> **관련판례**
> ① 방어비용은 피해자가 보험사고로 인적, 물적 손해를 입고 피보험자를 상대로 손해배상 청구를 한 경우에 그 방어를 위하여 지출한 재판상 또는 재판 외의 필요비용을 말하는 것이므로, 피해자로부터 아직 손해배상 청구가 없는 경우 방어비용이 인정될 여지가 없지만, 피해자가 반드시 재판상 청구한 경우에 한하여 방어비용이 인정된다고 볼 것은 아니다. 그러나 피해자가 피보험자에게 재판상 청구는 물론 재판 외의 청구조차 하지 않은 이상, 제3자를 상대로 제소하였다 하여 그 소송의 변호사 비용이 상법 제720조 소정의 방어비용에 포함된다고 볼 수 없다(대판 1995.12.8. 94다27076).
> ② 보험자에게 보상책임이 없는 사고에 대하여 피보험자가 지출한 방어비용은 피보험자가 보험자에게 보상을 청구할 수는 없으나, 사고발생시 피보험자 및 보험자의 법률상 책임 여부가 판명되지 아니한 상태에서 피해자라고 주장하는 자의 청구를 방어하기 위하여 피보험자가 재판상 또는 재판 외의 필요비용을 지출하였다면 이로 인한 방어비용은 보험자가 부담하여야 한다. 이러한 방어비용은 현실적으로 지출한 경우 뿐만 아니라 지출할 것이 명백히 예상되는 경우에도 보험자에게 비용의 선급을 청구할 수 있다. 보험약관상 피보험자가 지급한 소송비용, 변호사비용 중에서 피보험자가 미리 보험자의 동의를 받아 지급한 경우에만 보험금을 지급하는 규정은 보험자의 사전 동의가 없으면 피보험자의 방어비용을 전면적으로 부정하는 것으로 해석하는 한에서는 상법 제663조에 반하여 무효이다(대판 2002.6.28. 2002다22106).
> ③ 피보험자의 제3자에 대한 손해배상액이 확정되지 않은 상태에서 단지 피보험자의 제3자에 대한 손해배상의 가능성이 높은 상황에서 피보험자가 임의로 금액을 지출하여 제3자의 손해 발생을 방지한 경우, 피보험자는 보험자에게 보험금을 청구할 수 없다(대판 2017.1.25. 2014다20998).

3. 제3자의 직접청구권

(1) 의의(제724조)

- 보험자는 피보험자가 책임을 질 사고로 인하여 생긴 손해에 대하여 제3자가 그 배상을 받기 전에는 보험금액의 전부 또는 일부를 피보험자에게 지급하지 못한다.(모의 14)
- 제3자는 피보험자가 책임을 질 사고로 입은 손해에 대하여 보험금액의 한도 내에서 보험자에게 직접 보상을 청구할 수 있다.

> **관련판례**
> ① 피해자의 직접청구권은 피해자가 보험자에 대하여 가지는 손해배상청구권이고, 피보험자의 보험자에 대한 보험금청구권의 변형 내지는 이에 준하는 권리가 아니다. 그러나 피해자의 직접청구권에 따라 보험자가 부담하는 손해배상채무는 보험계약에 따른 보험자의 책임 한도액의 범위 내에서 인정되어야 한다(대판 2017.5.18. 2012다86895,86901).(변호 18, 모의 13)
> ② 피해자가 보험자에게 갖는 직접청구권은 보험자가 피보험자의 피해자에 대한 손해배상채무를 병존적으로 인수한 것으로서 피해자가 보험자에 대하여 가지는 손해배상청구권이므로 민법 제766조 제1항에 따라 피해자 또는 그 법정대리인이 그 손해 및 가해자를 안 날로부터 3년간 이를 행사하지 아니하면 시효로 인하여 소멸한다(대판 2005.10.7. 2003다6774).(변호 14)

③ 직접청구권에 대한 지연손해금은 연 5%의 민사법정이율이 적용된다(대판 2019.5.30. 2016다205243).

④ 보험자가 제3자에게 직접 보상하여야 하는 범위는 피보험자가 제3자에게 부담하는 **법률상의 손해배상책임액을 한도로 한다**(대판 1988.6.14. 87다카2276).(모의 14, 21)

⑤ 책임보험 보험자의 보상한도는 책임보험금 원본의 한도일 뿐 지연손해금의 보상한도액과 무관하다(대판 2011.9.8. 2009다73295).

(2) 직접청구권과 손해배상청구권

- 보험자에 대한 제3자의 직접청구권과 피보험자에 대한 제3자의 손해배상청구권은 서로 독립된 별개의 청구권이며, 제3자는 각 청구권을 임의로 선택하여 행사할 수 있다.

> **관련판례**
>
> ① 보험자가 제3자에 대하여 반대채권으로 상계한 경우 상계로 인한 손해배상청구권의 소멸은 피보험자에게도 미친다(대판 1999.11.26. 99다34499).
>
> ② 피해자가 보험자를 상대로 하여 손해배상금을 직접 청구하는 사건의 경우에 있어서는, 특별한 사정이 없는 한 피해자와 피보험자 사이의 전소판결과 관계없이 피해자의 보험자에 대한 손해배상청구권의 존부 내지 범위를 다시 따져보아야 한다(대판 2000.6.9. 98다54397).
>
> ③ 피해자의 직접청구권에 따라 보험자가 부담하는 손해배상채무는 보험계약을 전제로 하는 것으로서 보험계약에 따른 보험자의 책임 한도액의 범위 내에서 인정되어야 하므로, 자기부담금을 보험자가 지급할 보험금에서 공제하기로 보험약관에서 정하였다면 보험자는 손해배상금에서 자기부담금을 공제한 금액에 대하여 피해자에게 직접 지급의무를 부담한다(대판 2014.9.4. 2013다71951).
>
> ④ 보험자가 피해자에게 손해를 보상하였다면 이는 보험자가 병존적으로 인수한 피해자에 대한 자신의 손해배상채무를 변제할 의사로 한 것이고, 타인의 채무인 피보험자의 피해자에 대한 손해배상채무를 변제할 의사로 한 것이 아니다. 보험자가 피해자에게 지급한 금원 출연의 원인인 보험계약이 이 사건 사고에 효력이 미치지 아니하는 이상 보험자가 피보험자에게 보험금 지급채무를 부담하는지 여부와 관계없이 그 출연의 원인이 없으므로, 피해자는 법률상 원인 없이 그 금액 상당의 이득을 얻고 이로 인해 보험자에게 동액 상당의 손해를 가하였다고 보아야 한다(대판 2000.12.8. 99다37856).

(3) 직접청구권과 보험금청구권의 관계

- 제3자의 직접청구권과 피보험자의 보험금청구권이 동시에 행사된 경우 제3자의 직접청구권이 우선한다.(변호 18, 모의 17)
- 보험자는 제3자가 피보험자로부터 배상을 받기 전에는 제3자의 직접청구를 거절할 수 없다.
- 보험자는 피보험자의 항변으로 제3자에게 대항할 수 있다(제724조 제2항 단서).(모의 13, 14, 17)
- 보험자가 보험계약자나 피보험자에 대한 대항사유로 제3자에게 대항할 수 있다.(모의 13, 14, 17)

> **관련판례**
>
> 피해자가 보험자에게 갖는 직접청구권과 피보험자의 보험자에 대한 보험금청구권은 별개의 청구권이므로, 피해자의 보험자에 대한 손해배상청구에 의하여 피보험자의 보험자에 대한 보험금청구권의 소멸시효가 중단되는 것은 아니다(대판 2006.4.13. 2005다77305,77312).(모의 17)

Ⅵ 인보험

1. 인보험의 의의

- 보험자는 피보험자의 사망, 생존, 사망과 생존에 관한 보험사고가 발생할 경우 약정한 보험금을 지급하여야 한다(제730조). 생명보험에 관한 보험사고는 사망뿐만 아니라 생존도 포함한다.
- 타인을 위한 생명보험 : 보험계약자와 보험수익자가 다른 생명보험을 말한다.
- 인보험의 보험자는 보험사고로 인하여 생긴 보험계약자 또는 보험수익자의 제3자에 대한 권리를 대위 행사하지 못한다(제729조 본문).
- 상해보험계약의 경우 당사자 간에 다른 약정이 있는 때 보험자는 피보험자의 권리를 해하지 아니하는 범위 안에서 그 권리를 대위하여 행사할 수 있다(제729조 단서).(변호 20)
- 인보험에는 피보험이익 및 보험가액의 개념이 없다. 동일한 위험에 대하여 여러 개의 생명보험이 체결된 경우 보험자는 각각 약정된 보험금 전부를 지급하여야 한다.
- 인보험에는 수개의 보험계약 체결 내용에 대한 통지 규정이 없다.(모의 14)

> **관련판례**
> ① 보험금청구권의 소멸시효는 특별한 다른 사정이 없는 한 원칙적으로 보험사고가 발생한 때부터 진행한다. 다만 객관적으로 보아 보험사고 발생사실을 확인할 수 없는 경우에는 보험금청구권자가 보험사고의 발생을 알았거나 알 수 있었던 때부터 소멸시효가 진행한다(대판 2021.2.4. 2017다281367).
> ② 상해보험계약을 체결할 때 약관 또는 개별 약정으로 태아를 상해보험의 피보험자로 할 수 있다. 보험계약이 정한 바에 따라 보험기간이 개시된 이상 출생 전이라도 태아가 보험계약에서 정한 우연한 사고로 상해를 입었다면 이는 보험기간 중에 발생한 보험사고에 해당한다(대판 2019.3.28. 2016다211224).

2. 보험수익자의 지정·변경(제733조)

- 보험계약자는 보험수익자를 지정 또는 변경할 권리가 있다(보험수익자 동의 요구 ×).(변호 22) 보험계약자의 보험수익자 지정·변경권은 형성권이다.
- 보험계약자가 지정권을 행사하지 않고 사망한 때 피보험자를 보험수익자로 하고, 보험계약자가 변경권을 행사하지 아니하고 사망한 때에는 보험수익자의 권리가 확정된다.(모의 16)
- 보험수익자가 보험존속 중에 사망한 때 보험계약자는 다시 보험수익자를 지정할 수 있다.(모의 16) 보험계약자가 지정권을 행사하지 않고 사망한 때 보험수익자의 상속인을 보험수익자로 한다.
- 보험계약자가 지정권을 행사하기 전에 보험사고가 생긴 경우 피보험자 또는 보험수익자의 상속인을 보험수익자로 한다.(모의 16)

> **관련판례**
> ① 보험수익자 변경권은 형성권으로서 보험계약자가 보험자나 보험수익자의 동의를 받지 않고 자유로이 행사할 수 있고 그 행사에 의해 변경의 효력이 즉시 발생한다. 보험수익자 변경은 상대방 없는 단독행위로서, 보험수익자 변경의 의사표시가 객관적으로 확인되는 이상 그러한 의사표시가 보험자나 보험수익자에게 도달하지 않았더라도 보험수익자 변경의 효과는 발생한다(대판 2020.2.27. 2019다204869).
> ② 보험수익자인 피보험자의 상속인의 보험금청구권은 상속인의 고유재산이며, 상속인 중 1인이 보험금청구권 포기하더라도 포기 부분이 다른 상속인에게 귀속되지 않는다. 단체보험의 경우에도 동일하다(대판 2020.2.6. 2017다215728)(대판 2023.6.29. 2019다300934).(변호 22)

3. 타인의 생명보험

- 타인의 생명보험이란 보험계약자와 피보험자가 다른 계약을 의미한다.
- 타인의 생명보험계약을 체결하는 경우 보험계약 체결 시에(변호 24, 모의 17) 그 타인의 서면동의를 얻어야 한다(제731조 제1항).
- 15세 미만자의 사망을 보험사고로 한 보험계약은 무효이다(제732조 본문).
- 타인의 사망보험의 경우, 피보험자 이외의 제3자를 보험수익자로 지정 또는 변경할 때에는 피보험자의 서면에 의한 동의를 얻어야 한다(제734조 제2항).(모의 16)

> **관련판례**
> ① 타인의 사망을 보험사고로 하는 보험계약 체결시 타인의 서면에 의한 동의를 얻어야 한다는 규정은 강행법규이다.(변호 24) 위 규정에 위반하여 체결된 보험계약은 무효이다. 피보험자 서면동의 없이 타인의 사망보험계약을 체결한 자가 무효를 주장하더라도 신의성실이나 금반언의 원칙에 반한다고 볼 수 없다(대판 1996.11.22. 96다37084).(변호 24, 모의 17)
> ② 무효인 보험계약에 따라 분납한 보험료의 반환청구권은 특별한 사정이 없는 한 각 보험료를 납부한 때에 발생하여 행사할 수 있다. 보험료반환청구권의 소멸시효는 특별한 사정이 없는 한 각 보험료를 납부한 때부터 각 보험료에 대해 진행한다(대판 2011.3.24. 2010다92612).(변호 14)
> ③ 상법 제731조 제1항이 타인의 사망을 보험사고로 하는 보험계약의 체결 시 타인의 서면동의를 얻도록 규정한 것은 동의의 시기와 방식을 명확히 함으로써 분쟁의 소지를 없애려는 데 취지가 있으므로, 피보험자인 타인의 동의는 각 보험계약에 대하여 개별적으로 서면에 의하여 이루어져야 하고 포괄적인 동의 또는 묵시적이거나 추정적 동의만으로는 부족하다. 그리고 타인의 생명보험에서 피보험자가 서면으로 동의 의사표시를 하여야 하는 시점은 '보험계약 체결 시까지'이고, 이는 강행규정으로서 이에 위반한 보험계약은 무효이므로, 타인의 생명 보험계약 성립 당시 피보험자의 서면동의가 없다면 보험계약은 확정적으로 무효가 되고, 피보험자가 이미 무효로 된 보험계약을 추인하였다고 하더라도 보험계약이 유효로 될 수는 없다(대판 2015.10.15. 2014다204178).(변호 24)

4. 면책사유(제732조의2)

- 사망을 보험사고로 한 보험계약에서 사고가 보험계약자 또는 피보험자나 보험수익자의 중과실로 인하여 발생한 경우에도 보험자는 보험금 지급책임을 면하지 못한다.
- 사망보험에서는 오직 고의에 의한 사망만이 면책사유가 된다.
- 둘 이상의 보험수익자 중 일부가 고의로 피보험자를 사망하게 한 경우, 보험자는 다른 보험수익자에 대한 보험금 지급 책임을 면하지 못한다.(변호 22)

> **관련판례**
> ① 생명보험계약의 보통보험약관에서 '피보험자가 고의로 자신을 해친 경우'를 보험자의 면책사유로 규정하고 있는 경우 보험자가 보험금 지급책임을 면하기 위하여는 위 면책사유에 해당하는 사실을 증명할 책임이 있다(대판 2002.3.29. 2001다49234).(모의 13)
> ② 생명보험에서 피보험자가 정신질환 등으로 자유로운 의사결정을 할 수 없는 상태에서 사망의 결과를 발생케 한 경우에는 보험자는 면책되지 않는다(대판 2011.4.28. 2009다97772).(모의 13)
> ③ 생명보험에서 피보험자가 자유로운 의사결정을 할 수 없는 상태에서 사망의 결과를 발생케 한 직접적인 원인행위가 외래의 요인에 의한 것이라면, 그 사망은 피보험자의 고의에 의하지 않은 우발적인 사고로서 보험사고인 사망에 해당할 수 있다(대판 2021.2.4. 2017다281367).(모의 13)

5. 단체보험(제735조의3)

- 단체가 규약에 따라 구성원의 전부 또는 일부를 피보험자로 하여 체결한 생명보험이다.
- 단체보험계약을 체결하는 경우 타인의 서면동의를 요하지 않는다.
- 단체보험계약에서 보험계약자가 피보험자 또는 그 상속인이 아닌 자를 보험수익자로 지정할 때 단체의 규약에서 명시적으로 정하는 경우 외에는 그 피보험자의 서면 동의를 받아야 한다.

> **관련판례**
>
> 단체규약으로 피보험자 또는 그 상속인이 아닌 자를 보험수익자로 지정한다는 명시적인 정함이 없음에도 피보험자의 서면동의 없이 단체보험계약에서 피보험자 또는 그 상속인이 아닌 자를 보험수익자로 지정하였다면 그 보험수익자의 지정은 구 상법 제735조의3 제3항에 반하여 효력이 없고, 이후 적법한 보험수익자 지정 전에 보험사고가 발생한 경우 피보험자 또는 그 상속인이 보험수익자가 된다. 보험계약자가 피보험자의 상속인을 보험수익자로 하여 맺은 생명보험계약이나 상해보험계약에서 피보험자의 상속인은 피보험자의 사망이라는 보험사고가 발생한 때에는 보험수익자의 지위에서 보험자에 대하여 보험금 지급을 청구할 수 있고, 이 권리는 보험계약의 효력으로 당연히 생기는 것으로서 상속재산이 아니라 상속인의 고유재산이다. 이때 보험수익자로 지정된 상속인 중 1인이 자신에게 귀속된 보험금청구권을 포기하더라도 그 포기한 부분이 당연히 다른 상속인에게 귀속되지는 아니한다. 이러한 법리는 단체보험에서 피보험자의 상속인이 보험수익자로 인정된 경우에도 동일하게 적용된다(대판 2020.2.6. 2017다215728).

제5편
어음법 · 수표법

I 어음행위

1. 어음행위 독립의 원칙

- 환어음에 ① 어음채무를 부담할 능력이 없는 자의 기명날인 또는 서명, ② 위조된 기명날인 또는 서명,(변호 21) ③ 가공인물의 기명날인 또는 서명, ④ 그 밖의 사유로 환어음에 기명날인 또는 서명을 한 자나 그 본인에게 의무를 부담하게 할 수 없는 기명날인 또는 서명이 있는 경우 다른 기명날인 또는 서명을 한 자의 채무는 그 효력에 영향을 받지 아니한다(어음법 제7조).
- 어음행위독립의 원칙 : 연속하는 여러 어음행위의 선행어음행위가 형식적으로 유효한 이상 선행어음행위가 무효가 되더라도 후행어음행위는 독립적으로 효력이 있고, 후행어음행위자는 자신의 어음행위에 따른 책임을 부담한다.
- 어음행위 독립의 원칙은 선행하는 어음행위에 형식적 흠결이 있을 경우 적용되지 않는다.
- 어음의 발행에는 선행행위가 존재하지 않으므로 어음행위 독립의 원칙이 적용되지 않는다.
- 어음에 배서를 한 자는 그 이전에 이루어진 발행·인수·배서의 효력에 상관없이 배서 이후의 권리자에 대해서 독립적으로 책임을 부담한다.(모의 21)

> **관련판례**
> 위조 발행된 어음이라도 어음행위 독립의 원칙상 그 뒤에 유효하게 배서한 배서인에 대하여는 소구권을 행사할 수 있으므로 이를 보관 중 분실한 자에 대하여는 손해배상을 청구할 수 있다(대판 1977.12.13. 77다1753).
> (변호 21)

2. 어음행위자의 의무

- 약속어음의 발행인과 환어음의 인수인은 주채무자로서 만기로부터 3년 동안 어음상의 채무를 부담한다.(모의 18)[모의 21] 주채무자의 의무는 무조건적 의무이다.
- 약속어음, 환어음의 배서인 및 환어음의 발행인은 지급거절의 경우 상환의무를 부담한다.
- 소지인은 채무부담의 순서에도 불구하고 그 중 1명, 여러 명 또는 전원에 대하여 청구할 수 있다(어음법 제47조, 제77조).(변호 15, 모의 17)

3. 기명날인 또는 서명

- 명칭 기재상의 실수로 인해 기명과 날인이 일치하지 않더라도 어음행위자를 특정할 수 있는 한 유효하다.(변호 14, 모의 19)

> **관련판례**
> ① 수표에 기재되어야 할 수표행위자의 명칭은 수표행위자의 본명에 한하지 아니고 상호, 별명 그 밖의 거래상 본인을 가리키는 것으로 인식되는 칭호라면 어느 것이나 다 가능하므로, 칭호가 본명이 아니더라도 통상 그 명칭을 자기를 표시하는 것으로 거래상 사용하여 그것이 그 행위자를 지칭하는 것으로 인식되어 온 경우에는 그것을 수표 상으로도 자기를 표시하는 칭호로 사용할 수 있다(대판 1996.5.10. 96도527).(변호 16)
> ② 기명무인으로 한 어음행위는 무효이어서 약속어음에 수차 배서가 될 경우에 시초에만 배서가 기명무인이 되었다면 그 어음에는 배서의 연속이 없고 위 무효인 배서 이후의 어음취득자는 배서의 연속에 의하여 그 권리를 증명한 자라 할 수 없다(대판 1962.11.1. 62다604).(변호 14, 모의 19)

4. 법인의 어음행위

- 법인의 어음행위는 ㉠ 법인의 명칭, ㉡ 대표자격, ㉢ 대표기관의 기명날인의 세 가지 요소가 갖추어져야 한다.
- 'A 주식회사 대표이사 甲'이라고 기재하고, 甲의 인장을 찍거나 서명을 하여야 한다.(모의 19)
- 날인된 인영에 법인 명칭이 기재되어 있더라도 법인 명칭이 기재되었다고 할 수 없다.(모의 19)
- 'A 주식회사 甲'이라고 기명하고 甲의 인장을 날인한 경우와 같이 대표자격이 기재되지 않은 경우 법인의 어음행위로서 효력이 없으며,(모의 14) 이 경우 甲의 개인적인 어음행위가 된다.
- 대표기관의 기명이 없이 법인 명칭만 기재하고 대표기관 날인만 있는 배서는 무효이다.(모의 22)

관련판례

① 법인이 어음행위를 함에 있어서 회사의 명칭을 기재하고 회사인을 날인하였더라도 대표자의 기명날인이 없는 배서는 **무효**이다(대판 1964.10.31. 63다1168).

② 법인의 어음행위는 어음행위의 서면성·문언성에 비추어 법인의 대표자 또는 대리인이 법인의 대표자 또는 대리권자임을 어음면상에 표시하고 기명날인하는 대리방식에 의하던가, 법인의 대표자로부터 대리권을 수여받고 법인의 대표자 명의로 서명할 수 있는 권한이 있는 자의 대행방식에 의하여 이루어져야 한다. 은행 지점장이 약속어음 배서인란에 지점 주소와 지점 명칭이 새겨진 명판을 찍고 기명을 생략한 채 자신의 사인을 날인하는 방법으로 배서한 경우, 그 배서는 행위자인 대리인의 기명이 누락되어 요건을 갖추지 못한 **무효**의 배서이므로 배서연속에 흠결이 있다(대판 1999.3.9. 97다7745).(변호 14)

③ 甲회사 대표이사인 乙이 수표에 배서함에 있어서 회사의 대표이사 자격으로 "甲 주식회사, 乙"이라고만 기재하고, 그 기명 옆에는 "甲 주식회사 대표이사"라고 조각된 인장을 날인하였다면 그 수표의 회사 명의 배서는 乙이 甲 회사를 대표한다는 뜻이 표시되어 있다고 볼 수 있다(대판 1994.10.11. 94다24626).(모의 19)

④ 조합의 어음행위는 전 조합원이 어음상에 서명을 한 것은 물론 대표조합원이 대표자격을 밝히고 조합원 전원을 대리하여 서명하였을 경우에도 유효하다. 조합의 어음행위가 성립하는 경우 조합원들은 합동책임을 부담한다.(변호 14, 모의 17, 21) 조합의 대표조합원이 대표자격을 밝히고 어음상 서명을 하는 경우에는 조합 대표자격을 밝히기만 하면 유효하고 반드시 어음행위의 본인이 되는 모든 조합원을 표시할 필요는 없다(대판 1970.8.31. 70다1360).(모의 23)

---

5. 어음행위의 대리

- 어음행위의 대리에 있어 대리인이 본인을 표시하지 않은 경우 상대방이 이를 알았든 몰랐든 대리행위로서 효력이 없다.(변호 20)
- 대리관계의 표시는 대리관계를 직접 나타내는 문자가 아니더라도 지배인, 지점장, 영업소장 등 대리자격을 나타내는 표시나 대리인이 본인을 위해서 어음행위를 한다는 취지를 인식할 수 있는 정도의 표시가 있으면 된다.(변호 20)
- 행위자가 권한 없이 타인의 기명날인 또는 서명을 하는 것으로 무권대행은 위조이다.

Ⅱ 어음의 위조

1. 피위조자의 책임 [변호 21, 모의 17]

- 피위조자는 자신이 어음행위를 하지 않았고 타인에게 그러한 권한을 부여한 바도 없으므로 원칙적으로 누구에 대해서도 어음상 책임을 지지 않는다.
- 위조의 항변은 물적 항변이며, 소지인의 선의·악의를 불문하고 모든 소지인(선의취득자 포함)에 대하여 대항할 수 있다.(변호 14, 16, 모의 13, 15, 16, 18, 19)
- 어음채무의 이행을 청구하는 어음의 소지인이 그 기명날인이 진정한 것임을 증명해야 한다. (변호 13, 15, 16, 21, 모의 16(2), 17, 18, 19)
- 피위조자가 묵시적으로 추인했다고 인정하려면 추인의사가 표시되었다고 볼 만한 사유가 있어야 한다.(변호 21)
- 피위조자에게 귀책사유가 존재하는 경우 민법상 표현대리나 상법상 표현지배인 또는 표현대표이 사의 법리를 유추 적용하여 피위조자가 책임질 수 있으며, 어음소지인의 과실상계도 허용된다.

> **관련판례**
> ① 어음이 위조된 경우에 피용자가 어음위조 불법행위에 관여한 경우에 그것이 사용자의 업무집행과 관련한 위법한 행위로 인하여 이루어졌으면 사용자는 민법 제756조에 의한 손해배상책임을 질 수 있고, 이경우 사용자가 지는 책임은 어음상 책임이 아니라 민법상 불법행위책임이므로 그 책임의 요건과 범위가 어음상의 그것과 일치하는 것이 아니다.(변호 21, 모의 15, 20) 어음소지인이 적법한 지급제시기간 내에 지급제시를 하지 아니하여 소구권 보전의 절차를 밟을 것이 요구되지 않고, 소지인의 적법한 지급제시가 요구되는 것도 아니다(변호 13, 모의 17)(대판 1994.11.8. 93다21514).
> ② 위조된 수표를 할인에 의하여 취득한 사람의 손해액은 특별한 사정이 없는 한 그 위조수표를 취득하기 위하여 현실적으로 출연한 할인금액이지, 그 수표의 액면금액이 아니다(대판 1992.6.23. 91다43848).(변호 16, 모의 16, 20)

2. 위조자 등의 책임 [변호 21, 모의 17]

- 위조자가 어음채무를 부담하는지 여부에 관하여 명시적인 어음법 규정은 없다.(모의 18)
- 위조된 어음이더라도 어음에 형식적인 하자가 없는 한 위조 이후의 어음행위를 한 자는 어음행위독립의 원칙에 따라 어음상 채무를 부담한다(어음법 제7조 제2호).(변호 13, 16, 모의 15, 16, 18)

Ⅲ 어음의 변조 [모의 14, 21]

1. 어음변조의 의의

- 어음의 기존 문언을 제거하거나 새로운 문언을 추가하는 것을 모두 포함하며, 무익적 기재사항을 추가·말소·변경하는 것은 어음의 효력에 영향이 없으므로 변조에 해당하지 않는다.
- 어음의 필요적 기재사항을 삭제하는 경우 어음요건을 흠결시키는 것으로 어음효력이 상실된다.
- 기재내용의 변경이 당초 어음행위의 목적에 부합하고 이해관계자의 권리의무에 영향을 미치지 않는 경우 단순히 착오로 기재된 것을 정정한 것으로 보아 변조에 해당하지 않는다.(모의 20)
- 어음발행 후 발행인의 상호가 변경되어 어음소지인이 발행인 기명 부분 중 발행인의 구 상호를 지우고 신 상호를 기재한 경우 변조에 해당하지 않는다.(변호 12)

2. 변조 전에 기명날인 또는 서명한 자의 책임 [모의 14, 21, 23]

- 변조 전에 기명날인 또는 서명을 한 자는 원래 자신이 행위할 당시의 원문언에 따라 책임을 부담한다(어음법 제69조). (변호 12, 16, 모의 15, 16, 17, 18, 19, 21)
- 변조의 항변은 물적 항변이므로 누구에게든지 대항할 수 있다.
- 원문언에 따라 책임을 부담하므로 어음만기와 같은 사항 또한 원문언을 기준으로 한다.
- 변조 사실이 입증되지 않은 경우 어음채무자가 어음문언에 따른 책임을 진다. (변호 12, 모의 19)

> **관련판례**
> 약속어음의 최종 소지인이 배서인에 대하여 변개 전의 원문언에 따른 소구의무자로서의 책임을 묻기 위하여서는 소지인이 변개 전의 원문언에 따른 적법한 지급제시를 하였어야 한다. 소지인이 약속어음이 변개된 후에 그 어음을 취득하였고 변개 전의 원문언에 따른 지급제시기간 내에 그 약속어음을 지급제시하지 않은 경우, 최종소지인의 배서인에 대한 소구권은 요건 흠결로 상실되어 배서인에 대하여 변개 전의 원문언에 따른 책임도 물을 수 없다(대판 1996.2.23. 95다49936). (모의 20)

3. 변조 후에 기명날인 또는 서명한 자 등의 책임

- 변조 후에 기명날인 또는 서명한 자는 변조된 문언에 따라 책임을 부담한다(어음법 제69조). (변호 12, 16, 모의 15, 16, 17, 18, 19)
- 변조자가 변조와 함께 자신의 기명날인 또는 서명을 한 경우 변조자는 변조 후의 문언에 따라 책임을 부담하고, 변조자는 민법상 불법행위책임을 부담한다.

Ⅳ 어음의 실질관계

1. 지급을 위한 교부

(1) 원인채무와 어음채무의 병존

- 어음이 원인채무의 지급을 위해서 교부된 경우 원인채무와 어음채무가 병존한다. (변호 20)
- 어음이 원인채무의 지급을 위해서 교부된 경우 채권자는 어음채권을 먼저 행사해야 하고 어음채권으로 만족을 얻을 수 없는 경우에 한하여 원인채권을 행사할 수 있다. (변호 20)[변호 22]

① 채무자가 채무이행에 관하여 채권자에게 어음을 교부하는 경우, 당사자 사이에 특별한 의사표시가 없고 어음상 주채무자가 원인관계상 채무자와 동일하지 않은 경우 제3자인 어음상 주채무자에 의한 지급이 예정되고 있으므로, '지급을 위하여' 교부된 것으로 추정된다(대판 1995.10.13. 93다12213).(변호 20, 24)

② 어음이 지급을 위해 교부된 경우 채권자가 어음채권과 원인채권 중 어음채권을 먼저 행사하는 것을 당사자가 예정하였다고 할 것이므로 채권자로서는 어음채권을 우선 행사하고, 그에 의해 만족을 얻을 수 없을 때 비로소 채무자에 대하여 기존의 원인채권을 행사할 수 있다고 해야 한다. 이러한 목적으로 어음을 배서양도 받은 채권자는 채무자에게 원인채권을 행사하기 위해서는 어음을 채무자에게 반환해야 하므로, 채권자가 채무자에게 자기의 원인채권을 행사하기 위한 전제로서 지급기일에 어음을 적법하게 제시하여 소구권 보전절차를 취할 의무가 있다고 보는 것이 형평에 맞다(대판 1996.11.8. 95다25060).(변호 15, 20, 21, 24, 모의 18)

(2) 어음 만기와 원인채무 변제기의 유예약정

① 채권자가 채무의 지급을 위해 그 채무의 변제기보다 후의 일자가 만기인 어음을 교부받은 경우에는 묵시적으로 기존 채무의 지급을 유예하는 의사가 있었다고 보는 것이 상당하므로 기존 채무의 변제기는 어음에 기재된 만기일로 변경된다(대판 1999.8.24. 99다24508).(변호 20, 21, 24, 모의 18)

② 매수인이 물품대금 지급을 위해 매도인에게 지급기일이 물품공급일자 이후인 약속어음을 발행·교부한 경우, 물품대금 지급채무의 이행기는 다른 특별한 사정이 없는 한 약속어음의 지급기일이고, 약속어음이 발행인에게 발생한 지급정지사유로 지급기일이 도래하기 전에 지급거절 되었더라도 지급거절 된 때에 물품대금 지급채무의 이행기가 도래하는 것은 아니다(대판 2014.6.26. 2011다101599).

(3) 원인채권 행사와 어음의 반환

• 어음의 주채무자가 지급을 거절하는 등의 사유로 채권자가 원인채권을 행사하는 경우 채무자가 동시이행으로 어음의 반환을 청구할 수 있다.(모의 14)

• 채무자가 발행 또는 배서한 어음을 채권자가 제3자에게 양도하였다면, 채권자는 제3자에게 상환의무를 이행하고 어음을 환수하지 않는 이상 자신의 원인채권을 행사할 수 없게 된다.(변호 21)

• 채무자는 원인채무의 이행기가 지나면 어음을 반환받지 못하더라도 이행지체의 책임을 부담한다.

① 어음상 권리가 시효로 소멸하여 채무자에게 이중지급의 위험이 없고 채무자가 다른 어음상 채무자에게 권리를 행사할 수도 없는 경우에는 채권자의 원인채권행사에 대하여 채무자의 동시이행항변권은 부인된다(대판 1999.8.24. 99다24508).(변호 24)

② 채무자가 어음 반환이 없음을 이유로 원인채무의 변제를 거절할 수 있는 것은 채무자의 이중지급 위험을 면하기 위한 것이지, 기존 원인채권에 기한 이행청구권과 상대방의 어음 반환청구권이 민법 제536조에 정하는 쌍무계약상 채권채무관계가 있어서가 아니다. 따라서 채무자가 어음 반환이 없음을 이유로 원인채무의 변제를 거절할 수 있더라도 채권자는 어음의 반환 없이 채무자에게 적법한 이행 최고를 할 수 있고, 채무자는 원인채무의 이행기를 도과하면 원칙적으로 이행지체의 책임을 진다(대판 1999.7.9. 98다47542,47559).(모의 14)

(4) 채권자 귀책사유에 의한 어음상 권리의 소멸과 원인채권의 행사

> **관련판례**
>
> ㉠ 채권자가 상환청구권 보전의무를 위반했더라도 약속어음 주채무자인 발행인이 자력이 있는 한 어음을 반환받은 채무자가 발행인에 대한 어음채권이나 원인채권을 행사하여 채권만족을 얻을 수 있기 때문에 아직 손해는 발생하지 않은 것이고, ㉡ 지급기일 후 어음발행인이 무자력이 되어 채무자가 어음을 반환받더라도 발행인에 대한 어음채권과 원인채권 어느 것도 받을 수 없게 된 때에야 채권에 대하여 만족을 얻지 못하게 되는 손해를 입게 되고,(변호 24) ㉢ 이러한 손해는 주채무자인 발행인의 자력악화라는 특별사정으로 인한 손해로서 상환청구권 보전의무를 불이행한 어음소지인이 채무불이행 당시인 어음 지급기일에 장차 어음발행인의 자력이 악화될 것임을 알았거나 알 수 있었을 때에만 배상채권으로 상계할 수 있다(대판 1996.11.8. 95다25060).

(5) 어음상 권리의 행사와 원인채권의 소멸시효 중단

> **관련판례**
>
> ① 시효로 소멸된 어음채권을 청구채권으로 하여 채무자 소유 재산을 압류하더라도 원인채권의 시효가 중단되지 않는다(대판 2010.5.13. 2010다6345).(모의 18, 23)
> ② 원인채권의 지급을 확보하기 위하여 어음이 수수된 경우, 채권자가 원인채권에 기해 청구를 한 것이 아니라 어음채권에 기하여 청구를 하는 경우에는 원인채권의 소멸시효를 중단시키는 효력이 있고, 이는 채권자가 어음채권을 피보전권리로 하여 채무자의 재산을 가압류함으로써 권리를 행사한 경우에도 마찬가지이다(대판 1999.6.11. 99다16378).(변호 17, 20, 21, 22, 모의 13, 16, 18, 23)

(6) 어음채무의 이행으로 인한 원인채무의 소멸과 원인채권의 양도

- 채권자가 어음채권을 행사하여 만족을 얻게 되면 원인채무도 소멸한다.(모의 23)

> **관련판례**
>
> ① 채권자가 수표를 타인에게 양도한 경우 수표양도만으로 원인채무가 소멸하지 않고, 채권자가 수표상의 상환의무를 최종적으로 면하게 될 때 원인채무가 소멸한다(대판 2002.12.24. 2001다3917).
> ② 원인채무의 이행에 관하여 수표가 채권자에게 교부된 경우 지급을 위하여 교부된 것에 해당하고, 수표를 교부받은 채권자가 원인채권만을 제3자에게 양도한 이후 수표금이 지급된 경우에는 원인채권도 수표금의 지급으로 소멸한다(대판 2003.5.30. 2003다13512).
> ③ 원인채무의 지급을 위해 어음을 배서양도 한 경우 원인채무와 어음상 채무가 병존하다가 어음금이 지급되어 어음상 채무가 소멸하면 원인채무도 함께 소멸한다. 어음발행인(어음채무자)이 어음소지인(원고)에게 어음금을 변제한 이후, 어음발행인인 회생회사의 관리인이 그 어음금변제에 관하여 부인권을 행사함으로써 변제받은 어음금을 반환하게 된 어음소지인이, 어음배서인 겸 자신의 물품대금 채무자였던 피고를 상대로, 위 부인권 행사로 어음상 채권(소구권)과 원인채권(물품대금채권)이 모두 회복되었다고 주장하며 원인채권(물품대금)의 지급을 구하는 경우 어음상 채권과 함께 원인채권도 회복된다(대판 2022.5.13. 2018다224781).

2. 지급을 담보하기 위한 교부

- 원인채무에 대한 지급을 담보하기 위하여 어음이 교부된 경우 원인채무와 어음채무가 병존한다.
- 원인채무에 대한 지급을 담보하여 어음이 교부된 경우 어음채권을 먼저 행사할 것이 요구되지 않고, 채권자가 임의로 선택할 수 있다.(변호 15, 모의 14)

3. 교부 목적의 판단

> **관련판례**
> ① 기존 채무에 관하여 채무자가 타인 발행의 약속어음을 교부하면서 금전 수령의 뜻으로 계약서의 대금 분할지급액 기재를 정정·날인하였어도 그것만으로 기존 채무를 소멸시키는 의사가 있었다고 단정할 수 없다 (대판 1997.3.28. 97다126,133).
> ② 기존채무에 관하여 채무자가 약속어음을 발행하거나 타인이 발행한 약속어음을 교부한 경우 당사자 간에 특별한 의사표시가 없는 한 기존채무의 변제확보를 위하여 또는 그 지급방법으로 한 것으로 추정해야 하고, 어음 수령과 상환으로 영수증을 작성 교부하였다거나 채권자가 어음을 제3자에게 양도하면서 채무자에게 자기 채무의 이행을 하였다고 하더라도 그것만으로 어음금의 지급 이전에 어음 수수만으로 대금지급이 완결된 것으로 단정할 수는 없다(대판 1995.10.13. 93다12213).

Ⅴ 어음항변

1. 물적 항변
- 어음채무자가 모든 어음소지인에게 주장할 수 있는 항변이다.
- 어음요건 흠결의 항변, 의사무능력 또는 제한능력 항변,(모의 13, 18, 21) 위조·변조 항변 등이 있다.

2. 어음법 제17조의 인적 항변 [모의 19, 21]

(1) 배서 또는 교부에 의한 어음취득
- 어음에 의하여 청구를 받은 자는 발행인 또는 종전의 소지인에 대한 인적 관계로 인한 항변으로써 소지인에게 대항하지 못한다(어음법 제17조 본문).(변호 14, 24)
- 인적 항변에는 원인관계 부존재, 무효, 취소, 해제의 항변,(변호 14, 24)[변호 24, 모의 21] 숨은 추심위임배서의 항변, 권리남용의 항변 등이 있다.
- 인적 항변 절단이 인정되려면 어음소지인이 배서 또는 교부에 의해 어음을 취득해야 한다.
- ① 상속, 합병, 전부명령 등으로 어음이 이전된 경우, ② 지명채권양도방법이나 기한후배서와 같이 지명채권양도의 효력만 있는 방법으로 어음이 이전된 경우, ③ 추심위임배서, 숨은 추심위임배서와 같이 독립된 경제적 이익이 없이 어음이 이전된 경우 인적 항변이 절단되지 않는다.

(2) 해의의 항변
- 소지인이 그 채무자를 해할 것을 알고 어음을 취득한 경우 인적 항변이 절단되지 않는다(어음법 제17조 단서).
- 해의는 항변의 존재사실을 단순히 아는 것만으로는 부족하고 자신이 어음을 취득함으로써 항변이 절단되어 채무자를 해하게 된다는 사실을 아는 것이다.(변호 14, 18, 모의 13)
- 소지인의 해의는 어음채무자가 입증해야 한다. 소지인의 해의의 존재 시기는 어음의 취득시이며, 항변사유가 취득시에 존재해야 하는 것은 아니다.
- 선의취득자로부터 어음을 취득한 자는 선의취득 이전의 항변사유에 대하여 악의가 있더라도 선의취득자의 권리를 승계한다.
- 어음채무자는 선의취득자로부터 어음을 취득한 자에 대하여 인적항변으로 대항할 수 없다.

의사표시 하자를 이유로 한 어음발행행위 취소의 상대방은 발행행위의 직접 상대방 및 어음소지인이다. 어음행위에 착오·사기·강박 등 의사표시의 하자가 있다는 항변은 인적 항변에 불과하므로, 어음채무자는 소지인이 채무자를 해할 것을 알고 어음을 취득한 경우가 아닌 한 소지인이 중대한 과실로 그러한 사실을 몰랐다고 하더라도 종전 소지인에 대한 인적 항변으로써 소지인에게 대항할 수 없다(대판 1997.5.16. 96다49513). (변호 15, 모의 14, 18, 20, 21)[변호 24]

3. 기타 어음항변(악의, 중과실)

(1) 백지어음 부당보충의 항변(어음법 제10조)

(2) 이사회 승인 없는 이사 자기거래 또는 본인 허락 없는 대리인의 자기계약, 쌍방대리

- 선의의 소지인에게는 항변을 주장할 수 없으나, 악의 또는 중과실의 소지인에게는 가능하다.

(3) 교부흠결의 항변

어음 유통의 의사로 어음상에 발행인으로 기명날인하여 외관을 갖춘 어음을 작성한 자는 그 어음이 도난·분실 등으로 인하여 그의 의사에 의하지 아니하고 유통되었다고 하더라도, 배서가 연속되어 있는 그 어음의 외관을 신뢰하고 취득한 소지인에 대하여는 그 소지인이 악의 내지 중과실에 의하여 그 어음을 취득하였음을 주장·입증하지 아니하는 한 발행인으로서의 어음상의 채무를 부담한다(대판 1999.11.26. 99다34307).

4. 융통어음의 항변 [변호 15, 19]

(1) 의의

- 어음발행의 원인관계 거래가 없음에도 타인의 자금융통을 위해 발행된 어음을 말한다.

① 어음 발행인이 할인을 의뢰하면서 어음을 교부한 경우, 이는 원인관계 없이 교부된 어음에 불과할 뿐, 융통어음이라고 할 수 없다(대판 1996.5.14. 96다3449).(모의 13)[변호 24]
② 융통어음의 발행자는 피융통자로부터 그 어음을 양수한 제3자에 대하여는 선의이거나 악의이거나, 또한 그 취득이 기한 후 배서에 의한 것이라 하더라도 대가 없이 발행된 융통어음이라는 항변으로 대항할 수 없다(대판 2001.8.24. 2001다28176).(변호 23, 24, 모의 13)

(2) 융통자와 피융통자의 법률관계

- 융통자는 피융통자에 대해서는 융통어음의 항변으로 어음금 지급을 거절할 수 있다.
- 융통어음이라는 점에 대한 입증책임은 어음 발행자가 부담한다.(변호 17, 모의 13)
- 융통자의 피융통자에 대한 어음금 상당액의 구상금 청구는 인정되지 않는다.(모의 13)

(3) 소지인에 대한 항변이 허용되는 경우

- 융통어음의 융통자는 소지인이 악의인 경우에도 융통어음 항변으로 대항할 수 없다.(모의 21)
- 재도사용의 항변으로는 어음소지인에게 대항할 수 있다(대판 2001.12.11. 2000다38596).(변호 24, 모의 13, 16)

5. 제3자의 항변

- 어음채무자가 자신의 항변사유가 아니라 자신의 전자나 후자와 같은 다른 어음채무자의 항변사유를 원용하여 소지인에게 대항하는 것이다.
- 학설은 ① 인적항변개별성설은 인적항변은 직접 당사자 사이에서만 대항할 수 없다는 이유로 제3자의 항변을 부정하고, ② 권리남용설은 소지인이 어음을 소지할 실질적 권한이 없음에도 권리를 행사하는 것은 권리남용에 해당한다는 이유로 제3자의 항변을 인정한다.

> **관련판례**
> 채무담보를 위해 발행된 어음에 발행인을 위한 어음보증이 된 약속어음을 수취한 사람은 어음발행의 원인채무가 존속하지 않게 된 때에는 어음발행인뿐 아니라 어음보증인에게도 어음상 권리를 행사할 실질적인 이유가 없어졌으므로 어음이 자기에게 있음을 기회로 어음보증인으로부터 어음금을 받는 것은 신의성실원칙에 비추어 부당한 권리남용이고, 어음보증인은 수취인에 대한 어음금 지급을 거절할 수 있다. 따라서 수취인으로부터 배서양도를 받은 어음소지인이 어음법 제17조 단서의 요건에 해당되는 경우 어음보증인은 그러한 악의의 소지인에게도 권리남용의 항변으로 대항할 수 있다(대판 1988.8.9. 86다카1858).

6. 이중무권의 항변

- ① 어음채무자와 그 후자 사이에 인적 항변사유가 존재하고 ② 그 후자와 어음소지인 사이에도 인적항변사유가 존재하는 경우 어음채무자가 어음소지자에게 위 ① 및 ②의 항변사유를 자신의 항변사유로 주장하는 것을 의미한다.

> **관련판례**
> 자기에 대한 배서의 원인관계가 흠결되어 어음을 소지할 정당한 권원이 없어지고 어음금의 지급을 구할 경제적 이익이 없게 된 경우에는 인적항변 절단의 이익을 향유할 지위에 있지 아니한다. 따라서 어음배서인이 발행인으로부터 지급받은 어음금 일부를 어음소지인에게 지급한 경우 어음소지인은 배서인에게 소멸된 어음금 지급을 구할 경제적 이익이 없어 인적항변 절단의 이익을 향유할 지위에 있지 않으므로 어음발행인은 그 범위 내에서 배서인에 대한 인적항변으로써 소지인에게 대항하여 그 부분 어음금지급을 거절할 수 있다(대판 2003.1.10. 2002다46508).(변호 20. 모의 15, 16)

Ⅵ 어음상 권리의무의 발생

1. 어음의 필수적 기재사항

- 약속어음에는 ㉠ 증권의 본문 중에 그 증권을 작성할 때 사용하는 국어로 약속어음임을 표시하는 글자,(변호 22) ㉡ 조건 없이 일정한 금액을 지급할 것을 약속하는 뜻, ㉢ 만기, ㉣ 지급지, ㉤ 지급받을 자 또는 지급받을 자를 지시할 자의 명칭, ㉥ 발행일과 발행지, ㉦ 발행인의 기명날인 또는 서명을 기재해야 한다(어음법 제75조).
- 만기가 기재되지 않은 경우 일람출급어음으로 본다(어음법 제2조 제1호).(모의 18)
- 환어음은 발행인을 지급받을 자로 하여 발행할 수 있다(어음법 제3조 제1항).(모의 14, 18, 21)
- 환어음은 발행인 자신을 지급인으로 하여 발행할 수도 있고, 제3자의 계산으로 발행할 수도 있다(어음법 제3조 제2항, 제3항).(모의 14, 18)
- 특정 날짜가 기재되지 않은 경우 어음발행일부터 이자를 계산한다(어음법 제5조 제3항).(변호 22)

- 약속어음의 지급지가 적혀 있지 아니한 경우 발행지를 지급지로 본다(어음법 제76조 제2호). (변호 18, 모의 18)
- 약속어음에 발행지가 적혀 있지 아니한 경우, 발행인의 명칭에 부기한 지를 발행지로 본다 (어음법 제76조 제3호). (변호 22)
- 어음발행인이 복수로 어음에 기재된 경우 중첩적 기재만이 유효로 인정되고, 선택적 및 순차적 기재는 무효이다. (모의 21)
- 어음발행인란에 수인이 공동으로 기명날인 또는 서명을 한 경우, 어음상의 권리자는 공동발행인 전원뿐만 아니라 공동발행인 각자에게도 어음금 전액을 청구할 수 있다. (변호 16)

> **관련판례**
> ① 1978. 2. 30로 발행일이 기재된 약속어음은 같은 해 2월 말일을 발행일로 하는 약속어음으로서 유효하다(대판 1981.7.28. 80다1295). (모의 17, 21, 23)
> ② 약속어음에서 지급처소는 필요적 기재사항이 아니므로 지급지는 포항시로 되어 있는데 지급처소 를 서울특별시로 기재하였다고 해서 그 약속어음을 무효라 할 수 없다(대판 1970.7.24. 70다965). (모의 17)
> ③ 어음면의 기재 자체로 보아 국내어음으로 인정되는 경우에 있어서는 그 어음면상 발행지의 기재가 없는 경우라고 할지라도 이를 무효의 어음으로 볼 수는 없다(대판 1998.4.23. 95다36466). (변호 15, 모의 19)

2. 백지어음

(1) 의의

- 기명날인 또는 서명 이외의 어음요건의 전부 또는 일부를 추후 타인으로 하여금 보충시킬 의사로 의도적으로 공백으로 남겨두고 발행한 미완성의 어음을 말한다.
- 백지어음과 어음요건이 흠결되어 무효인 어음은 보충권 수여 여부가 구별기준이 된다.

> **관련판례**
> ① 백지약속어음이 백지어음이 아니고 불완전어음으로서 무효라는 점에 관한 입증책임은 발행인이 부담한다 (대판 1984.5.22. 83다카1585). (변호 15, 17, 23, 모의 22)
> ② 만기가 공란으로 발행된 어음은 만기 백지어음으로 추정된다(대판 2003.5.30. 2003다16214). (모의 14, 23)
> ③ 지급기일을 공란으로 하여 약속어음을 발행하였거나 또는 사후에 지급기일을 당사자의 합의로 삭제한 경우 그 어음은 (어음법 제2조 제1호에 따라) 일람출급어음이 아니라 백지어음으로 보아야 하고 이러한 백지어음을 교부한 때에는 소지인으로 하여금 임의로 그 지급기일을 보충시킬 의사로서 교부·보관시킨 것이라고 추정할 것이다(대판 2003.5.30. 2003다16214).

(2) 백지 보충 전 백지어음의 권리행사

- 백지어음은 백지가 보충되기 전까지는 어음요건을 갖춘 어음이 아니므로 어느 누구에게도 어음 상의 권리를 행사하지 못한다. (변호 12, 17, 19, 모의 14, 22)

> **관련판례**
> ① 수취인 기재를 결한 어음은 완성된 어음으로서의 효력이 없어 어음상의 권리가 적법하게 성립 되지 않으므로, 이러한 미완성어음으로 지급제시를 하였더라도 적법한 지급제시의 효력이 없어 발행인을 이행지체에 빠뜨릴 수 없다(대판 1992.3.10. 91다28313). (변호 12, 17, 모의 14)

② 어음금청구소송에서 백지를 보충할 수 있는 시점은 변론종결시이므로 백지어음인 상태로 소를 제기한 경우 변론종결시까지 백지를 보충하면 되나, 변론종결시까지 백지를 보충하지 않아 패소한 경우 그 이후 백지를 보충하여 다시 소송을 제기하더라도 전소판결의 기판력에 위배되어 백지보충권 행사 주장이 허용되지 않는다(대판 2008.11.27. 2008다59230).(변호 19, 22, 모의 22)

③ ㉠ 만기가 기재된 백지어음은 백지 부분이 보충되지 않은 미완성어음 상태에서도 만기로부터 어음상 청구권에 대한 소멸시효가 진행한다.(모의 18) ㉡ 만기 이외의 어음요건이 백지인 약속어음의 소지인이 백지를 보충하지 않고 어음금을 청구하는 경우 어음상 청구권의 소멸시효는 중단된다.(변호 12, 15, 17, 19, 22, 23, 모의 13, 14, 18, 22, 23) ㉢ 백지보충권은 어음상 청구권과 별개로 독립하여 시효로 소멸하지 않으므로 어음상청구권이 존속하는 한 백지보충권을 행사할 수 있다(대판 2010.5.20. 2009다48312).(모의 23)

(3) 백지어음의 양도

- 백지어음을 백지 보충 전에도 양도하는 것은 가능하다.(변호 17, 23, 모의 14, 21)
- 배서에 의한 백지어음의 양도가 인정되므로 백지어음의 선의취득도 가능하다.
- 백지어음을 선의취득한 자는 어음과 함께 백지보충권을 취득하고, 백지를 보충하여 어음상 채무자에게 어음상 권리를 행사할 수 있다.(모의 23)
- 인적 항변의 절단, 담보적 효력 등 배서와 관련된 효력 또한 인정된다.

> **관련판례**
> 수취인이 백지인 채로 발행된 어음은 인도에 의하여 양도될 수 있고, 어음이 인도에 의하여 양도된 경우 어음법 제17조가 적용되는 것이므로, 어음이 전전양도된 후 그 어음을 인도받은 최종 소지인이 수취인으로서 자기를 보충하였다고 하더라도 그 소지인이 발행인을 해할 것을 알고 취득한 경우가 아니면, 어음문면상의 기재와는 관계없이 발행인으로부터 원인관계상의 항변 등 인적 항변의 대항을 받지 아니한다(대판 1994.11.18. 94다23098).(변호 23)

(4) 백지보충권의 행사기간

> **관련판례**
> ① 약속어음 발행인에 대한 어음금 채권은 만기의 날로부터 3년간 행사하지 아니하면 소멸시효가 완성되므로, 발행일을 백지로 하여 발행된 약속어음의 백지보충권의 소멸시효기간은 백지보충권을 행사할 수 있는 때로부터 3년으로 봄이 상당하다(대판 2002.2.22. 2001다71507).(변호 17, 18, 19, 20, 모의 23)
> ② 만기를 백지로 한 약속어음의 경우, 보충권의 소멸시효는 어음발행의 원인관계에 비추어 어음상 권리를 행사하는 것이 법률적으로 가능하게 된 때부터 진행하고, 보충권 행사에 의하여 생기는 채권은 어음금 채권이며 어음법상 약속어음 발행인에 대한 어음금 채권은 만기로부터 3년간 행사하지 아니하면 소멸시효가 완성되는 점 등을 고려하면, 만기를 백지로 하여 발행된 약속어음의 백지보충권의 소멸시효기간은 백지보충권을 행사할 수 있는 때로부터 3년으로 보아야 한다(대판 2003.5.30. 2003다16214).(변호 20, 23)

(5) 보충의 효과

- 소지인이 보충권의 범위 내에서 백지를 보충하면 백지어음은 완전한 어음이 된다.
- 보충의 효력은 장래에 향하여 발생하고, 소급하지 않는다.(변호 18)
- 백지어음이 보충되기 전에 인수, 배서, 보증 등 어음행위가 이루어지고 그 후에 백지어음이 보충된 경우 백지 보충 이전에 이루어진 어음행위는 해당 어음행위의 시점에 이루어진 것으로 본다.

(6) 백지어음의 부당보충

- 미완성으로 발행한 환어음에 미리 합의한 사항과 다른 내용을 보충한 경우 그 합의의 위반을 이유로 소지인에게 대항하지 못한다(어음법 제10조 본문).(변호 23, 모의 21) 그러나 소지인이 악의 또는 중대한 과실로 인하여 환어음을 취득한 경우에는 그러하지 아니하다(어음법 제10조 단서).(변호 18, 23, 모의 13, 18)
- 소지인의 악의 또는 중대한 과실에 대한 입증책임은 채무자가 부담한다.

3. 환어음의 인수제시와 인수

- 환어음 발행인의 지급을 담보하지 아니한다는 뜻의 모든 문구는 적지 아니한 것으로 본다(어음법 제9조 제2항).(모의 16, 19)
- 환어음의 소지인 또는 단순한 점유자는 만기에 이르기까지 인수를 위하여 지급인에게 그 주소에서 어음을 제시할 수 있다(어음법 제21조).(모의 18)
- 환어음의 발행인은 인수를 위한 어음의 제시를 금지한다는 내용 또는 일정한 기일 전에는 인수를 위한 어음의 제시를 금지한다는 내용을 어음에 적을 수 있다(어음법 제22조 제2항, 제3항).(모의 13, 18, 20)
- 어음법상 인수는 조건 없이 하여야 한다(어음법 제26조 제1항).(모의 13, 14, 16, 18)
- 지급인은 어음금액의 일부만을 인수할 수 있다(어음법 제26조 제1항 제2문).(모의 13, 14, 16, 18)
- 지급인은 인수를 함으로써 만기에 환어음을 지급할 의무를 부담한다(어음법 제28조 제1항).(모의 16, 18)
- 인수거절이 있은 경우 소지인은 배서인, 발행인, 그 밖의 어음채무자에 대하여 만기 전에도 상환청구권을 행사할 수 있다(어음법 제43조 제1호).(모의 16)

4. 어음보증

- 주된 어음행위에 의하여 발생한 어음상 채무를 담보할 목적으로 어음상에 하는 부수적 어음행위를 의미한다.
- 어음 앞면에 단순한 기명날인 또는 서명이 있는 경우 보증을 한 것으로 본다(어음법 제77조 제3항, 제31조 제3항).(변호 22, 모의 23)
- 피보증인이 특정되지 않은 어음보증은 발행인을 위한 보증으로 본다(어음법 제31조 제4항).(변호 20, 모의 13, 14, 23)
- 어음보증인의 책임은 피보증채무가 그 방식에 하자가 있는 경우 외에는 어떠한 사유로 무효가 되더라도 그 효력이 있다(어음법 제32조 제2항).(모의 14, 17, 19)
- 보증인은 피보증인과 함께 소지인에 대해서 합동책임을 진다(어음법 제47조 제1항). 보증인은 최고, 검색의 항변권이 없고, 소지인은 피보증인에게 먼저 청구할 필요 없이 보증인에게 바로 어음금의 지급을 청구할 수 있다.(변호 20)

> **관련판례**
> ① 표현대리에 관한 민법 제126조의 제3자란 표현대리행위의 직접 상대방만을 의미하는바, 약속어음 지급보증의 상대방은 어음의 제3취득자가 아니라 발행인이다. 따라서 약속어음 지급보증이 위조된 경우, 약속어음을 배서·양도받는 제3취득자는 지급보증행위가 민법 제126조의 표현대리행위로서 지급보증인에게 효력이 미친다고 주장할 수 있는 제3자에 해당하지 않는다(대판 1986.9.9. 84다카2310).
> ② 다른 사람이 발행하는 약속어음에 어음보증을 하는 사람은 그 어음보증으로 인한 어음상 채무만을 부담하는 것이 원칙이고, 특별히 채권자에 대하여 약속어음 발행의 원인채무까지 보증하겠다는 뜻으로 어음보증을 한 경우에 한하여 그 원인채무에 대한 보증책임을 부담하게 된다. 타인이 물품공급계약을 맺은 공급자에게 물품대금 채무의 담보를 위하여 발행·교부하는 약속어음에 어음보증을 한 경우에도 단지 어음보증인으로서 어음상 채무를 부담하는 것에 의하여 신용을 부여하려는 것이고, 이는 어음보증 당시 그 어음이 물품대금 채무의 담보를 위하여 발행·교부되는 것을 알고 있었더라도 마찬가지이다(대판 1998.6.26. 98다2051).(변호 20)
> ③ 어음법상 보증에 대해 발행 및 배서의 경우와 같이 단순성을 요구하는 규정이 없고, 어음보증에 대해 환어음 인수보다 더 엄격하게 단순성을 요구함은 균형을 잃은 것이고 조건부 보증을 유효로 보아도 어음거래의 안전성이 저해되는 것도 아니므로 조건을 붙인 불단순 보증은 그 조건부 보증 문언대로 보증인의 책임이 발생한다(대판 1986.3.11. 85다카1600).(변호 20, 모의 14, 17, 20, 22)
> ④ 피보증인에 대한 권리가 양도되는 경우 어음보증인에 대한 권리도 수반하여 이전된다(대판 1989.10.24. 88다카20774).(모의 16, 17)
> ⑤ 甲이 乙의 신용상태를 보충하기 위하여 乙이 물품대금의 지급을 위하여 丙에게 교부하는 약속어음에 배서하였더라도 달리 甲이 민사상의 원인채무까지 보증하는 의미로 배서하였다고 볼 자료가 없는 이상 배서인으로서 어음상 채무를 부담함에 의하여 신용을 부여하려는 것에 불과하다(대판 1994.8.26. 94다5397).(변호 20)

Ⅶ 배서

1. 배서의 의의

- 배서에는 조건을 붙여서는 아니 되고, 배서에 붙인 조건은 적지 아니한 것으로 본다(어음법 제12조 제1항).(모의 19) 일부의 배서는 무효이다(어음법 제12조 제1항).(변호 16, 모의 22)

2. 배서금지어음

- 배서금지어음이란 발행인이 어음에 "지시 금지"라는 글자 또는 이와 같은 뜻이 있는 문구를 적은 어음을 말한다(어음법 제11조 제2항). 배서금지어음은 지명채권 양도방법에 의해 양도할 수 있다.(변호 22)
- 배서금지어음의 양도는 지명채권 양도방법에 의하여야 하므로 민법 제450조의 대항요건이 갖추어져야 하고, 어음의 교부도 이루어져야 한다.
- 배서금지어음이 지명채권 양도방법으로 양도된 경우 어음상 권리가 이전되는 효력은 발생하나 배서에 인정되는 인적항변 절단, 선의취득, 자격수여적 효력, 담보적 효력은 인정되지 않는다.

3. 배서의 연속과 백지식 배서

- 배서가 연속되었는지는 어음 문면상 기재된 형식적 기재를 기준으로 판단한다.(변호 13, 16, 19)
- 배서가 연속된 경우 배서의 자격수여적 효력에 따라 소지인은 적법한 권리자로 추정되고(어음법 제16조 제1항), 자신이 실질적 권리자임을 입증하지 않고도 어음상의 권리를 행사할 수 있다.
- 연속된 배서의 중간에 허무인이나 제한능력자 명의의 배서가 있거나 위조·변조된 배서가 있더라도, 배서가 문면상 연속되어 있는 경우 배서의 연속이 인정된다.(변호 19, 모의 17)
- 백지식배서에 의해 어음상 권리가 이전하고 인적항변의 절단이 인정된다. 어음채무자는 백지식 배서인에게 대항할 수 있었던 인적항변사유로써 백지식배서의 피배서인에게 대항할 수 없다.
- 연속된 배서의 최후의 배서가 백지식인 경우 어음의 점유자가 배서연속에 의하여 그 권리를 증명할 때에는 그를 적법한 소지인으로 추정한다(어음법 제16조 제1항).(변호 22, 모의 16, 22)
- 백지식 배서의 다음에 다른 배서가 있는 경우 그 배서를 한 자는 백지식 배서에 의하여 어음을 취득한 것으로 본다(어음법 제16조 제1항).(모의 15)
- 백지식배서가 있는 경우 그 백지를 보충하지 않은 배서도 인정되며, 최후의 배서가 백지식인 경우 현재의 어음의 점유자를 그 피배서인으로 추정한다.(모의 22)
- 배서가 연속하던 중 최후의 배서가 백지식 배서(또는 소지인출급식)인 때 그 소지인은 배서를 하지 않고, 피배서인을 보충하지도 않으면서 어음의 교부만으로 어음상 권리를 양도할 수 있다(어음법 제14조 제2항 제3호, 제77조 제1항 제1호).(변호 19, 모의 14, 20)
- 중간의 배서가 백지식이면 그 다음 배서의 배서인이 백지식배서에 의하여 어음을 취득한 것으로 간주한다. 배서의 연속을 간주한다는 의미일 뿐 소지인의 권리 취득까지 간주하지는 않는다.
- 말소된 배서는 배서의 연속을 판단함에 있어서는 없는 것으로 본다(어음법 제16조 제1항 제3문).

> **관련판례**
> ① 백지식배서에 의한 어음을 양도상대방이 이미 소지하고 있는 경우 간이인도 방식으로 인도할 수 있다(대판 1989.10.24. 88다카20774).(모의 16)
> ② 배서연속 약속어음을 지급거절증서 작성기간 경과 후 백지식 배서로 교부받은 어음소지인은 약속어음의 적법한 소지인으로 추정되므로 특별한 사정이 없는 한 발행인에게 약속어음금을 청구할 수 있다(대판 2012.3.29. 2010다106290,106306,106313).
> ③ 형식상 어음 배서의 연속이 끊어진 경우에 다른 방법으로 그 중단된 부분에 관하여 실질적 관계가 있음을 증명한 소지인이 한 어음상 권리행사는 적법하다(대판 1995.9.15. 95다7024).(변호 17, 19, 모의 14)

4. 기한후배서 [모의 19, 22]

(1) 의의

- 기한후배서란 지급거절증서가 작성된 후에 한 배서 또는 지급거절증서 작성기간이 지난 후에 한 배서를 말한다(어음법 제20조 제1항).(모의 19)
- 어음법상 통상의 배서에 부여되는 효력은 인정되지 않고 지명채권양도의 효력만 인정된다. (변호 23, 모의 19, 22)
- 만기후배서는 어음의 만기 후 지급거절증서 작성 전 또는 지급거절증서 작성기간 경과 전에 이루어진 배서를 말한다. 따라서 만기후배서는 기한후배서가 아니고, 만기 전에 이루어진 일반적인 배서와 동일한 효력을 가진다(어음법 제20조 제1항).(변호 14, 22)
- 날짜를 적지 않은 배서는 지급거절증서 작성기간이 지나기 전에 한 것으로 추정한다(어음법 제20조 제2항).
- 실제로 배서가 이루어진 시점이 지급거절증서 작성 후 또는 지급거절증서 작성기간 경과 후라는 사실에 대한 입증책임은 기한후배서를 주장하는 어음채무자가 부담한다.

> **관련판례**
> ① 기한후의 배서 여부는 어음의 문면만으로 결정할 것이 아니고 실제 배서를 한 날짜에 따라야 한다(대판 1964.5.26, 63다967).
> ② 만기후배서도 지급거절증서 작성 전 또는 지급거절증서 작성기간 경과 전에 이루어진 것이면 만기 전의 배서와 동일한 효력을 가지고, 비록 만기에 지급제시 된 어음에 교환필이라는 스탬프가 압날되고 피사취 또는 예금부족 등의 사유로 지급거절한다는 취지의 지급은행의 부전이 첨부되어 있는 등 지급거절 사실이 어음면에 명백하더라도 적법한 지급거절증서가 작성되었다고는 할 수 없으므로, 그러한 어음에 한 배서도 그것이 지급거절증서 작성 전으로서 지급거절증서 작성기간 경과 전이기만 하면 기한후배서가 아닌 만기후배서로서 만기전배서와 동일한 효력이 있다(대판 2000.1.28, 99다44250).(변호 22, 23)
> ③ 백지의 보충 없이는 어음상 권리를 행사할 수 없으나 어음행위의 성립시기를 백지의 보충시기로 의제할 수는 없으며 그 성립시기는 어음행위 자체의 성립시기로 결정하여야 하므로 백지어음에 만기 전에 한 배서는 만기 후에 백지가 보충된 때에도 기한후배서로 볼 것이 아니다(대판 1971.8.31, 68다1176).(변호 23)

(2) 효력

- 권리이전적 효력 : 기한후배서의 경우 민법상 지명채권 양도절차 없이 기한후배서에 의하여 배서인의 권리가 피배서인에게 이전된다.(변호 14, 16, 18, 모의 23)
- 인적항변의 절단 : 인적항변의 절단은 기한후배서에는 적용되지 않는다. 채무자는 배서인에게 대항할 수 있었던 인적항변으로 피배서인에게 대항할 수 있다.(변호 14, 18, 23)
- 자격수여적 효력 : 기한후배서에 의하여 배서연속이 인정되는 피배서인도 어음의 적법한 소지인으로 추정되고, 이러한 자에게 지급한 선의의 채무자도 면책된다.(모의 13)
- 선의취득 : 기한후배서의 피배서인에 대해서는 어음상 권리의 선의취득이 인정되지 않는다.
- 담보적 효력 : 기한후배서는 담보적 효력이 인정되지 않는다.
- 기한후배서 전에 배서인이 지급제시와 함께 거절증서를 작성하여 상환청구권을 취득한 경우 이러한 상환청구권은 기한후배서에 의해 피배서인에게 양도될 수 있으므로 피배서인은 기한후배서로 배서인의 전자에 대하여 상환청구를 할 수 있다.

① 어음법 제20조 제1항 후단에서 지급거절증서 작성 후 또는 지급거절증서 작성기간 경과 후의 배서는 지명채권 양도의 효력만이 있다고 규정하고 있는 것은 단지 그 효력이 지명채권 양도와 같다는 취지일 뿐이므로, 지명채권의 양도·양수절차인 채권양도인의 통지 또는 채무자의 승낙을 필요로 하는 것은 아니다(대판 1997.11.14. 97다38145).(변호 14, 16, 18, 모의 23)
② 기한 후 배서에 지명채권양도의 효력만이 있다 함은 그 배서 당시 이미 발생한 배서인에 대한 항변사실을 피배서인에 대하여도 대항할 수 있다는 것이고 배서 후 비로소 발생한 배서인에 대한 사유까지도 피배서인에 대하여 이를 주장할 수 있다는 것은 아니다(대판 1982.4.13. 81다카353).

5. 추심위임배서

- 배서인이 피배서인에게 어음상의 권리를 행사할 대리권을 부여할 목적으로 하는 배서를 말한다.
- 피배서인은 배서인의 대리인으로서 재판상, 재판외의 모든 행위를 할 수 있는 권한을 가진다.
- 공연한 추심위임배서는 어음상 권리를 이전하는 것이 아니므로 배서금지어음에도 할 수 있다. (변호 22)
- 피배서인은 ① 주채무자에 대한 어음금지급청구권이나 상환의무자에 대한 상환청구권과 같은 어음상의 권리뿐만 아니라 ② 백지보충권이나 이득상환청구권과 같은 어음법상의 권리도 행사할 수 있으며, ③ 배서인 명의로 소를 제기하거나 제권판결을 위한 공시최고신청 등 재판상의 행위도 할 수 있다(어음법 제18조 제1항 본문).(모의 14)[변호 22]
- 배서인은 추심위임배서 이후 어음을 회수하여 추심위임배서의 말소 없이 어음상 권리를 행사할 수 있다.[변호 22]
- 어음채무자는 배서인에게 대항할 수 있는 항변으로써만 소지인에게 대항할 수 있으나(어음법 제18조 제2항),(모의 19) 반대로 어음채무자는 피배서인에 대한 항변으로 대항하지 못한다.
- 배서인은 피배서인에게 상환의무를 부담하지 않으므로 담보적 효력이 없다.(모의 16)
- 피배서인이나 제3자의 선의취득은 인정되지 않는다.
- 숨은 추심위임배서란 배서 당사자 사이에서 추심위임을 목적으로 배서를 하면서 형식상으로는 추심위임문언을 기재하지 않고 양도배서의 방식으로 하는 배서를 말한다.
- 배서인의 담보책임이 부정되나, 피배서인이 다시 제3자에게 양도배서한 경우 숨은 추심위임배서의 배서인은 이러한 제3자에 대해서는 담보책임을 지게 된다.

추심위임의 목적으로 하는 통상의 양도배서 즉 숨은 추심위임배서도 유효하고 이 경우 인적항변이 절단되지 아니한다(대판 1990.4.13. 89다카1084).(모의 13, 16, 19, 22)

6. 기타 특수한 배서

(1) 무담보배서

- 배서인이 배서란에 어음법 제15조 제1항에 규정된 "반대의 문구" 즉 해당 배서의 피배서인을 포함하여 모든 후자에 대하여 담보책임을 지지 않는다는 문구를 기재한 배서를 말한다.
- 무담보배서의 배서인은 어떠한 어음소지인에 대해서도 상환의무를 지지 않는다.(모의 13)
- 무담보배서는 물적 항변에 해당하며, 담보적 효력만 인정되지 않을 뿐 권리이전적 효력, 자격수여적 효력, 인적항변의 절단과 선의취득이 인정된다.

(2) 배서금지배서(어음법 제15조 제2항)

- 피배서인이 다시 배서를 하지 못하도록 배서인이 자신의 배서란에 배서금지의 기재를 한 배서를 말한다
- 배서인은 그 후의 피배서인에 대하여 담보책임을 지지 않는다.(모의 13, 14, 16, 19)
- 배서금지배서 이후에도 여전히 배서에 의하여 어음을 양도할 수 있다.(변호 22)

(3) 환배서

- 어음채무자를 피배서인으로 하는 배서를 말한다(어음법 제11조 제3항).

> **관련판례**
>
> 약속어음 발행인으로부터 인적항변의 대항을 받는 어음소지인은 당해 어음을 제3자에게 배서·양도한 후 환배서에 의하여 이를 다시 취득하여 소지하게 되었다고 할지라도 발행인으로부터 여전히 위 항변의 대항을 받는다(대판 2002.4.26. 2000다42915).(변호 22)

(4) 입질배서

- 배서인이 어음상 권리에 질권을 설정할 목적으로 하는 배서를 말한다(어음법 제19조).
- 배서 내용 중 "담보하기 위하여", "입질하기 위하여" 등 질권설정 문구가 있으면 소지인은 어음으로부터 생기는 모든 권리를 행사할 수 있으나(어음법 제19조 제1항 본문), 소지인이 한 배서는 대리를 위한 배서 효력만 있다(어음법 제19조 제1항 단서).(모의 14, 19)
- 어음채무자는 배서인에 대한 인적항변으로써 어음소지인에게 대항할 수 없으나, 소지인이 그 채무자를 해할 것을 알고 어음을 취득한 경우 그러하지 아니하다(어음법 제19조 제2항).(모의 20)

7. 어음상 권리의 선의취득 [변호 21, 모의 17]

- 배서의 연속이라는 형식적 자격을 신뢰하여 어음을 양수한 경우 어음의 양도인이 무권리자이거나 양도행위에 하자가 있더라도 선의, 무중과실인 양수인이 적법하게 어음상의 권리를 취득하는 것을 말한다(어음법 제16조 제2항). 양수인이 경과실인 경우 선의취득이 가능하다.
- 선의취득자로부터 어음상 권리를 양수한 자는 선의취득자가 원시취득한 권리를 승계취득하므로 선의취득자 이전의 무권리에 대해서 악의 또는 중과실이더라도 완전한 권리를 취득한다.
- 선취득자가 어음을 배서나 교부의 방식으로 취득한 경우에만 선의취득이 인정된다.
- 배서에 의한 경우라 하더라도 배서금지어음, 기한후배서, 추심위임배서의 경우에는 선의취득이 인정되지 않으나, 입질배서의 경우에는 질권의 선의취득이 가능하다.
- 어음의 형식적 유효성이 인정되고, 소지인에게 이르기까지 배서가 연속되어야 한다.
- 어음의 양도인이 무권리자인 경우 선의취득이 인정된다.

> **관련판례**
>
> 어음 선의취득으로 치유되는 하자의 범위 즉, 양도인의 범위는 양도인이 무권리자인 경우뿐만 아니라 대리권흠결이나 하자 등의 경우도 포함된다(대판 1995.2.10. 94다55217).(변호 14, 모의 16)

VIII 어음상 권리의 행사

1. 지급제시

- 확정일출급, 발행일자 후 정기출급 또는 일람 후 정기출급의 어음 소지인은 지급을 할 날 또는 그날 이후의 2거래일 내에 지급제시를 하여야 한다(어음법 제38조 제1항).(모의 19)
- 보통 만기가 "지급을 할 날"이 되지만 만기가 휴일인 경우 그 직후 거래일이 "지급을 할 날"이 되고(어음법 제72조 제1항), 그에 따라 계산한 지급제시기간의 마지막 날이 휴일이면 그 다음 제1거래일까지 연장된다(어음법 제72조 제2항).
- 일람출급어음은 어음을 제시한 시점이 바로 지급을 할 날이 되는 관계로 일람출급어음은 발행 일로부터 1년이 지급제시기간이 된다(어음법 제34조 제1항).(모의 20)
- 지급제시는 어음요건이 갖추어진 완전한 어음을 제시해야 한다.
- 어음요건이 흠결된 불완전어음이나 백지어음과 같은 미완성어음으로 지급제시를 하는 경우 지급제시의 효력이 없다.(변호 12, 17, 모의 14, 21) 이 경우 채무자는 이행지체가 되지 않고, 상환 청구권 보전의 효력도 주어지지 않는다.(변호 12, 17, 모의 14)
- 지급제시기간 내에 지급제시를 하지 않은 어음 소지인은 상환의무자에 대한 상환청구권을 잃는다 (어음법 제53조 제1항).(모의 19)

2. 상환청구 [모의 21]

- 어음 소지인이 자신의 전자에 대하여 어음금액과 기타 비용의 상환을 청구하는 것을 말한다.
- 만기 후 상환청구의 실질적 요건 : ㉠ 정당한 어음소지인이 ㉡ 지급제시기간 내에 ㉢ 적법한 지급제시를 하였으나 ㉣ 지급 거절되었을 것을 요건으로 한다.(모의 23)
- 만기 후 상환청구의 형식적 요건은 지급거절증서의 작성이다.(모의 21)
- 발행인, 배서인 또는 보증인은 무비용상환, 거절증서 불필요, 기타 같은 뜻을 가진 문구를 어음에 적고 기명날인하거나 서명함으로써 소지인의 상환청구권 행사를 위한 인수거절증서 또는 지급 거절증서의 작성을 면제할 수 있다(어음법 제46조 제1항).
- 상환청구는 반드시 그 전자에 대해서만 할 수 있는 것은 아니고 상환청구는 자신의 전자 가운데 임의로 선택하여 행사할 수 있다.
- 환어음 배서인의 다른 배서인과 발행인에 대한 청구권은 그 배서인이 어음을 환수한 날 또는 그 자가 제소된 날부터 6개월간 행사하지 아니하면 소멸시효가 완성된다.(변호 15, 모의 21)

IX 어음권리소멸

1. 어음소멸시효(어음법 제70조)

- 주채무자에 대한 청구권의 소멸시효는 만기일로부터 3년이다.(변호 20)
- 만기가 공휴일이면 그 다음 첫 거래일이 지급할 날이 되지만, 소멸시효는 지급할 날이 아니라 만기일로부터 기산한다.
- 상환청구권의 소멸시효는 거절증서작성일 또는 그 작성이 면제된 경우 만기일로부터 1년이며, 만기 전 상환청구도 같다.
- 재상환청구권은 어음환수일 또는 제소된 날로부터 6개월이다.(변호 15, 모의 21)

2. 제권판결

> **관련판례**
>
> ① 약속어음에 관하여 제권판결이 있으면 제권판결의 소극적 효과로서 그 약속어음은 약속어음으로서의 효력을 상실하고 약속어음의 정당한 소지인이라 할지라도 약속어음상의 권리를 행사할 수 없고, 일단 제권판결이 선고된 이상 약속어음상의 실질적 권리자는 제권판결의 효력을 소멸시키기 위하여 불복의 소를 제기하여 취소판결을 얻지 않는 한 약속어음상의 권리를 주장할 수 없다(대판 1982.10.26, 82다298).(모의 16)
>
> ② 제권판결의 효력은 판결 이후 어음을 무효로 하고 공시최고 신청인에게 어음을 소지함과 동일한 지위를 회복시키는 것에 그치고, 공시최고 신청인이 실질상 권리자임을 확정하는 것은 아니나,(변호 20) 취득자가 소지하고 있는 약속어음은 제권판결의 소극적 효과로서 약속어음으로서의 효력이 상실되므로 소지인은 무효로 된 어음을 유효한 어음이라고 주장하여 어음금청구를 할 수 없다(대판 1993.11.9. 93다32934).
>
> ③ 제권판결 제도는 증권 또는 증서를 상실한 자에게 이를 소지하고 있는 것과 같은 형식적 자격을 부여하여 그 권리를 실현할 수 있도록 하려는 것인 점, 백지어음의 발행인은 백지보충을 조건으로 하는 어음금지급채무를 부담하게 되고, 백지에 대한 보충권과 백지보충을 조건으로 한 어음상의 권리는 백지어음의 양도와 더불어 양수인에게 이전되어 그 소지인은 언제라도 백지를 보충하여 어음상의 권리를 행사할 수 있으므로 백지어음은 어음거래상 완성어음과 같은 경제적 가치를 가지면서 유통되고 있는 점을 함께 고려하여 보면, 백지어음에 대한 제권판결을 받은 자는 발행인에 대하여 백지보충권과 백지보충을 조건으로 한 어음상 권리까지를 모두 민사소송법 제468조에 규정된 '증서에 의한 권리'로서 주장할 수 있다고 봄이 상당하고, 따라서 백지어음의 제권판결을 받은 자는 발행인에 대하여 백지 부분에 대하여 어음 외의 의사표시에 의하여 보충권을 행사하고 그 어음금의 지급을 구할 수 있다(대판 1990.4.27. 89다카16215).

3. 이득상환청구권

- 어음상 권리가 절차 흠결 또는 소멸시효 완성으로 소멸한 경우 소지인이 발행인, 인수인 또는 배서인에 대하여 그가 받은 이익의 한도 내에서 상환을 청구하는 권리를 말한다.(모의 13, 14, 16)
- 완전한 어음상 권리를 가지고 있던 어음소지인의 어음상 권리가 소멸해야 한다.
- 백지어음을 보충하지 않은 상태에서 어음상 권리가 소멸된 어음소지인은 이득상환청구권을 취득할 수 없다.(모의 13, 14, 16)

> **관련판례**
>
> ① 어음법에 의한 이득상환청구권이 발생하기 위하여는 모든 어음상 또는 민법상의 채무자에 대하여 각 권리가 소멸되어야 하는 것인바, 원인관계에 있는 채권의 지급을 확보하기 위하여 발행된 약속어음이 전전 양도되어 최후의 소지인이 어음상의 권리를 상실한 경우라도 원인채무는 그대로 존속하는 것이므로 발행인이 바로 어음금액 상당의 이득을 얻고 있다고는 할 수 없다(대판 1970.3.10. 69다1370).
>
> ② 원인관계에 있는 채권의 지급을 담보하기 위해 어음이 발행된 경우 그 어음상의 권리가 소멸한 후에 원인관계에 있는 채권이 소멸되었다면 이득상환청구권이 생길 수 없다(대판 1963.5.15. 63다155).(변호 17, 모의 16)
>
> ③ 어음법 제79조에서 말하는 "받은 이익"이라는 것은 어음채무자가 어음상의 권리의 소멸에 의하여 어음상의 채무를 면하는 것 자체를 말하는 것이 아니라 어음수수의 원인관계 등 실질관계에 있어서 현실로 받은 재산상 이익을 말하는 것이다(대판 1993.7.13. 93다10897).(모의 13, 14, 20)
>
> ④ 원인관계 채권의 지급을 확보하기 위해 어음이 발행된 경우 어음채권이 시효로 소멸하더라도 이득상환청구권이 발생하지 않고 이는 어음채권이 시효소멸하기 전에 먼저 원인관계에 있는 채권이 시효 등 별개의 원인으로 소멸했더라도 마찬가지이다(대판 1992.3.31. 91다40443).(변호 21, 모의 13, 14, 16)
>
> ⑤ 이득상환청구권은 지명채권양도의 방법에 의하여 양도할 수 있고 약속어음상의 권리가 소멸된 이후 배서양도만으로서는 양도의 효력이 없다(대판 1992.3.31. 91다40443).(모의 13, 14, 16)

Ⅹ 수표

1. 수표의 의의

- 발행인이 일정한 금액을 수취인에게 지급할 것을 지급인인 은행에 위탁하는 유가증권이다.
- 수표는 지급인이 은행으로 한정된다는 점에서 환어음과 다르다(수표법 제3조).(모의 22)
- 수표는 인수제도가 없으므로 주채무자가 존재하지 않는다.(변호 15)
- 수표에 적은 이자의 약정은 적지 않은 것으로 본다(수표법 제7조).
- 수표의 만기는 무익적 기재사항이다(수표법 제28조 제1항).
- 지급인은 수표의 필수적 기재사항이며 수표의 지급인은 은행으로 제한된다(수표법 제3조).
- 수표지급인은 인수를 하지 못하고, 수표에 적은 인수의 문구는 적지 않은 것으로 본다.(변호 15)
- 수표는 일람출급이며, 일람출급에 반하는 모든 문구는 적지 아니한 것으로 본다.(모의 18, 19, 22)
- 국내에서 발행하고 지급할 수표는 발행일로부터 10일이 지급제시기간이다.(모의 21)
- 지급제시기간이 지나면 소지인이 수표금을 청구할 수는 없으나, 지급위탁의 취소가 없는 한 지급인이 임의로 발행인의 계산에서 지급하는 것은 허용된다.(모의 19)
- 수표 문면에 기재된 발행일이 실제 발행한 날과 일치할 필요가 없고, 실제 발행한 날이 아니라 수표 문면에 발행일로 기재된 일자를 기준으로 한다.(모의 17, 21)

> **관련판례**
> ① 수표법에 따른 이득상환청구권은 법률 규정에 의해 수표의 효력 소멸 당시 정당한 소지인에게 부여된 지명채권에 속하고, 이는 자기앞수표의 경우에도 마찬가지이다.
> ② 지급제시기간이 경과한 자기앞수표는 이득상환청구권이 화체된 유가증권이 아니라 증거증권의 의미를 갖는다. 그러므로 자기앞수표를 소지하지 않은 상태에서 이득상환청구권을 행사하는 사람은 다른 증거에 의하여 이득상환청구권자임을 증명하여 이득상환청구권을 행사할 수 있다. 자기앞수표의 정당한 소지인이 지급제시기간을 경과하여 수표상 권리가 소멸된 자기앞수표를 교부하는 경우, 이득상환청구권을 양도함과 동시에 그 양도에 관한 통지를 할 수 있는 권능을 부여하는 것으로 볼 수 있다. 자기앞수표의 이득상환청구권 역시 일반 지명채권과 마찬가지로 양도통지 또는 채무자의 승낙이 확정일자 있는 증서에 의하여 이루어지지 않는 이상, 위 채권에 대한 압류채권자 등 양수인의 지위와 양립할 수 없는 법률상 지위를 취득한 사람에게 대항할 수 없다(대판 2023.11.30. 2019다203286).

2. 선일자수표 [모의 21]

- 수표의 발행일자가 실제 발행일보다 나중의 날짜로 기재한 수표를 말한다.
- 선일자수표에 기재된 발행일 전에 지급을 받기 위하여 제시된 수표는 그 제시된 날에 이를 지급하여야 한다(수표법 제28조 제2항).(변호 15, 모의 18)[모의 21]

> **관련판례**
> 수표소지인이 선일자 수표의 추심을 위임하면서 발행일자 이전의 지급제시를 금하는 외에 별다른 조건을 붙이지 않았다면 그 위임을 받은 은행으로서는 그 수표의 지급제시기간 내에 지급을 위한 제시를 한 이상 수임인으로서 위임의 본지에 따라 위임사무를 처리한 것이다(대판 1985.5.28. 84다카2451).[모의 21]

3. 횡선수표(수표법 제37조, 제38조)

- 수표의 표면에 두 줄의 평행선을 그은 수표로서 수표의 지급 또는 취득에 일정한 제한이 가해진 수표이다.
- 일반횡선수표 : 두 줄의 평행선만 있거나 평행선 안에 단순히 "은행"이라고만 적은 수표.
- 특정횡선수표 : 평행선 안에 특정한 은행의 명칭을 기재한 수표.
- 수표를 일반횡선수표로 하는 것과 일반횡선수표를 특정횡선수표로 하는 것은 가능하나 그 반대는 허용되지 않는다.(모의 21)
- 일반횡선수표의 지급인은 은행 또는 자신의 거래처에 대해서만 지급한다.(변호 15, 모의 21)
- 특정횡선수표의 지급인은 횡선 속에 지정된 은행에 대해서만 지급할 수 있고 지정된 은행이 지급인인 경우 자신의 거래처에 한하여 지급한다.(모의 21)
- 제한에 위반한 지급인이나 은행은 이로 인하여 생긴 손해에 대하여 수표금액의 한도 내에서 배상 책임을 부담한다.

부록

판례색인

[기타 판결]